本书是国家社会科学基金项目"流动老年人口的社会融合及社会治理创新研究"（14BRK008）的阶段成果

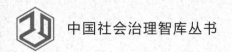

中国社会治理智库丛书

老年人的
"留"与"流"

城镇化进程中特殊老年群体研究

李　芳⊙著

中国社会科学出版社

图书在版编目（CIP）数据

老年人的"留"与"流"：城镇化进程中特殊老年群
体研究/李芳著.—北京：中国社会科学出版社，2017.5
（中国社会治理智库丛书）
ISBN 978-7-5203-0616-4

Ⅰ.①老…　Ⅱ.①李…　Ⅲ.①农村—老年人—社会
保障体制—研究—中国　Ⅳ.①F323.89

中国版本图书馆 CIP 数据核字（2017）第 126536 号

出 版 人	赵剑英
责任编辑	卢小生
责任校对	周晓东
责任印制	王　超

出　　版	中国社会科学出版社
社　　址	北京鼓楼西大街甲 158 号
邮　　编	100720
网　　址	http：//www.csspw.cn
发 行 部	010－84083685
门 市 部	010－84029450
经　　销	新华书店及其他书店

印　　刷	北京明恒达印务有限公司
装　　订	廊坊市广阳区广增装订厂
版　　次	2017 年 5 月第 1 版
印　　次	2017 年 5 月第 1 次印刷

开　　本	710×1000　1/16
印　　张	20.75
插　　页	2
字　　数	307 千字
定　　价	88.00 元

序　言

积极应对人口老龄化

人口老龄化是经济社会发展进步的产物，也是 21 世纪全球面临的共同问题。党和国家高度重视老龄工作。党的十八大和十八届三中、四中、五中全会，国家"十三五"规划纲要都提出了积极应对人口老龄化的战略任务。

我国于 1999 年迈入老龄社会，人口老龄化迅猛发展。2015 年年底，60 周岁以上老年人口已达 2.22 亿，约占总人口的 16.1%。据预测，到 21 世纪末，人口老龄化都在高位运行。人口老龄化不仅带来了老年人的赡养、医疗、照护、精神生活等方面的问题，而且带来了全社会的政治、经济、社会、文化、生态等方面的问题。因此，应对人口老龄化的成效，"事关国家发展全局，事关百姓福祉"。

"十三五"时期，既是全面建成小康社会的决胜阶段，也是推动老龄事业改革发展的重要战略机遇期。当前和今后一个时期，应对人口老龄化，要紧紧围绕党和国家中心任务，切实抓好以下几个方面的工作。

第一，树立新理念和新思维。一是全社会树立全生命周期养老准备的意识。从个体来看，前老年时期积累的健康、经济、人脉、生育等养老资源，是老年人应对老年期问题最重要的个人资源和社会资源，是老年人的养老本钱。从社会整体来看，全生命周期的过程涵盖各年龄人口群体，基于代际公平和全人口视角为老龄化做准备。如养老金的准备通过提高年轻人的劳动生产率和老年人的经济参与率来进行，老年人的医疗保健支出通过对全人口的健康投资来改善。二是全社会树立健康老龄化观念。健康老龄化，不仅指身体健康，还有更丰富的内涵，既包括身体、心理和道德三方面有机组合的生命健康，也包括生存环境、遗传基因和生活方式三因素有机组合的生态健康，还包括全人口的全民健康。健康是自理自立的基础，意义十分重大，既可以减少人口老龄化条件下经济社会运行的成本，还是人力资源有效开发的保障。三是全社会树立积极应对老龄化思想。要积极看待老龄社会，积极看待老年人和老年生活，努力挖掘人口老龄化给国家发展带来的活力和机遇。积极应对老龄化，对老年人个体来说，就是实现老有所为、老有所用、老有所成；对社会来说，则是积累老年人力资本、开发老年人力资源、收获老年人口红利。积极应对老龄化表达了一种新的老年观，态度积极、身心健康、有一定知识、技能和经验的老年人，始终是社会和家庭的宝贵财富，不能把老年人口完全看作是负担、包袱和问题。

第二，坚持把立足国情与借鉴国外经验统一起来。人口老龄化是世界性问题。2011 年联合国报告指出，65 岁及以上老年人口比例超过 7% 的国家有 76 个，到 2050 年则可能超过 150 个，人类社会将全面进入老龄化阶段。我国正处于快速人口老龄化阶段，现有的诸多问题还只是老龄社会矛盾的"冰山一角"。欧美日等发达国家进入老龄社会早，也面临诸多问题。可以说，迄今为止，全世界还没有一个美好、理想的应对老龄化社会样板，仍需要全人类共同努力去探索。我国应对人口老龄化，必须把立足国情和借鉴国外经验统一起来。一是正确把握我国的人口国情。其中，有四个方面尤为值得重视：（1）绝对数量多。预计到 2053 年时，我国老年人口总数比发达国家老年人口的总和还要多出 1 亿人。（2）发展速度快。我国人口老龄化程度从 10% 提高到 30% 约用 41 年，走完欧美发达国家上百年才走完的人口老龄化历程。（3）传统养老文化。爱老敬老、养儿防老的文化传统与西方文化迥异，成为破解老龄社会问题的文化力。（4）未富先老、未备先老。这些特殊的人口国情，既是我国应对人口老龄化必须充分考虑的，也是研究借鉴国外经验的"普照之光"。二是充分利用后发优势，加强与国际对话。密切关注全球迈入老龄化时代发达国家面临老龄化风险的形势；全面分析发达国家人口老龄化的过程，正确评估各个时期的关键应对之策，以吸取其经验和教训。探索在全世界范围内合理分散我国老龄化风险的有效对策。

第三，在统筹贯彻"五位一体"建设总体布局中抓好关键工作。中国特色社会主义是全面发展的社会主义，要促进现代化事业各方面协调发展。人口老龄化意味着我国现代化建设的主体结构会发生根本性变化，将给现代化建设的各个方面带来深刻影响。因此，在"五位一体"建设总体布局中抓好关键工作，是推动人口老龄化条件下中国可持续发展的必由之路。

在政治建设领域，日益增多的老年人形成基于年龄的庞大群体，会对国家职能、政党制度、政治参与、政治力量格局等产生不容忽视的影响。因此，要做好三项关键工作：一要建立权威的常态统筹机构。整合人口计生、民政、公安、卫生、人力资源与社会保障等部门的相关职能和资源，为统筹应对人口老龄化提供重要的体制、组织和资金保障，切实提高顶层设计水平和统筹谋划力量。二要完善党委领导、政府主导、社会参与、全民行动的老龄工作机制。厘清党委、政府、社会、市场、家庭、老年人各主体的责任边界，其中最重要的是发挥政府的主导作用，同时各主体协同参与、凝聚合力。三要加强老龄法治建设。注重和善于运用法治思维和法治方式推动老龄工作；从法律上进一步丰富、充实积极应对人口老龄化的相关内容，进一步强化老年公民基本权利的法律保障；认真贯彻落实《老年人权益保障法》，加快配套法规制度的制定和实施，建立比较完备的老龄法治体系。

在经济建设领域，人口老龄化对我国经济增长潜力与活力、经济运行成本、宏观经济安全等会形成冲击。因此，一要深入研究人口老龄化对经济发展带来的全面而动态的影响；探索人口老龄化条件下的经济结构优化和持续经济发展之路。二要大力发展老龄产业。我国老龄产业市场潜力巨大，但基础薄弱。要重点发展健康、宜居、金融、文化等主体产业；高度重视研发核心老龄科技，抢占全球老龄产业市场份额；提高老年人支付能力，完善老龄产业发展环境，精准扶持重点产业，优化老龄产业结构，推动老龄产业健康快速发展。三要开发大龄和老年人力资源，将低龄健康老年人力资源开发纳入人才强国战略。老年人力资源是老龄化社会赖以发展的重要资源。通过加强老年教育和继续教育，创造良好的政策环境和社会氛围，为老年人的社会参与搭建广阔平台，帮助他们实现自我价值，释放老年人口红利，促进经济社会健康发展。

在社会建设领域，人口老龄化带来老年型人口结构与年轻型社会结构的失衡，对家庭结构、文化教育结构、社会治理结构等形成冲击，还会弱化家庭功能、加剧代际矛盾、加重社会保障和公共服务负担等。因此，一要完善养老、医疗保障制度，重点建立长期照护社会保障制度，以应对个体老年期的贫困、疾病和失能风险。充分利用2025年前的战略机遇期，建立和完善养老、医疗和长期照护三项制度，确保适应中重度老龄社会的要求。二要构建居家为基础、社区为依托、机构为补充、医养融合的养老服务体系；发挥社区养老服务对居家养老的支持功能，建立完善居家养老的支持政策；养老服务应该包括相当比例的福利供给和公益服务，彰显社会主义本质，也包括一定比例的市场选择的老龄产业，"政府之手"托底救急，"市场之手"优化供给，两者形成互补共赢格局。三要完善家庭养老支持政策。进一步巩固家庭养老的基础性地位；探索建立以家庭为中心的基本公共服务体系，通过税收、津贴、弹性就业、住房等优惠政策支持家庭养老，减轻家庭养老负担；鼓励和支持老年人随子女迁移或流动，一方面完善户籍政策，适当放宽父母投靠子女的落户条件；另一方面对于没有迁移户籍的流动老人，可纳入流入地社区管理对象，开展针对特殊困难的流动老人家庭的帮扶服务；加强家庭美德教育，促进互敬、互爱、互助家庭氛围的形成。四要推进代际关系和顺。统筹解决好未成年人、成年人和老年人三大年龄群体间的主要问题，建立科学有效的代际利益协调机制、矛盾调处机制、权益保障机制，促进不同年龄群体平等分享社会资源，共享社会权利，共担社会责任。五要加强老年群体的社会治理，推进人口老龄化条件下社会治理体系和治理能力的现代化。六要加强老年宜居环境建设。按照老年友好型建筑设施要求进行居住环境的适老性改造，以及开展新的城乡建设规划。

在文化建设领域，人口老龄化条件下代际文化冲突不断加剧，弘扬养老文化和孝文化面临诸多困难，文化服务体系也面临诸多压力。因此，一是培养与科学老龄观相适应的积极老龄文化。重点培养适应老龄社会和战胜相关风险的正向社会心理。二是把弘扬孝亲敬老纳入社会主义核心价值观宣传教育，建设具有民族特色、时代特征的孝亲敬老文化。三是繁荣和发展老龄文化。重点为老年群体提供质优量多的文化设施和文化产品，吸引老年人积极参与文化活动，繁荣社会主义文化。

在生态建设领域，生态环境对人的健康影响很大。历经粗放发展期生态破坏的全体人口在老年期面临的疾病风险会在人口老龄化条件下不断放大。因此，一要建立国民健康体质监测体系，对主要由生态问题引起的常见老年疾病建立研发、预防和治疗的支撑体系。二要树立绿色发展理念，治理环境污染，建设生态文明，使全人口尽可能享有更长的健康老年时期。

夕阳无限好，人间重晚情。面对人口老龄化给国家发展带来的机遇与挑战，要着眼全局，谋划长远，加强研究，科学决策，聚智聚力，确保人口老龄化条件下我国经济社会的可持续发展，为全面建成小康社会，加快社会主义现代化，实现中华民族伟大复兴的中国梦奠定坚实基础。

李芳在北京师范大学做博士后研究时关注留守老人问题研究，出站后延续这一研究论题，从城镇化视角研究留守老人和流动老人这对具有一定关联性的特殊老年群体。作为李芳的博士后合作导师，我非常高兴地看到这一凝结她多年研究成果和心血的著作顺利出版，也希望她继续发扬博士后工作期间勤奋努力、潜心研究、勇于创新的精神，多出科研成果，出更好的科研成果。

本书付梓之际，应李芳之邀，我欣然写下以上这些话，是为序。

2016 年 7 月

目　录

第一篇　总论

第一章　马克思主义城市化与人口流迁理论 ……………… 3

一　马克思主义经典作家城市化与人口流迁理论 ………… 3

二　中国特色城镇化发展与人口流迁历程 ………………… 19

第二章　城镇化进程中老年人的"留"与"流" ……………… 31

一　人口老龄化和城镇化在我国的现在进行时 …………… 31

二　人口老龄化和城镇化背景下特殊老年群体的演变 …… 42

三　关于留守老人和流动老人的研究现状 ………………… 47

第二篇　老年人的"留"

第三章　城镇化进程中的农村留守老人 …………………… 67

一　农村留守老人何以产生与扩大 ………………………… 67

二　农村老人留守之"隐忧" ………………………………… 72

三　农村留守老人及相关概念 ……………………………… 80

四　本篇研究应用的数据 …………………………………… 87

第四章　农村留守老人关爱服务需求研究 ………………… 92

一　当前农村留守老人的基本情况 ………………………… 94

二　农村留守老人关爱服务需求状况 …………………… 119

三　农村留守老人养老意愿分析 ·············· 135

第五章　建立健全农村留守老人关爱服务体系 ·············· 164

一　三根支柱：保障关爱服务资源供给充足 ·············· 164

二　两个场域：合理配置和有效整合关爱服务资源 ·············· 190

三　一道防线：构建老年社会救助网 ·············· 197

第三篇　老年人的"流"

第六章　我国流动老年人口研究 ·············· 205

一　文献回顾与数据来源 ·············· 206

二　流动老人的主要特征 ·············· 211

三　流动老人的居留意愿 ·············· 233

第七章　流动老人的社会融合 ·············· 251

一　老年人：从排斥到融合 ·············· 251

二　流动老人社会融合的概念和指标体系建构 ·············· 268

三　全球金融危机背景下关注老年人的社会排斥与融合 ·············· 283

参考文献 ·············· 299

后　记 ·············· 320

第一篇 总论

改革开放以来，我国的城镇化发展以及与之相伴随的大规模人口流动现象是学术界一直关注的焦点问题。对这一社会重大问题的深入探讨既需要从马克思主义经典作家著作中挖掘思想资源，也需要对新中国成立以来城镇化发展实践及人口流迁政策进行梳理和反思。因此，第一章阐述了马克思主义经典作家的城市化与人口流迁理论，概述了马克思主义理论指导下中国特色的城镇化发展与人口流迁的实践历程。

进入21世纪以来，我国城镇化的发展遭遇人口老龄化的挑战，两者交互影响，给我国现代化发展带来全面、深刻、长远的影响。对老年人口的影响之一表现为促进老年群体的分化。在农村形成了一个规模数千万的留守老人群体，在城市也形成了一个规模上千万的流动老人群体。基于现有研究来看，流动老人和留守老人在物质生活、生活照料、精神关爱和医疗卫生等诸多方面都面临着养老风险。在全面建成小康社会的决胜阶段，全社会只有认真面对和解决他们的养老问题，才能使新型城镇化发展更加健康，人口老龄化风险更加降低，协同助力实现全面小康社会建设目标，实现中华民族伟大复兴的中国梦。

第一章　马克思主义城市化与人口流迁理论

一　马克思主义经典作家城市化与人口流迁理论

（一）马克思、恩格斯关于城市化和人口流迁的论述

1. 关于城市化的论述

马克思、恩格斯的著作中直接论述城市的篇幅并不多，他们并没有直接使用"城市化"这个概念，但不可否认的是，散布于《德意志意识形态》《英国工人阶级状况》《政治经济学批判》和《资本论》等著作中的关于城市和城市化的理论观点视角独特，极富有思想价值。具体涉及以下几个方面。

（1）城市的产生

马克思和恩格斯并没有对城市的本质进行过专门的论述。但是，从他们对城市的各种论述以及对未来城市的设想中可以看出，他们对城市的本质做了很好的阐释。他们指出，未来的社会，是废除私有制、消灭剥削、消除城乡对立，实现城乡融合的社会。而所有的这一切，都是为了实现人的自由而全面的发展。也就是说，城市的本质应该以"人"为最终的目的和归宿。

从城市产生之初到现在，城市是一个不断聚集的集合体，有众多的建筑物、有人口的聚集、工商业的繁荣，等等。城市的形态、功能始终在发生着变化，但是，这些变化的后面，总有一些不变的东西，即城市的本质属性。城市始终是人的创造物，是为了满足人这一主体

的需要而不断发展的。在历史上，虽然作为城市主体的人的阶级构成不同，但是，城市的发展与变化，是由人这一主体需要的发展与变化为线索的。人们总是很容易抓住城市的物质形态，而往往忽视了人这一主体在城市发展中的作用。人的需要正是城市发展的动力所在，认识城市，既要见物又要见人，才能从根本上揭示城市的本质。人为什么要创造城市？人创造城市，不断创造物质财富与精神财富，就是为了满足人的需要，为了让人们的生活更加美好，为了实现每个人的自由发展。这与马克思和恩格斯的未来社会的最终目标相一致。城市的本质，是城市本身所具有的基本属性，主要包括四个方面的内容：

第一，城市要满足人的需要，包括物质需要和精神需要。城市是物质财富的聚集地。城市应该满足人们的最基本的衣食住行等的需要。此外，满足了人们的基本生活需要后，更为重要的是城市还要满足人们的精神文化需要，满足人们的精神追求。物质需要决定精神需要，但精神需要又具有相对独立性，有时还会影响物质需要。精神需要是在满足物质需要的同时，人们追求更高需要的体现。马克思指出，在满足物质需要以后，人们开始追求精神需要，诸如对科学的向往、知识的渴望、道德的提升和对自身发展的不倦的要求等，这些都应当视为城市的本质应具有的内涵。

第二，城市在满足人类发展需要的同时，人类必须正确处理好与自然环境的关系。人类建造城市，是对自然环境的改造，环境对城市的发展有着制约作用。环境创造着人，人也创造着环境，人与自然相互依赖、彼此共存，是统一的整体。随着生产力的提高，人们改造自然的能力更强，人们为了更好地满足自身的需要，不断地改造自己赖以生存的环境，而逐步忽视了环境的承载能力，造成了人类与环境之间的矛盾。因此，城市的本质内涵，应体现城市与环境之间的和谐发展。只有这样，人类需要的满足，才是可持续的，才能真正实现人类自身更好的发展。

第三，城乡和谐发展。城乡关系是马克思和恩格斯最为关注的问题。他们在肯定城市在促进经济社会发展的同时，指出城市必须与乡村协调发展，不能一味地利用城市在经济、政治、文化上的优势，对乡村进行剥削与压榨。城市应该发挥其带头作用，促进乡村的发展。一是要将先进的工业生产技术应用于农业生产，促进农业生产力的提高，为工农业的协调发展奠定基础。二是要将城市的先进文化传播到乡村，促进乡村人们生产、生活方式的转变，为城乡融合提供文化上的基础。

第四，克服城市异化。城市异化，是指城市的发展与人的发展需要相违背。人们往往受经济利益的驱动将城市建设重点放在城市的硬件设施建设上，而忽视了人的发展需要，尤其人的精神需要得不到相应的满足。城市异化现象从根本上说是城市建设与发展对"人"的漠视，对城市发展的最终目的认识不够，颠倒了人与城市之间的正确关系，即在城市建设与发展中，城市成了目的，人却成为手段。城市的产生与发展，就是要让人们能够更好地生存和自由地发展，人们之所以愿意居住于城市，就是因为城市能够为其提供丰富多彩的生活，使人的本性得到充分的发挥。

（2）城市的功能

从城市产生之后，城市的功能就随着城市的发展不断发生着变化。城市的功能也经历了从单一功能逐渐到功能多样化的变化过程。

第一，古代的城市，其主要功能是军事防卫和政治统治功能，城市的经济功能属于从属地位。城市最初的建立，其功能非常单一，城市的主要功能是防御外部的侵略、保障部族的安全。出于安全的需要，越来越多的人聚集于城市。城市的扩大，逐步产生了一个专门从事于管理的阶级，他们将其权力部门设置在城市的中心，以凸显其权威性，城市便有了政治功能。最初在城市和乡村间，然后在各种城市劳动部门间实行的分工所造成的新集团，创立了新的机关以保护自己的利益；各种公职都设置起来了。① 统治阶级的出现，社会便有了更为明确的分工，他们作为不劳动的阶级，同样，也就必须有劳动的阶级给他们提供生活必需品，于是，在城市中就产生了固定的交易场所。由于此时自然经济仍占统治地位，城市虽然已有集中进行交易的

---

① 《马克思恩格斯选集》第 4 卷，人民出版社 2012 年版，第 128 页。

场所,但城市的经济功能属于从属地位。城市中的文化功能,则完全被统治阶级所垄断,并且常常与宗教文化密切联系。古代城市与现代城市有明显的区别。马克思曾说,古代的历史是城市乡村化。古代城市在经济上是依赖于乡村的。由此可以看到,这一时期,城市的功能主要是军事防御功能,后来逐步有政治、文化功能的叠加,城市的功能得到发展。这一时期城市的兴建主要是出于政治、军事目的,且城市功能的发挥受自然因素的制约明显。

第二,近代的城市,功能逐渐增多,尤其是经济功能突出。近代城市是由工业化大生产的推动而出现的,并展现了其强大的聚集与扩散功能。随着资本主义大工业的发展,资本主义生产方式的确立,城市的功能开始变得多样化。城市形成工业中心,城市的政治与宗教、军事防御功能逐渐减弱,而经济功能的作用开始上升,并曾一度成为城市的主要功能。城市逐步成为国家经济生活和政治生活的核心。

随着经济功能的确立,城市也逐渐成为商业、金融等中心。城市不仅是一个地区、国家的中心,甚至成为世界的中心。恩格斯曾不无感叹地评价:伦敦变为"全国工商业的中心""全世界的商业首都",而巴黎则变为"世界的心脏和头脑"。城市已经变为经济、政治和文化的中心,是社会发展前进的主要动力。

城市使生产要素的集聚和扩散成为可能,产生巨大的集聚经济效益。城市已经表明了人口、生产工具、资本、享受和需求的集中这个事实。① 这一时期,城市作为工业生产的中心,城市的主要功能就表现为生产要素的聚集与产品的扩散。城市功能聚集的优势作用,使城市得到空前的发展壮大。

城市功能的另一表现形式就是扩散功能,它是指城市在把原材料及其他资源加工成产品后,再销售到城市以外的地区获取收益。正如马克思所指出的:这些工业所加工的,已经不是本地的原料,而是来自极其遥远的地区的原料;它们的产品不仅供本国消费,而且同时供世界各地消费。旧的、靠本国产品来满足的需要,被新的、要靠极其

---

① 《马克思恩格斯选集》第 4 卷,人民出版社 2012 年版,第 184 页。

遥远的国家和地带的产品来满足的需要所代替了。① 工业商品价格低廉，不断倾销到世界各地，破坏着农村的生产方式，同时也使农村居民脱离了愚昧的状态。这一时期城市的功能发展，主要依靠的是资源，包括矿产、人力、资本等资源。

近代城市的主要功能虽然是工业生产中心，但也促进了城市其他功能的产生与发展。大工业的生产，必然吸引商业、金融资本的到来，城市逐渐成为贸易、金融、交通枢纽等中心，城市的教育、信息、技术也逐渐发展。城市的功能开始多样化。每个城市逐步形成了一个或几个主要的功能，决定了该城市的特点。城市功能的多样性，是生产力的发展所导致的区域分工的结果。因此，恩格斯指出：生产和交往之间的分工随即引起了各城市之间在生产上的新的分工，不久每一个城市都设立一个占优势的工业部门。② 不同城市的分工，成为该城市发展的优势，并成为其主要功能，其功能不同，城市的特点也就不同。

（3）人口城市化效应

马克思和恩格斯认为，随着资本主义大工业时期的到来，人口城市化也大大加速了它的发展进程，他们指出：资产阶级已经使乡村屈服于城市的统治，它创立了规模巨大的城市，使城市人口比农村人口大大增加了起来。③ 马克思和恩格斯分析了资本主义人口城市化过程，指出了人口城市化的重要作用。

第一，人口城市化的正效应。

首先，人口城市化对于工人阶级的觉醒和工人运动的发展起了重要作用。它唤醒了工人的阶级意识。恩格斯说：如果没有大城市，没有大城市推动社会智慧的发展，工人决不会进步到现在的水平。④ 随着大机器工业的发展，大批产业工人在城市聚集，工人在自己所处的环境下认识到自己所受的压迫和剥削，使他们开始意识到他们是一个

---

① 《马克思恩格斯选集》第 1 卷，人民出版社 2012 年版，第 404 页。
② 同上书，第 187 页。
③ 《马克思恩格斯全集》第 4 卷，人民出版社 1958 年版，第 470 页。
④ 《马克思恩格斯文集》第 1 卷，人民出版社 2009 年版，第 436 页。

整体，是一个阶级。综观工人运动的发展，如果没有大城市所形成的工人的集中，没有大城市大工业所提供的日益发达的交通、通信等工具将分散在各地的工人联系起来，工人阶级的形成和他们进行的反对资本主义的斗争是不会发展得如此迅速的。

其次，人口城市化增强了城市的聚集能力，提高了城市的聚集效益。恩格斯认为：城市越大，定居到这里就越有利，因为这里有铁路、运河和公路；挑选熟练工人的机会越来越多；由于附近的建筑业主和机器制造厂主之间的竞争，在这种地方开办新企业就比偏远地区花费要少，因为在偏远地区，建筑材料和机器以及建筑工人和工厂工人都必须先从别处运来；这里有顾客云集的市场和交易所，这里同提供原料的市场和销售成品的市场有直接的联系。这样一来，大工厂城市的数量就以惊人的速度增长起来。① 根据恩格斯的这段话，人口城市化的经济效益可归结为：一是城市基础设施可以形成生产上的规模效应；二是城市可以在众多的劳动力中找到高素质的生产者；三是城市之间的竞争有利于技术进步和成本的节约；四是城市规模越大，市场容量越大，交换越容易进行。

再次，人口城市化有助于改变迁移者的生活方式，促进整个社会文明程度的提高。人的生活方式的改变源于其生产方式的改变，有什么样的生产方式，就有什么样的生活方式。马克思指出：如果说城市工人比农村劳动者发展，这只是由于他的劳动方式使他生活在社会之中，而农村劳动者的劳动方式则使他直接靠自然生活。② 正是由于城市集中的生产方式，才有利于劳动者各方面的发展和生活方式的改变。生产方式的改变是就全体迁移者而言，生活条件的改善和工资收入的提高是就个体迁移者而言的。

最后，人口迁移还会带来社会变迁。诸如男女平等、宗法关系被打破、居民自我意识的增强、人们婚姻观念的嬗变、社会风俗习惯的改变等。

---

① 《马克思恩格斯文集》第 1 卷，人民出版社 2009 年版，第 406 页。
② 《马克思恩格斯全集》第 34 卷，人民出版社 2008 年版，第 259 页。

第二，人口城市化的负效应。诚然，上述影响显示出人口城市化在促进经济发展和社会进步方面，的确起着积极的作用，但也带来一些不利的结果，主要体现在：

其一，人口城市化在一定程度上影响了农业的发展，对农村有破坏性的一面。马克思指出：资本主义生产使它汇集在各大中心的城市人口越来越占优势，这样一来，它一方面聚集着社会的历史动力，另一方面又破坏着人和土地之间的物质交换，也就是使人以衣食形式消费掉的土地的组成部分不能回归土地，从而破坏土地持久肥力的永恒的自然条件。①

其二，城市人口的过度集中又带来了住房拥挤和环境污染严重等问题，人们称为"城市病"。马克思指出：就住宅过分拥挤和绝对不适于人居住而言，伦敦首屈一指。② 贫民窟的破烂不堪与城市的高楼大厦形成鲜明对比。当时的伦敦有"雾都"之称，就是因为空气污染而得此名。这是马克思和恩格斯所生活的那个时代看到的资本主义城市化呈现出的另一个侧面。

其三，资本主义城市化还带来了严重的两极分化。一方面是财富的集中，资本的集中；另一方面是贫困的集中。随着迁移到城市中的人口数量的不断增多，劳动力之间的就业竞争越来越激烈，由此造成的劳动力价格下降有目共睹，迁移者的贫困随着劳动力价格的下降而日益增加。这一点恰恰是马克思所指出的资本主义资本积累规律的内容之一。③

以上种种弊端随着资本主义城市化的继续发展，已经以各种极端的形式爆发出来，所以恩格斯说：的确，文明在大城市中给我们留下了一种需要花费许多时间和力量才能消除的遗产。但是，这种遗产必须被消除而且必将被消除，即使这是一个长期的过程。④ 如何解决资本主义城市化的弊病将是中国走新型城镇化道路的重要考量。

---

① 《马克思恩格斯选集》第2卷，人民出版社2012年版，第233页。
② 《马克思恩格斯文集》第5卷，人民出版社2009年版，第759页。
③ 刘美平：《马克思主义人口城市化理论》，《人口学刊》2002年第3期。
④ 《马克思恩格斯选集》第3卷，人民出版社2012年版，第684页。

2. 关于人口流迁的论述

马克思、恩格斯的著作中包含着十分丰富的有关人口流迁的思想，在对资本主义制度的批判和对共产主义制度的构想过程中都渗透着有关人口流迁的思想与理论。其中主要涉及人口流迁的条件和动因两方面。

（1）人口流迁的条件

第一，人口的流动性高低是与社会经济发展程度有关的。在传统的农业社会，物质生产的社会关系以及建立在这种生产的基础上的生活领域，都是以人身依附为特征的。[①] 要使农村人口转移到城市，先决条件是人口有着流动的可能，而传统的农业社会却没有这种可能性。传统农业社会的劳动工具的特性和土地这一特殊的劳动对象使得人口的流动性极低，传统农业社会商品经济是极不发达的，地方和外界是隔绝的。在封建社会里，由于生产基本上是为了满足封建主和农民家庭自己的需要，只有当他们在满足自己的需要并向封建主交纳实物贡赋以后还能生产更多的东西时，他们才开始生产商品；这种投入社会交换即拿去出卖的多余产品就成了商品。诚然，城市手工业者一开始就必然为交换而生产。但是，他们也自己生产自己所需要的大部分东西；他们有园圃和小块土地；他们在公共森林中放牧牲畜，并且从这些森林中取得木材和燃料；妇女纺麻、纺羊毛等。以交换为目的的生产，即商品生产，还只是在形成中。因此，交换是有限的，市场是狭小的，生产方式是稳定的，地方和外界是隔绝的，地方内部是统一的；农村中有马尔克，城市中有行会。[②] 这种交换方式和生产方式的封闭性使人口流动极其困难。在小商品生产（农民手工业生产）和资本主义工场手工业时期，工业发展的特点仍然是人口的定居，人口流动性非常小。

第二，资本主义社会劳动力的自由流动的条件与资本主义劳动力关系有关。资本主义的劳动关系要通过自由的劳动力市场实现，而劳

---

① 《马克思恩格斯文集》第5卷，人民出版社2009年版，第95页。
② 《马克思恩格斯全集》第26卷，人民出版社2014年版，第289页。

动力市场是促进资本主义劳动力自由流动的原因。马克思在《资本论》中详细描述了资本主义原始积累时期资本主义采用暴力迫使农业劳动者同土地相分离而流向工厂和城市的历史过程，这种通过暴力迫使人地分离的原始资本积累过程和农民流向异地城市的过程在英国最为典型。马克思指出：大量的人突然被强制地同自己的生存资料分离，被当作不受法律保护的无产者抛向劳动市场。对农业生产者即农民的土地的剥夺，形成全部过程的基础。这种剥夺的历史在不同的国家带有不同的色彩，按不同的顺序、在不同的历史时代通过不同的阶段。①

当农民成为自由流动的劳动力时，他们一方面失去了生产资料，另一方面与前资本主义时期的农业劳动者有了本质的区别。因此，马克思指出：自由劳动者有双重意义：他们本身既不像奴隶、农奴等等那样，直接属于生产资料之列，也不像自耕农等等那样，有生产资料属于他们，相反地，他们脱离生产资料而自由了，同生产资料分离了，失去了生产资料。②资本正是在劳动者与生产资料的分离过程中形成的，农民的自由流动是以失去生产资料为代价的。资本关系以劳动者和劳动实现条件的所有权之间的分离为前提。③这种分离促进了资本主义工业的发展，也促进了人口的自由流动。

第三，现代工业技术是大规模人口流动的另一个条件。机器的使用使人口流动性大大提高，劳动者同生产资料之间的平衡不断被打破。这样，现代工业通过机器、化学过程和其他方法，使工人的职能和劳动过程的社会结合不断地随着生产的技术基础发生变革。这样，它也同样不断地使社会内部的分工发生革命，不断地把大量资本和大批工人从一个生产部门投到另一个生产部门。因此，大工业的本性决定了劳动的变化、职能的更动和工人的全面流动性。④现代工业技术也为农业的机械化大规模经营带来了可能，农业生产率也就随之提

① 《马克思恩格斯选集》第 2 卷，人民出版社 2012 年版，第 291 页。
② 《马克思恩格斯文集》第 5 卷，人民出版社 2009 年版，第 281 页。
③ 同上。
④ 《马克思恩格斯全集》第 26 卷，人民出版社 2014 年版，第 312 页。

高，从而促使农业剩余劳动力流动到城市。此外，现代工业技术给交通和通信带来了极大的发展，这大大加速了物流、人流和信息流，马克思指明了交通工具的发展同人口流动性的相关关系。随着人口的转移和资本的集中，出现了"大生产中心、人口中心、输出港等"。而这种交通特别便利的情况以及出此而加速的资本周转……反过来既是生产中心又使它的销售地点加速集中。①

（2）人口流迁的原因

马克思和恩格斯主要从拉力和推力的理论视角来揭示人口流迁的原因。

恩格斯指出，城乡经济收入差距是造成人口向城市流动的拉力。恩格斯在《英国工人阶级状况》中指出：工业的迅速发展产生了对人手的需要；工资提高了，因此，工人成群结队地从农业地区涌入城市。人口急剧增长，而且增加的几乎全是无产者阶级。② 除国内的大批农村人口迁入城市做工之外，恩格斯还指出：自从爱尔兰人知道，在圣乔治海峡彼岸只要手上有劲就可以找到工资高的工作那时起，每年都有大批大批的爱尔兰人到英格兰来。③ 恩格斯的人口推力包括这样几个方面的内容：第一，城乡工农业收入差距是人口迁移的拉力。第二，在拉力作用下，大规模的人口从农村流向城市。第三，在资本主义经济发展初期的这种人口迁移多是以体力劳动为主的迁移。第四，人口迁移带来了劳动力市场上的竞争，工资会因此下降，人口迁移为工业发展提供了廉价的劳动力。④

马克思和恩格斯除了系统全面地论述了人口迁移的"拉力"，还论述了人口迁移的"推力"。马克思分析了不同形态下的移民的性质，他在《强迫移民》一文中指出，在古代国家，在希腊和罗马，采取周期性地建立殖民地形式的强迫移民形成了社会制度的一个固定的环

---

① 《马克思恩格斯选集》第 2 卷，人民出版社 2012 年版，第 369 页。
② 《马克思恩格斯选集》第 1 卷，人民出版社 2012 年版，第 101 页。
③ 《马克思恩格斯全集》第 2 卷，人民出版社 1957 年版，第 374 页。
④ 辜胜阻：《马克思恩格斯人口迁移与流动理论及其实践意义》，《经济评论》1992 年第 6 期。

节。那些国家的整个制度都是建立在人口数量的一定限度上的，超过这个限度，古代文明本身就有毁灭的危险。① 但是，现代的强迫移民，情况则完全相反。现在，不是生产力不足造成人口过剩，而是生产力增长要求人口减少，并且饥荒或移民来赶走过剩的人口。不是人口压迫生产力，而是生产力压迫人口。② 由此可见，传统社会是由于生产力过低推动人口外流，而现在是由于生产力的增长而推动人口外流。而且，马克思还指出：停滞和危机时期即移居国外的愿望最为强烈的时期，也正是较多的过剩资本输往国外的时期，而移民减少的时期，也正是过剩资本输出减少的时期。③

综上所述，马克思、恩格斯指出的"拉力"，是指迁入地的社会经济自然条件优越于迁出地所形成的吸引力，而"推力"则是指由于迁出地的社会经济自然条件相对落后所形成的排斥力，人口迁移过程往往是推力和拉力的共同作用，但是，通常一方会占据主导。这是马克思和恩格斯推拉理论的主要观点。

（二）列宁、斯大林关于城市化和人口流迁的论述

1. 关于城市化的论述

列宁在研究自由资本主义向垄断资本主义过渡的同时，也研究了大城市的形成及作用。

列宁在《论俄国资本主义的发展》一文中指出，首先，随着城镇化的发展，城市数目有了明显的增加。1863 年，5 万—10 万人口的城市约有 10 个，10 万—20 万人口的城市约有 1 个，20 万人口以上的城市约有 2 个，大城市数目总共 10 个。到了 1885 年，则分别为 21 个、7 个、3 个，大城市数目达到 31 个。再发展到 1897 年，则分别为 30 个、9 个、5 个，大城市数目达到 44 个。

其次，城市人口的百分比在不断增长，主要原因是农村人口的流入。城市人口比其他人口增长快 1 倍：1863—1897 年，全部人口增加

---

① 《马克思恩格斯全集》第 11 卷，人民出版社 1995 年版，第 661 页。
② 同上书，第 662 页。
③ 《马克思恩格斯全集》第 49 卷，人民出版社 1982 年版，第 141 页。

了 53.3%，农村人口增加了 48.5%，而城市人口则增加了 97%。1885—1897 年，流入城市的农村人口大约有 250 万，每年有 20 万人以上。

再次，大工商业中心的城市人口的增加，比整个城市人口的增加要快得多。1863 年，市民总数之中只有约 27%（610 万中的 170 万）集中于这种大中心；1885 年，则约有 41%（990 万中的 410 万）。因此，19 世纪 60 年代，城市人口的性质主要是由不是很大的城市的人口决定，而 90 年代，大城市却取得了完全的优势。14 个在 1863 年是最大的城市的人口，从 170 万人增加到 430 万人，即增加了 153%，而全部城市人口只增加了 97%。可见，大工业中心的巨大增长和许多新的中心的形成，是改革后时代最显著的特点之一。

此外，工厂村镇和工商业村镇也得到了快速增长。在改革后时代，当城市迅速增长的同时，还有一种新类型的居民点在增长，这是一种介于城市与乡村之间的中间类型的居民点，即"工厂中心"。这些"工厂中心"主要分布在城市近郊、工厂村镇、工商业村镇，吸聚了大量的工厂工人和工商业人口。①

列宁、斯大林还全面论述了大城市在一个国家的政治、经济、文化等各方面的重要作用。他们指出：城市是人民的经济、政治和精神生活的中心，是进步的主要动力。② 大城市是文化最发达的中心，他们不仅是大工业的中心，而且是农产品加工和一切食品工业部门强大发展的中心。这种情况将促进全国文化的繁荣，将使城市和乡村有同等的生活条件。③

列宁、斯大林认为，大城市之所以有这些优势，是因为：

第一，大城市一般都是国家或地方政府所在地。这个政治中心地位，有利于大城市的经济发展和对其所能辐射到的范围发挥指导作用，通过政军干预，实现未来的战略目标。

---

① 《列宁选集》第 1 卷，人民出版社 2012 年版，第 200—208 页。
② 《列宁全集》第 23 卷，人民出版社 1990 年版，第 358 页。
③ 《斯大林文集》，人民出版社 1985 年版，第 617 页。

第二，大城市是一个庞大的经济实体。大城市是国家物力和财力的最主要来源；大城市有大批的生产资料的企业，可以把先进的生产技术输送到小城市和农村；大城市有着四通八达的交通网，可以把城市与城市、城市与农村连接起来；大城市拥有中央银行和其他的专业银行，可以对全国经济生活和社会发展进行强有力的调节。因此，只有大城市，才能起到全国性的或地区性的中心作用。

第三，大城市是文化教育，特别是科学研究和高等教育的中心。就全体人口的科学文化水平而言，大城市无疑高于中小城市和农村。农村人口或者中小城市的人口迁移到大城市后，大城市与工业中心大大提高了他们的文化水平。[①] 大城市在发展过程中，逐渐成为对地区或全国科学文化发展的辐射中心。

第四，社会主义的大城市，还有促进城乡差别逐渐缩小的职能。列宁认为，消灭城乡对立的条件不是消灭城市，把城市人口分散到农村去，而是农村居民流入城市，使农业人口和非农业人口的生活条件接近。斯大林在《苏联社会主义经济问题》一书中指出：这不是说，城市和乡村之间对立的消灭应当引导到"大城市的毁灭"（参见恩格斯《反杜林论》）。不仅大城市不会毁灭，并且还要出现新的大城市。[②] 在社会主义制度下，随着地主资本家所有制的消灭，城乡之间对立的基础消失了，但城乡之间的差别仍然存在。大城市作为社会化大生产和科学技术进步的产物，它依旧是政治、经济、文化的中心。因此，社会主义大城市的存在和发展不仅不会扩大城乡差别，反而会在促进城乡经济和文化迅速发展的同时，逐渐使城乡具有同等的生活条件，城乡之间的重大差别不可避免地会消失。

2. 关于人口流迁的论述

（1）城乡人口流迁的原因

沙皇俄国是一个农奴制国家，农村人口在总人口中占的比例很大。但是，在1861年废除农奴制以后，随着资本主义的发展，人口

---

① 《列宁全集》第3卷，人民出版社1959年版，第487页。
② 《斯大林文集》，人民出版社1985年版，第617页。

在城乡间的分布发生了很大的变化。列宁就是结合分析俄国资本主义发展的历史进程，来认识和揭示农村人口向城镇转化的客观必然性。列宁认为，从本质上看，社会生产力的大提高和社会分工大发展是城乡人口流动的最根本原因。具体来说，涉及以下几个原因：

第一，农民的分化。在为市场生产的条件下，在竞争规律的作用下，农民发生了分化，有的破产，有的发展。而竞争失败的农民无以为生，只能前往城镇另谋出路。此外，农民的分化使得土地、牲畜都集中到了少数的富农手中。其结果是土地等生产资料越集中，失去生产资料的农民越多，从而流动到城镇的人也就越多。列宁分析了1863—1897年农村人口流入城市的现象后说：城市人口的百分比在不断地增长，这就是说，人口离开农业而转向工商业在不断地进行着。①

第二，农业劳动生产率的提高。农村人口向城镇流动的重要前提就是农业劳动生产率的提高。农业劳动生产率的提高意味着可以使用较少的农业劳动人口来生产较多的农产品来满足社会的需要。列宁曾指出：农业劳动的生产率提高了：……必须注意，从事农业生产的人口在这个时期不断减少。② 而农业劳动生产率提高则是因为农业生产的专业化和机械化。列宁曾指出：农业愈是专业化，农业人口减少得就愈多，农业人口在全国人口中所占的比例也就愈小。③ 农民的分化和土地的集中也促进了农业生产的机械化。这种采用机器同时采用雇佣劳动的过程，是同另一个过程即机器排挤雇佣工人的过程交错着的。④

第三，城乡经济收益相差悬殊。一般来说，农村较为落后，劳动收益少于城镇，因此，城镇对于那些想要离开乡土的农业劳动者有着巨大的经济吸引力。列宁指出：这个事实的最突出表现，是下面这样一个普遍现象：非农业省份比农业省份的工资高，吸引了农业省份的

---

① 《列宁选集》第1卷，人民出版社2012年版，第201页。
② 《列宁全集》第3卷，人民出版社1984年版，第222页。
③ 同上书，第285页。
④ 同上书，第202页。

农业工人。[①]

（2）人口流迁的社会经济后果

第一，人口流迁的正效应。列宁、斯大林分析了农村人口向城镇转移的积极意义，主要有以下几个方面：

首先，推动了生产力的发展。列宁指出：农民的解放打破了人们的定居生活，农民已经不能再依靠自己剩下的小块土地来维持生活了。许多人出外谋生，有的进工厂，有的修铁路，这些铁路把俄国各个角落连接起来并把大工厂的货物运往全国各地。许多人进城谋生，为工厂和商店建造房屋，为工厂运送燃料和准备材料[②]，从而加速了整个社会经济的发展。这一转移的积极意义还在于，农民从低劳动生产率的农村转移到高劳动生产率的城市本身，就会给整个社会带来巨大的经济效益。

其次，促进了资本主义生产关系的发展，进一步破坏了"旧生产方式的基础"。因为农民从旧式农村向城镇转化，一是有利于工业资本家进行资本积累和加强对工人群众的剥削。大量人口迁移造成劳动力商品的供大于求，资本家就利用这种竞争压低了在业工人的工资。二是有利于土地、牲畜、农具集中到农村资产阶级也就是富农手里。这样，必然促进城乡资本主义的进一步发展，加速瓦解农奴制的生产方式。

再次，加快了农业国向工业国的转变。列宁认为，资本主义不断减少从事农业的人口的比例（在农业中最落后的社会经济关系形式始终占着统治地位），增加大工业中心数目。[③] 在全国所有地区，城市人口的增长都比农村人口快。[④] 这种人口流动会使得非农部门的发展超过农业，发展到一定程度，经济结果就会从农业为主过渡到工业为主。

最后，有利于人口素质的提高。列宁指出："迁移"意味着造成

---

① 《列宁选集》第 1 卷，人民出版社 2012 年版，第 217 页。
② 《列宁全集》第 2 卷，人民出版社 1984 年版，第 73 页。
③ 《列宁选集》第 1 卷，人民出版社 1995 年版，第 236 页。
④ 《列宁全集》第 27 卷，人民出版社 1990 年版，第 220 页。

居民的流动。迁移是防止农民"生苔"的极重要的因素之一，历史堆积在他们身上的苔藓太多了。不造成居民的流动，就不可能有居民的开化，而认为任何一所农村学校都能使人获得人们在独立认识南方和北方、农业和工业、首都和偏僻地方时所能获得的知识，那就太天真了。① 根据列宁在《俄国资本主义的发展》一书中的论述，人口迁移对于人口素质的提高，表现在四个方面：其一，人口迁移提高了人口的开化水平，增长了许多知识和才干。人口迁移起到了学校所不能起的作用。其二，提高了居民的文化水平。因为非农产业需要一定的文化知识，这样人口流动推动了人口文化水平的提高。其三，提高了自我意识。"人民中间个人的自我意识的增长，是助长外出的首要因素。从农奴制依附下的解放，最精干的一部分农村人口早已与城市生活的接触，老早就在雅罗斯拉夫尔省的农民中间唤起了一种愿望：保卫自己的'我'，从乡村生活条件所注定的贫困与依附状况中解脱出来，过富足的、独立的与受人尊敬的生活"。② 正是这种自我意识的增长使农村青年强烈地渴望到城市去，而人口迁移既保证了这种自我意识的实现，又进一步增强了这种自我意识。其四，人口迁移增强了人们的商品经济意识。③ 定居的人就具有墨守成规、闭塞狭隘、安土重迁的特征，而人口迁移则"把居民从偏僻的、落后的、被历史遗忘的穷乡僻壤拉出来，卷入现代社会生活的旋涡。它提高居民的文化程度及觉悟，使他们养成文明的习惯和需要"④，商品观念和习惯的产生既是人口流动的结果，也会大大加速人口流动。

第二，人口流迁的负效应。列宁还注意到了人口迁移对社会经济的不利影响。

其一，人口迁移所造成的竞争会引起劳动力价格的下降，引起工人工资的下跌。机器排挤雇佣工人，并在农业中造成资本主义的后备军。劳动力价格高得出奇的时期，在赫尔松省也已成为过去。由

---

① 《列宁全集》第 3 卷，人民出版社 1984 年版，第 220 页。
② 《列宁选集》第 1 卷，人民出版社 1995 年版，第 216 页。
③ 辜胜阻：《列宁的人口迁移理论及其实践意义》，《经济评论》1993 年第 2 期。
④ 《列宁选集》第 1 卷，人民出版社 2012 年版，第 215 页。

于……农具的迅速普及……＜以及由于其他原因＞劳动力的价格不断下降。① 劳动力价格的日趋跌落，很多外来工人被抛在一边，得不到任何工钱，随着流动人口的过剩，劳动力价格的下跌，有些机器业主宁可用人工收割农作物而不用机器收割。可见，人口迁移的竞争会使工资跌到多么低的地步。

其二，人口迁移会给迁移者的生产条件和生活条件带来不利的影响。迁移者不仅要不分白天和黑夜地干，被榨取大量剩余劳动。由于流出地的经济条件落后于流入地，迁移者一般期望值较低，能忍受在残酷的劳动条件下工作。此外，迁移人口的卫生条件也极差。调查发现，在大多数情况下，没有工人住处，即使有工棚，通常都盖得极不合乎卫生，土窑也"并不特别罕见"，住在里面的是牧羊人，他们深受潮湿、拥挤、寒冷、黑暗和窒闷的痛苦。②

其三，劳动力外流吸引走了人口中的优秀力量③，乡村则感到缺乏有能力的健康的工人④，当时这种状况已经影响到农业生产的发展，由于城市从农村中吸引走了最有力、最强壮、最有知识的农业劳动力，在一定期间内"使农村日益荒凉"，农业生产力相对落后。

二　中国特色城镇化发展与人口流迁历程

从人口学视角看，城镇化指城镇人口占总人口比例不断上升的过程。城镇人口的增长主要有三种途径：农村人口向城镇的移民、农村地区转变为城镇地区后原农村人口转为城镇人口、城镇人口的自然增长。对于发展中的经济体而言，乡城移民是城镇化水平提高的主要来源。一项关于 20 世纪 50—70 年代 16 个发展中国家城镇人口增长来源的研究发现，乡城移民对城镇化的贡献率在 33%—76% 之间，平均

---

① 《列宁全集》第 3 卷，人民出版社 1984 年版，第 203 页。
② 同上书，第 216 页。
③ 《列宁选集》第 1 卷，人民出版社 2012 年版，第 218 页。
④ 同上书，第 218 页。

水平为 58%。① 总之，城镇化与人口流动是两种紧密相关的发展进程。城镇化发展政策会深刻影响人口流动的方向和速度等方面，同时，人口流动也会影响不同地区的城镇化发展水平。

自新中国成立以来，工业化和城镇化是我们党和国家始终高度重视并着力推进的发展战略。其间有过失败的教训，但总体上取得了巨大的发展成就。我们把中国从 1949 年到 2010 年约 60 年的发展划分为改革开放前和改革开放后两个阶段，详细阐述两个阶段我国实施的城镇化发展战略，在特定城镇化发展引导下人口流动的特征和趋势，以及政府采取的流动人口管理政策。

（一）新中国成立至改革开放前

1. 新中国成立至改革开放前我国城镇化发展历程

新中国成立初期，我国的城镇化率处于极低的水平。根据《中国统计年鉴》的数据，1949 年，在我国 5.4 亿人口中，城镇人口为 5765 万，城镇化率仅为 10.6%。此外，1949—1978 年的整个计划经济时期，我国的城镇化率由增长到停滞，可以清晰地划分为两个阶段。

（1）第一阶段：1949—1957 年。1949 年，我国城镇化率为 10.6%，到 1957 年增长到 15.39%。这一时期是我国工业化和城镇化发展的起步时期，经历了国民经济恢复和"一五"计划。新中国成立初期，由于长年的战乱，国民经济受到严重破坏，党和政府通过没收官僚资本、控制经济命脉、稳定市场物价、调整工商业政策等手段恢复了国民经济。1953 年开始的"一五"计划，选择重工业优先发展战略，集中力量建设 156 个大中型项目，开启了我国的大规模工业化建设。

在这一时期的经济指导方针上，党和政府采用了实行多种经济成分并存，对各种经济成分实行统筹安排，同时积极开展社会主义改造。在这一时期的城市工作的指导方针上，党和政府在 1955 年 6 月

---

① 殷江滨、李郇：《中国人口流动与城镇化进程的回顾与展望》，《城市问题》2012 年第 12 期。

颁布了《关于市政建制的决定》，同年 12 月，又颁布了《关于城乡划分标准的决定》，就此拉开了中国城镇化的序幕，并由此规范各城镇有序发展。

这一时期城镇化发展的特点有：第一，城市由 1949 年的 136 个，发展为 1952 年的 160 个；建制镇数量从开始的 2000 个左右增加到 1954 年的 5402 个，年均递增 30%。第二，城镇人口由 1949 年的 5765 万，占全国人口的 10.6%，发展为 1952 年的 7163 万，城镇人口增加了 24.2%，城镇化率为 12.5%。[1] 第三，乡城人口流动性显著。其间，城市人口平均每年迁入率为 104.2%，迁出率为 71.1%，净迁入率为 33.1%，迁出与迁入之比为 1∶1.8。[2]

（2）第二阶段：1958—1977 年。1958 年，我国城镇化率为 16.25%，到 1977 年增长到 17.55%，城镇化率实现了微弱的上升。[3] 这期间又可以分为三个阶段：

第一，1958—1960 年，我国经历了“大跃进”和其后的调整时期。由于前期“一五”计划的顺利实现和社会主义建设经验的不足以及党内的共产风、浮夸风，使政府制订了过高的计划指标，从而产生了 1958—1960 年的“大跃进”，这导致了中国城镇化的超速增长。盲目地追求工业和经济增长，使得中国城镇化率从 1958 年的 16.25% 迅速提高到 1960 年的 19.75%。[4] 但是，“大跃进”这种违背经济发展客观规律的发展方式，使得城镇人口的增加超过了当时的粮食供应能力和工业体系的吸收能力，加上“三年困难”时期导致的农业大幅减产，最终国民经济发展遭到了严重阻碍。在“二五”计划期间，社会总产值下降 0.4%，国内生产总值下降 2.2%，国民收入下降 3.1%，

---

① 王克忠：《论中国特色城镇化道路》，复旦大学出版社 2009 年版，第 5 页。
② 朱守银：《中国农村城镇化进程中的改革问题研究》，《中国农村观察》2000 年第 6 期。
③ 辜胜阻、简新华：《当代中国人口流动与城镇化》，武汉大学出版社 1994 年版，第 338—339 页。
④ 《中国统计年鉴》，中国统计出版社 1984 年版。

工农业总产值相比"一五"计划时期 10.9% 的增长仅仅增长 0.6%。①

第二，1961—1965 年，为解决国民经济问题，党和政府在 1961 年开始实施"调整、巩固、充实、提高"的八字方针，坚决缩短工业战线，延长农业和轻工业战线，实行"上山下乡"、"三线"建设等措施，压缩城市人口下乡。1960—1962 年，全国城镇职工人数从 5969 万人下降至 4321 万人，城镇化率从 19.75% 下降至 17.33%。②

第三，1966—1977 年，这一时期出现了以知识青年上山下乡为特征的逆城镇化运动，城镇人口迁出大于迁入，城镇化水平由 17.86% 下降到 17.55%。城镇化进程基本处于停滞，城镇化率基本维持在 18% 以下。这其中有"文化大革命"的"左"的错误思想阻碍了国家生产力发展，从而制约了城镇化进程的原因，也是由于 1958 年的城乡二元户籍管理制度的产生和国家优先发展重工业这种资本密集型产业的影响，使得这一时期的城镇化处于停滞。

这一时期，城镇化发展的特点有：一是 1978 年建制镇数量只有 2173 个，比 1954 年减少了近 60%；集市由 5 万多个减少到 2 万个左右。二是城镇人口波动很大。1958—1960 年，城镇人口增长 31.4%，城镇人口占总人口的比例达 19.7%，其后几年的国民经济调整，压缩了城镇人口，1965 年城镇人口的比例只有 14%，"文化大革命"10 年，一系列减少城镇人口政策出台，城镇人口增长缓慢。③

2. 新中国成立至改革开放前我国人口流动状况

与上文所述城镇化发展阶段相对应，改革开放前，我国的人口流动也可以分为两个阶段：

（1）自主性人口流动时期：1949—1957 年。新中国成立以后，

---

① 国家统计局国民经济平衡统计司编：《国民收入统计资料汇编（1949—1985）》，中国统计出版社 1987 年版，第 2、45—46 页。

② 鹏元资信评估有限公司：《我国城镇化过程中地方政府融资研究》，中国经济出版社 2014 年版，第 121 页。

③ 朱守银：《中国农村城镇化进程中的改革问题研究》，《中国农村观察》2000 年第 6 期。

我国进入国民经济恢复和社会主义改造阶段，经济建设得到了快速发展，人口流动也随之增加。由于新中国成立不久，对于流动人口的管理也处于摸索阶段。《中国人民政治协商会议共同纲领》和《中华人民共和国宪法》都赋予了公民具有自由迁徙和自由选择居住地的权利。1951 年和 1955 年国家先后公布的《城市户口管理暂行条例》和《关于建立经常户口登记制度的指示》，对于公民迁出、迁入只要求办理手续，未提出任何限制，显然，对于人口流动持鼓励态度。在此阶段，国家没有实施户籍制度，人口流动没有任何政策性的阻碍，人口流动具有完全自由的特点。

这一阶段，人口流动的主要原因有两个：一是政权更替带来人口流动，包括对于旧政权人员的遣返和安置，新中国成立前，大批占据在城市的国民党政府官员、随从人员及一些拥护者，大部分被返迁农村或自行返迁故乡。例如，1949 年新中国成立，北京当年即迁出 31 万多人，次年又迁出 15.1 万人。[①] 新中国为了维护国家政权建设带来的人口流动，比如大批的革命干部迁入城市，干部南下迁移等。二是新中国成立后的经济建设带来人口流动，1953—1957 年是"一五"计划时期，工业化发展不断扩大着对劳动力的需求，这成了人口流动的重要动因。从人口流动的方向来看，不仅有从农村向城市的流动，还有从东北老工业基地向新工业基地的流动，以及东部沿海和人口稠密地区向着相对地广人稀的中西部的垦荒式迁移。

（2）静态等级人口流动时期：1958—1977 年。新中国成立后，我国学习苏联的发展模式，优先发展重工业。在国家经济建设缺乏外援和足够资金的条件下，为了尽快实现工业化，为了给工业发展提供廉价的生产原料和广阔的销售市场，国家不得不依靠工农产品价格的"剪刀差"来支援工业的发展。这就使农村和城市居民的生活逐渐两极分化，而当时没有限制人口流动的政策，大批的人口流动到城市。当时的城市工业体系又缺乏吸收足够劳动力的能力，大量的流动人口

---

① 八大城市政府调研机构联合课题组：《中国大城市人口与社会发展》，中国城市经济出版社 1990 年版，第 146 页。

为城市的发展带来了巨大的压力。据测算，1958—1960 年的三年间，农村迁往城镇的人口总数每年都在 1000 万以上，1958 年甚至达到了 3200 万人。[①]

在这样的背景下，国家开始控制人口流动，1956 年，国务院下发了《关于防止农村人口盲目外流的指示》，以防止农村人口向城镇的盲目流动。1958 年，全国人大常委会通过了《中华人民共和国户口登记条例》，自此确立了我国城乡人口的二元户籍制度。这种人口流动制度，在城乡之间建立起了壁垒，使得市民和农民两种身份凝固化。农民除了极少的机会，比如，升学可以进入城市改变身份外，基本就被绑定在土地上。所以，这一时期的人口制度被称为人口静态制度。[②]

20 世纪 60 年代以后，人口流动的态势出现了巨大的变化。国民经济由于大跃进和"三年困难"时期的影响而陷入困境。1961 年国家开始实施"调整、巩固、充实、提高"的指导方针，大幅度压缩基本建设，对工业项目实行关停并转，精减职工和减少城镇人口。同时，各个城市强化户籍制度管理，开始严格限制农村人口进城。这些举措都使得人口流动大大减缓。这一时期的主要人口流动是城市青年"上山下乡"，国家组织东部沿海人口向着西北、西南和内蒙古自治区转移的"三线"建设，还有向土地资源丰富的边疆地区转移的自发性垦荒流动。这些人口流动带来的是一种逆城市化的倾向。

静态等级的制度模式，在当时的历史条件背景下确实有其存在的合理性，但是，也给我国各方面的发展产生了不小的负面影响，比如，阻碍了城市化的进程。因此，我国需要坚持马克思主义人口流动理论的指导，结合中国人口流动的实际情况，继续深化社会主义经济体制改革和户籍管理制度改革，打破城乡二元经济社会结构，从根本上转变农村人口流动管理模式，推动农村劳动力资源合理分配，维护农村流动人口的自由与权利，实现社会人口有序流动和合理配置。

---

① 杨云彦：《中国人口迁移与发展的长期战略》，武汉出版社 1994 年版，第 144 页。

② 李永宠：《对中国流动人口制度的探究》，《经济问题》1995 年第 12 期。

（二）改革开放以后

1. 改革开放以后我国城镇化发展历程

1978 年召开的党的十一届三中全会标志着我国改革开放的开始，这一时期的市场化改革措施，为我国的城镇化进程也带来了巨大的转变，我国的城镇化迎来了快速发展的黄金期。根据诺瑟姆曲线[1]总结的经验，当一个国家的城市化率达到 30% 后将会进入一个加速阶段，因此，把 1996 年我国城镇化率达到 30% 作为我国城镇化进程的分界点，把改革开放时期的城镇化发展分为两个阶段。

（1）第一阶段：1978—1995 年。这一阶段是中小城市主导下的城镇化稳步发展阶段，其最大特征在于政府对城镇化发展的主导作用。

我国的改革开放起点是农村，家庭联产承包责任制的实施极大地激发了农民的生产积极性，提高了农业劳动生产率。和 1978 年相比，1984 年全国粮食总产量增长了 33.6%[2]，改变了农产品总量供给不足的局面，为我国城镇化的迅速发展提供了基本的物质保障。家庭联产承包责任制的实施也使得农村产生了剩余劳动力，有一部分农民有了流动的可能，1984 年，全国非农业就业劳动力达到 5670 万人，比 1978 年增加 2521 万人，占农村总劳动力的比例由 10.3% 上升到 15.8%，形成了"离土不离乡，进厂不进城"的就地城镇化模式。同时，城乡集市贸易的开放和乡镇企业的崛起使大量农业剩余劳动力进入城市和小城镇，出现了城镇暂住人口。[3] 加上 2000 万上山下乡的知识青年和下放干部及其亲属返城并就业，为政府财政和城市就业带来了巨大压力。

在这样的形势下，小城镇战略的思想成为当时特定环境下的城镇化主流思潮。1980 年，全国城市规划会议提出"控制大城市规模、合理发展中等城市、积极发展小城市"的城市发展总方针。1983 年，

---

① 巴曙松、邢毓静、杨现领：《未来 20 年中国城市化的前景与挑战》，《改革与战略》2010 年第 5 期。

② 牛凤瑞：《中国城市发展三十年》，社会科学文献出版社 2009 年版，第 3 页。

③ 武力：《1978—2000 年中国城市化进程研究》，《中国经济史研究》2002 年第 3 期。

著名社会学家费孝通提出，"解决农村剩余劳动力问题要以小城镇为主，大中小城市为辅"，这一主张在当时得到了中央领导的认同和支持。1985 年出台的"七五"计划指出："坚决防止大城市过度膨胀，重点发展中小城市和城镇"。国家通过取消人民公社体制，"撤社建乡"，降低建制镇标准等方式来增加建制镇数量。根据《中国统计年鉴》的数据，1983—1992 年全国增加建制镇 11571 个，在 1984 年新增的建制镇的数量达到 4218 个。"八五"计划期间，国家继续实行小城镇重点发展战略。1993 年十四届三中全会通过的《中共中央关于建立社会主义市场经济体制若干问题的决定》指出："加强规划，引导乡镇企业适当集中，充分利用和改造现有小城镇，建设新的小城镇。"可以看出，从改革开放到 90 年代中后期，小城镇的发展是中国城镇化发展的重要模式。

（2）第二阶段：1996—2010 年。这一阶段是大城市主导下的城镇化快速推进阶段。1996 年，中国城镇化率达到 30.84%，标志着中国进入了快速城市化时期，截至 2015 年年末，大陆总人口 137462 万，其中城镇常住人口 77116 万，占总人口的比例（常住人口城镇化率）为 56.10%。但是，在这一时期乡镇企业开始进入了发展的低潮，乡镇企业吸纳农村剩余劳动力的数量也日趋减少。一方面以苏南地区为代表的小城镇模式由于规模效应的不足，资源枯竭和环境污染等问题而逐步衰落；另一方面，以上海、北京等为代表的大城市，在集聚经济和规模经济等方面的优势开始体现。中国的城镇化开始由小城镇战略向着大城市模式转变。[①] 在这样的背景下，中国的城市化政策出现了相应的变化和调整，严格控制大城市的提法逐渐淡出政府文件。

2000 年制订的国家"十五"计划在"实施城镇化战略，促进城乡共同进步"一节中提出，"有重点地发展小城镇、积极发展中小城市、完善区域性中心城市功能、发挥大城市的辐射带动作用、引导城

---

① 吴柏钧、潘春阳：《中国城镇化的经验与理论研究》，上海人民出版社 2015 年版，第 89 页。

镇密集区有序发展"，体现出国家注意到各类型大中型城市的规模扩展和相应的城市建设加速和城市经济活跃，以及大中型中心城市在国民经济中地位的不断增强和对区域经济的带动作用。2007 年，十七大报告提出了"统筹城乡，以大带小，以特大城市为依托，形成城市群，培育新的经济增长极"的说法，这说明我国的城市化模式开始发生转变。2008 年实施的《城市规划法》中删去了"控制大城市规模"的规定。2014 年，国家新型城镇化规划指出要"优化城镇规模结构，增强中心城市辐射带动作用，加快发展中小城市，有重点地发展小城镇，促进大中小城市和小城镇协调发展"，以上政策规划的转变体现着中国城市化历程的变化。

2. 改革开放以后我国人口流动状况

与改革开放以后城镇化发展阶段相对应，这一时期我国的人口流动也可以分为两个阶段：一是以短距离为主的"离土不离乡"的流迁模式，时间段为改革开放伊始到 20 世纪 90 年代初期。二是以长距离为主的大规模的人口流动模式，时间段为 90 年代初期到 2010 年。受不同时期城镇化发展政策的影响，这一时期人口流动也体现出一些新的变化。主要体现在：

（1）流动人口规模的增速越来越快。1982 年，我国流动人口的数量仅为 657 万，只占全国总人口的 0.66%。1987 年，全国流动人口增加到 1810 万。到 1990 年，全国流动人口数量达到 2135 万，占全国总人口的 1.89%。流动人口数量增长了 2.25 倍。仅仅五年之后，1995 年全国流动人口的数量几乎翻了两番，达到 7073 万，占全国总人口的比例达到 5.86%。2000 年，全国流动人口数量超过 1 亿；2010 年，全国流动人口数量超过 2 亿。这说明，随着时间的推移，我国流动人口规模的增速越来越快。

（2）流动人口的集中地区由传统活跃地区、东北以及资源丰富地区向沿海地区转变。20 世纪 80 年代，传统人口流动活跃的地区、东北老工业基地和一些资源丰富的地区吸引了相对较多的流动人口。"三普"数据显示，当时黑龙江省吸收的流动人口最多，全国流动人口的 8.60% 集中在该省；其次是河南、山东、江苏和安徽，这四个省吸引的流动人口分别占全国流动人口的 6.31%、5.39%、5.06% 和 4.85%。同期，辽宁、吉林也吸收了较多的流动人口，分别占全国流动人口的 4.37% 和 3.83%。上述 7 个传统人口流动活跃地区和东北老工业基地合计吸收了全国流动人口的 38.4%。东北三省合计吸收了全国 16.8% 的流动人口。新疆、内蒙古、山西是资源省份，它们在1980 年也吸引了较多流动人口。1987 年，这三省的流动人口在全国流动人口中的比例仅次于广东，总和达到 18.46%。

进入 20 世纪 90 年代后，不论是老工业基地，还是资源省份，其吸收的流动人口在全国流动人口中所占比例都在下降。1982—2000年，东北三省的流动人口占全国的比例从 16.8% 下降到了 7.6%；而新疆、内蒙古和山西三省区合计的相应比例从 12.0% 下降到了5.03%。与此同时，沿海地区则快速地集中了越来越多的流动人口。在沿海地区中，珠三角和长三角在集中吸引流动人口方面尤为突出。1982—2005 年，广东省流动人口占全国的比例从 5.23% 上升到了22.37%，而长三角地区的上海、江苏、浙江的流动人口比例总和从11.27% 上升到了 20.58%。[①]

（3）流动人口由中小城市集中向大城市集中转变。80 年代在小城镇发展战略影响下，流动人口大多聚集在小城镇、中小城市。而 90年代以后，沿海大城市在吸引外商直接投资过程中扮演着越来越重要的角色，流动人口呈现向大城市集中趋势。1982 年，规模最大的 10个城市吸纳的流动人口占全国流动人口总量的 11.86%，1990 年上升为 17.04%，2005 年达到 23.65%。中小城市，尤其是中西部地区的中小城市对流动人口的吸纳能力明显减弱。[②] 这反映出 90 年代后的流动人口向大城市集中的趋势更加明显。

（4）人口流动原因由社会型向经济型转变。80 年代的流动人口以婚姻迁入、随迁家属、投亲靠友和退休退职等原因而流动的社会型

---

① 段成荣等：《改革开放以来我国流动人口变动的九大趋势》，《人口研究》2008 年第6 期。

② 殷江滨、李郇：《中国人口流动与城镇化进程的回顾与展望》，《城市问题》2012 年第 12 期。

流动人口为主体。比如，1987 年，社会型流动人口在全部流动人口中占 56.3%，而务工经商等经济型流动人口则居于从属地位。而到 1990 年，务工经商者占全部流动人口的比例迅速提高到 50.16%，各类经济型原因合计所占比例更是提高到 60.2%。相反，社会型流动人口所占比例则降到 1/3 左右。进入 21 世纪之后，流动人口中务工经商者的比例维持在 50%—55% 的较高水平上。①

（5）流动人口迁移距离由近邻流动为主转变为近邻流动、中程流动、远程流动并重。80 年代的农村城镇化发展战略大大促进了农村工业化的快速发展，创造了大量的非农就业机会，加之国家对建制镇设置标准的放宽，人口流动的控制开始缓和，从而形成了农村剩余劳动力"离土不离乡、进厂不进城"的转移模式。据统计，1978—1988 年，我国国家招工的农民为 1110 万人，而在各类乡镇企业就业的农民达到 9000 多万人。镇成为当时农村劳动力向城市迁移的最主要目的地，以广东省为例，1982—1987 年，镇吸纳了乡—城迁移人口的 41%，城市吸纳了 33%，县城则吸纳了 26%，这一时期人口迁移以短距离迁移为主，长迁移尚不多见，省际迁移人数及迁移率分别在 100 万人和 1‰以下。②

90 年代以后，沿海大城市在吸引外商直接投资过程中扮演着越来越重要的角色，流动人口呈现向大城市集中趋势。"四普"数据显示，1985—1990 年，省际总迁移率只有 19.15‰③，反映出当时的人口流动以近邻和中程流动人口为绝对主体部分，跨省的远程流动④非常之少。"五普"数据显示，2000 年时，近邻流动、中程流动和远程流动人口分别占总流动人口的 45.5%、25.2% 和 29.4%⑤，反映远程流动

---

① 段成荣等：《改革开放以来我国流动人口变动的九大趋势》，《人口研究》2008 年第 6 期。

② 殷江滨、李郇：《中国人口流动与城镇化进程的回顾与展望》，《城市问题》2012 年第 12 期。

③ 张善余：《第四次人口普查省际迁移数据分析》，《人口与经济》1992 年第 3 期。

④ 近邻流动是指人口在县内或市内各乡、镇、区之间的流动；中程流动是指人口在省内跨县、跨市的流动；远程流动是指人口的省际流动。

⑤ 由于四舍五入，各分项之和有时不等于 100%。下同。

增长速度快，但仍以近邻流动和中程流动为主。"六普"数据显示，2010 年三种迁移距离流动人口所占比例分别为 34.6%、32.5% 和 32.9%。三次普查数据反映出流动人口的流动距离呈现出近距离流动比例下降，中、远程距离流动比例上升的趋势。①

党的十八大报告中提出：坚持走中国特色新型工业化、信息化、城镇化、农业现代化道路，推动信息化和工业化深度融合、工业化和城镇化良性互动、城镇化和农业现代化相互协调，促进工业化、信息化、城镇化、农业现代化同步发展。"新四化"之一的城镇化已上升为国家的重大战略。推进城镇化战略，是扩大国内需求，调整经济结构和改变经济发展方式的重要抓手，并成为带动区域协调发展、统筹城乡发展、实现社会和谐的有效途径。②

城镇化发展与人口流动有着紧密的联系。城镇化发展战略会深刻影响人口流动的方向和规模，同时，流动人口的地区分布也会影响地区经济发展水平和城市化水平。两者的协同发展对 30 多年来我国的经济发展和社会进步起到了重要作用，对我国社会生活的各个方面都产生了重大影响，但仍还存在一些问题。政府、科研机构以及社会各界都应当广泛关注和重视城镇化和人口流动研究，坚持马克思主义为指导，把马克思主义城市化和人口流动理论与中国具体实际相结合，推动体现"创新、协调、绿色、开放、共享"发展理念的城镇化发展道路，引导人口公平有序地流动，为全面建成小康社会装备健康城镇化的"引擎"以及优质人力资源的"部件"。

---

① 陈丙欣、叶裕民：《中国流动人口的主要特征及对中国城市化的影响》，《城市问题》2013 年第 3 期。

② 李克强：《关于调整经济结构促进持续发展的几个问题》，《求是》2010 年第 11 期。

第二章 城镇化进程中老年人的
"留"与"流"

一 人口老龄化和城镇化在我国的现在进行时

2016 年年末，全国城镇常住人口 79298 万，占总人口的 57.35%，比上年末提高 1.25 个百分点。[①] 预计到 2020 年，常住人口城镇化率达到 60%，户籍人口城镇化率达到 45%。我国已经步入了城镇化率过半的新的社会发展阶段。与此同时，我国人口老龄化的发展态势也非常迅猛。2016 年年末，60 岁及以上人口占总人口的 16.7%，65 岁及以上人口占总人口的 10.8%。[②] 预计到 2020 年，60 岁以上老年人口将增加到 2.55 亿左右，占总人口比例将提升到 17.8% 左右。这反映出，人口老龄化和人口城镇化是当前我国显著的人口现象，也是难以逆转的人口发展趋势，对我国经济、政治、社会等全方位发展产生深刻影响。

（一）我国人口老龄化的现状与趋势

人口老龄化是经济社会发展进步的产物，也是 21 世纪人类社会共同面临的重大课题。我国自 1999 年年底进入老龄社会后，人口老龄化发展态势非常迅猛。当前，我国是世界上人口老龄化速度最快的

---

① 国家统计局：《2016 年国民经济和社会发展统计公报》，2017 年 2 月 28 日，ht-tp：//www. stats. gov. cn/tjsj/zxfb/201702/t20170228_ 1467424. html。

② 同上。

国家之一，是世界上老年人口最多的国家，也是高龄人口最多的国家。"人口众多、结构老化"是我国最基本的人口特征。应对人口老龄化成为重大的国家战略问题。

1. 当前我国老年人口的主要特征

"第四次中国城乡老年人生活状况抽样调查"公布的部分数据反映出当前我国老年人口的一些最新特征：①

（1）社会人口学特征。一是老年人口城镇化水平持续提高。2015年，城镇老人占 52.0%，农村老人占 48.0%。15 年间，老年人口的城镇化水平提高了 17.8%。二是女性老年人口占比逐渐提升。2015年，女性老人占 52.2%，男性老人占 47.8%。与 2000 年比较，女性老人占比上升了 1 个百分点。三是老年人口年龄结构相对年轻。2015年，低、中、高龄老人分别占 56.1%、30.0%、13.9%。四是老年人口受教育程度大幅提升。2015 年，我国老人中未上过学、小学、初中和高中、大专及以上的分别占 29.6%、41.5%、25.8%、3.1%。与2000 年相比，未上过学的老人下降了 23.2%，小学文化的老人上升了 7.8%，初中和高中文化的老人上升了 14.3%，大专及以上文化的老人上升了 1.1%。五是老年人口丧偶率显著下降。2015 年，老年人口中有配偶、丧偶、离婚、从未结过婚的分别占 71.6%、26.1%、0.8%、1.5%。与 2000 年相比，有配偶老年人口上升 8.9%，丧偶老年人口下降 9.5%。六是中高龄老年人子女数高于低龄老年人。2015年，老年人子女数平均为 3.0 人，城镇为 2.7 人，农村为 3.3 人。分年龄组来看，2015 年，低龄老年人子女数平均为 2.5 人，中龄老年人为 3.4 人，高龄老年人子女数平均为 4.1 人。七是老年人健康状况整体改善。2015 年，32.8% 的城乡老年人自评健康状况"好"，比 2000年提升了 5.5%。分城乡来看，27.7% 的农村老年人自评健康状况"好"，比 2000 年提升了 1.4%；37.6% 的城镇老年人自评健康状况"好"，比 2000 年提升了 7.0%。

（2）经济状况。一是农村老年人收入增长速度快于城镇。2014

---

① 《三部门发布第四次中国城乡老年人生活状况抽样调查成果》，2016 年 10 月 9 日。

年，我国城镇老年人年人均收入达到 23930 元，农村老年人年人均收入达到 7621 元，分别比 2000 年提高 16538 元和 5970 元。扣除价格因素，城镇老年人收入年均增长率为 5.9%，农村老年人收入年均增长率为 9.1%，农村老年人收入增长速度快于城镇老年人。从城乡差距来看，2000 年，城镇老年人年人均收入约是农村老年人的 4.5 倍，随后逐渐缩小，到 2014 年，城镇老年人年人均收入约是农村老年人的 3.1 倍。二是城镇老年人收入来源显现结构性转变。2014 年，城镇老年人保障性收入占 79.4%，经营性收入、财产性收入、家庭转移性收入等非保障性收入占 20.6%。三是农村老年人保障性收入比例明显提升。2014 年，农村老年人保障性收入占 36.0%，经营性收入、财产性收入、家庭转移性收入等非保障性收入占 64.0%。与 2000 年相比，农村老年人保障性收入提高 21.7%。四是城乡老年人消费结构转型升级已现端倪。2014 年，城乡老年人人均消费支出为 14764 元。从支出结构来看，日常生活支出占 56.5%，非经常性支出占 17.3%，医疗费支出占 12.8%，家庭转移支出占 9.0%，文化活动支出占 3.2%，其他支出占 1.2%。

（3）精神文化生活。一是老年人闲暇生活更加注重品质和时尚。2015 年，88.9% 的老年人经常看电视或听广播，20.9% 的老年人经常读书或看报，20.7% 的老年人经常种花养草或养宠物，13.4% 的老年人经常参加棋牌活动。2015 年，有 5.0% 的老年人经常上网，在城镇老年人中这一比例为 9.1%。2000 年，老年人学电脑的仅占 0.3%。二是旅游成为老年人休闲生活的新选择。2015 年，13.1% 的老年人明确表示未来一年计划外出旅游，9.1% 的老年人表示有可能在未来一年外出旅游。三是城乡老年人幸福感显著提升。2015 年，60.8% 的老年人感到生活幸福，比 2000 年提升了 12.0 个百分点。分城乡来看，城镇老年人感到幸福的占 68.1%，比 2000 年提升了 1.9 个百分点；农村老年人感到幸福的占 53.1%，比 2000 年提升了 9.6 个百分点。

2. 我国人口老龄化的发展趋势

纵观 21 世纪，我国人口老龄化程度将进一步加深，呈现如下四个发展阶段。[①]

（1）快速人口老龄化阶段：1999—2022年。老年人口数量从1.31亿增至2.68亿，人口老龄化水平从10.3%升至18.5%。此阶段的典型特征是老龄化显著，少儿人口数量和比例不断减少，劳动力资源供给充分，是我国社会总抚养比相对较低的时期，有利于我国做好应对人口老龄化的各项战略准备。

（2）急速人口老龄化阶段：2022—2036年。老年人口数量从2.68亿增至4.23亿，人口老龄化水平从18.5%上升至29.1%。此阶段的总人口规模达到峰值并转入负增长，老年人口规模增长最快，老龄问题集中爆发，是我国应对人口老龄化最艰难的时期。

（3）深度人口老龄化阶段：2036—2053年。老年人口数量从4.23亿增至4.87亿的峰值，人口老龄化水平从29.1%升至34.8%。此阶段总人口负增长加速，高龄化趋势显著，社会抚养负担持续加重并达到最大值（102%），我国将成为世界上人口老龄化形势最严峻的国家。

（4）重度人口老龄化平台阶段：2053—2100年。老年人口增长期结束，由4.87亿减少到3.83亿，人口老龄化水平始终稳定在1/3左右。这一阶段，少儿人口、劳动年龄人口和老年人口规模共同减少，各自比例相对稳定，老龄化高位运行，社会抚养比稳定在90以上，形成一个稳态的重度人口老龄化平台期。

人口老龄化是谋划我国未来发展必须始终把握的新的基本国情。正成为深刻影响着我国经济、社会、文化、社会保障等方面的可持续发展的长期性、基础性、约束性因素。党和政府应该主动适应人口老龄化发展的客观规律，全面实施中国特色积极应对人口老龄化战略，把挑战降到最小，把机遇发挥到最大，为确保人口老龄化背景下经济社会的长期繁荣稳定、实现中华民族伟大复兴的中国梦奠定坚实基础。

[①] 总报告起草组：《国家应对人口老龄化战略研究总报告》，《老龄科学研究》2015年第3期。

（二）城镇化进程中流动人口的现状与趋势

西方发达国家的城市化发展经验表明，人口大规模流动是城市化发展过程中的必然现象。一个处于城市化快速增长阶段（城市化水平为30%—65%）的国家，其居民在不同区域、不同产业、城乡之间大规模流动，将有助于促使国家由落后的农业国转变为先进的工业国，由传统的农业社会走向现代城市社会，完成一个国家的工业化、城市化和现代化进程。

自改革开放以来，我国人口流动规模和速度不断扩大，大规模的人口流动，尤其是跨省跨地区的人口流动，成为引致我国城镇化格局变化的主导力量①，推动我国城镇化进程持续快速发展。根据2016年国民经济和社会发展统计公报数据②，2016年年末，我国常住人口城镇化率为57.35%，比上年末提高1.25个百分点。户籍人口城镇化率为41.2%，比上年末提高1.3个百分点。全国人户分离的人口③2.92亿，其中流动人口2.45亿。这说明我国已进入城市化快速发展时期，人口流动日益频繁。

1. 流动人口的主要特征

许多研究者基于人口普查数据分析的基础上对不同时期流动人口的特征进行了概括和分析。本书在借鉴现有研究成果基础上概括描述当前流动人口的主要特征。

（1）流动人口规模大，增长速度快。根据"六普"数据，2010年，我国流动人口总数为22143万，占全国总人口的16.53%。比"五普"时的流动人口增加10036万，增长82.89%。而1982年时的流动人口仅有657万，仅占全国总人口的0.66%。在短短的28年时间内，我国流动人口的规模持续扩大，占全国总人口的比例也持续增大，具体如图2-1所示。全国流动人口规模从只有657万增加到近

---

① 纪韶、朱志胜：《中国人口流动与城镇化格局变动趋势研究——基于"四普"、"五普"、"六普"长表数据的比较分析》，《经济与管理研究》2013年第12期。
② 国家统计局：《2016年国民经济和社会发展统计公报》，2017年2月28日。
③ 人户分离的人口，是指居住地与户口登记地所在的乡镇街道不一致且离开户口登记地半年及以上的人口。

2. 2143 亿，增长了 32.7 倍，增长速度世所罕见。

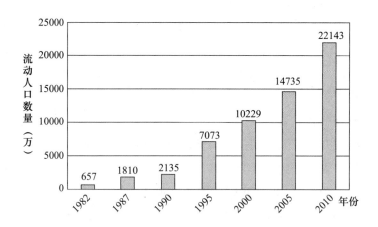

图 2 - 1　我国流动人口数量变动趋势

（2）农村流出人口比例大。在总流动人口中，农村流出人口比例
大。根据"六普"数据，农村流出人口 1.53 亿，占总流动人口的
63.0%。其中，农村流出人口中的 83.7% 流向城市，因此，乡城流动
人口占总流动人口的 52.7%。2005 年 1% 人口抽样调查数据显示，乡
村流出人口 1.19 亿，占总流动人口的 61.3%，乡城流动人口 0.96
亿，占乡村流动人口的 80.2%，占总流动人口的 49.2%。① 这些数据
说明乡城流动人口（即农民工）是流动人口中的主要类型，因而成为
流动人口研究中的重点关注对象。

（3）流动原因以经济型流动为主。依据流动原因，可以将流动人
口划分为经济型流动人口和社会型流动人口两类。经济型流动人口包
括因工作调动、分配录用、务工经商、学习培训等原因而流动的人；
社会型流动人口包括因婚姻迁入、随迁家属、投亲靠友和退休退职等
原因而流动的人。② "六普"数据显示，导致人口流动的原因依次排

---

① 杜旻：《我国流动人口的变化趋势、社会融合及其管理体制创新》，《改革》2013 年
第 8 期。
② 段成荣等：《改革开放以来我国流动人口变动的九大趋势》，《人口研究》2008 年第
6 期。

序为务工经商（45.1%）、随迁家属（14.2%）、学习培训（11.4%）、拆迁搬家（9.3%）、婚姻迁入（4.8%）、投亲靠友（4.2%）和工作调动（3.9%）。经济型流动占60.4%，社会型流动占32.5%。可见，经济型流动人口成为流动人口的主要部分。

根据1987年1%人口抽样调查数据，社会型流动人口在全部流动人口中占56.3%，而务工经商等经济型流动人口则居于从属地位。[①]可见，改革开放以后，我国流动人口实现了从社会型流动向经济型流动的转变。随迁家属（14.2%）作为导致人口流动的第二位原因说明流动人口家庭化的趋势更加明显。

（4）流动人口的流入地集中在东部，流出地集中在中西部。我国流动人口的地域分布具有"孔雀东南飞"的特性。根据"六普"数据，2010年，东部地区流动人口最多，总数为13798万，占全国流动人口总量的51.6%，西部和中部次之，东北地区流动人口最少。从流动人口占地区总人口的比例看，东部、中部、西部和东北四个地区流动人口占总人口的比例均明显上升，其中，东部地区流动人口占本地区总人口的比例最大（27.3%），其他依次为东北地区（17.7%）、西部地区（16.0%）和中部地区（12.9%）。

总体来看，上述特征基本上与我国区域经济发展的格局相吻合。东部地区由于经济发展基础好，民营经济活跃，成为我国流动人口的主要聚集地。

（5）流动人口以劳动年龄人口为主，男性比例较大。根据"六普"数据，我国的流动人口中，绝大部分为15—59岁的劳动年龄人口，占84.43%，其中，20—29岁的流动人口占比最高，为27.7%；0—14岁的少儿人口占10.37%；60岁以上的老年人口占4.8%。从性别来看，流动人口男性所占比例较大，为53.16%；女性人口占46.84%，性别比为113.51，远高于全国总人口的性别比（105.2）。但是，流动儿童和流动老人规模不断增长，流动人口中劳动年龄人口

---

① 段成荣等：《改革开放以来我国流动人口变动的九大趋势》，《人口研究》2008年第6期。

比例不断下降。

（6）流动人口以省内流动为主，跨省流动人口比例增加。"六普"数据显示，2010年，我国2.21亿流动人口中，省内流动人口为1.35亿，占61.15%；省际流动人口为0.86亿，占35.85%。我国流动人口仍以省内流动为主，跨省流动人口所占比例和2000年"五普"数据相比，提高了近6个百分点。流动人口越来越倾向于跨越较大的行政区域范围。

（7）流动人口以城镇为主要流入地，居留稳定性增强，融入城市的愿望强烈。从流入地来看，"六普"数据显示，2010年，流动现居住地为城市的有1.33亿人，占全部流动人口的60.19%，现居住地为镇的占24.57%，而农村仅占15.25%；与2000年"五普"的数据相比，现居住在城市的流动人口增加了10.95%，现居住地为镇的流动人口比例变化不大，现居住在农村的流动人口下降了11.09%，说明流动人口越来越倾向于向城镇流动。

2. 流动人口最新变动趋势

2015年5月，国家卫计委组织开展了第八次全国流动人口动态监测调查，利用这次监测调查及近年来的全国流动人口监测数据，对当前流动人口的最新变动趋势分析如下①：

（1）未来一段时期流动人口规模将缩小。2015年，流动人口为2.47亿，较2014年的2.53亿已有所下降。相关人口预测表明，未来一段时期，流动人口规模将不断缩小，为2.2亿—2.3亿；到2030年，降至1.5亿—1.6亿，其中，2020年和2030年农业转移人口分别为1.6亿—1.7亿和1.1亿—1.2亿。

（2）1980年及之后出生的新生代成为流动人口主体，流动人口的平均年龄明显上升。2013年调查的务工经商的劳动年龄人口中，新生代占48.8%，其中"90后"占11.2%。在2015年相应的流动人口中，新生代占51.1%，超过一半，其中"90后"占12.3%。2015

---

① 国家卫计委流动人口司：《中国流动人口发展报告（2016）》，中国人口出版社2016年版，第21—24页。

年，流动人口平均年龄为 29.3 岁，较 2013 年提高了 1.4 岁。2015 年，农村户籍流动人口的平均年龄为 34.2 岁，较 2013 年也提高了 1.4 岁。

（3）东部地区的流动人口比例有所下降，西部地区人口流动渐趋活跃。2015 年，东部地区流动人口占全国流动人口的 74.7%，较 2013 年下降了 1 个百分点。西部地区流动人口占全国流动人口的 16.6%，较 2013 年上升了 1.7 个百分点。可见，东部地区仍然是流动人口最集中的地方，但占比有所下降。因为伴随着产业转移的不断深入，东南沿海地区对流动人口的吸引力开始下降，以外出农民工为主的流动人口开始出现回流。

（4）流动人口流向中心城市的比例下降，流向非中心城市地区比例有所上升。2015 年，中心城市吸收的跨省流动人口及农村户籍流动人口的比例分别为 54.9% 和 56.2%，比例都超过一半。但是，相比 2013 年，相应的比例都有所下降。2013 年，中心城市吸收的跨省流动人口及农村户籍流动人口的比例分别为 56.8% 和 59.3%。

（5）流动人口的家庭规模有所扩大，居住时间越长则共同流动的家庭人口数量越多。2015 年，流动人口在流入地的家庭规模为 2.61 人，比 2013 年增加了 0.11 人。从居住时间看，2015 年，居住 3 年以下的流动人口平均家庭规模为 2.29 人，3—4 年的为 2.70 人，5 年及以上的为 2.95 人。

人口迁移流动不仅是国家城乡和地区结构变迁的主导因素，而且也是各地区人口规模和结构演变的决定因素，推进农业转移人口市民化还是我国新型城镇化战略的首要任务。因此，要认真研究和把握我国人口流动的新特征和新趋势，深入推进户籍制度改革，构建面向流动人口家庭的、更加包容多元的公共服务体系，健全常住人口市民化激励机制，推动更多人口融入城镇化，这是促进社会和谐发展的重要举措，也是全面建成小康社会战略目标的题中应有之义。

（三）城镇化和老龄化的相互影响

人口老龄化和城镇化同是改变社会的重要力量，两者之间存在密切的交互作用。总体来看，城镇化加速人口老龄化，改变人口老龄化的城乡和区域分布结构，而人口老龄化则给城镇化的速度和质量带来不利影响。

1. 城镇化加速人口老龄化

人口老龄化的直接原因是人口出生率和死亡率的双双下降。一方面，城镇化水平的提高，通过提高养育孩子的经济成本和机会成本、改变生育意愿、提升妇女职业参与率和社会地位、增加执行城镇生育政策的人口数量等途径，总体上降低人口出生率。另一方面，城镇化的发展，通常伴随着经济发展水平的提升、社会保障制度的健全、医疗卫生事业的进步、生活质量的提高，这些因素均对人口死亡率起着降低作用。人口出生率的降低，导致少儿人口数量减少；死亡率的降低，意味着人口平均预期寿命的延长，老年人口数量增加，这一"底部老龄化"和"顶部老龄化"的叠加，从而加速了人口老龄化进程。

2. 城镇化改变人口老龄化空间布局

（1）城镇化改变人口老龄化的城乡布局。在我国，城镇一直都执行比农村更为严格的计划生育政策，生育率下降更为迅速，水平更低。照此理，城镇的人口老龄化程度比农村更为严重。但实际情况正好相反，在改革开放过程中，人口城镇化的年龄选择性，使得大量农村劳动年龄人口，尤其是青壮年劳动力迁往城市，在缓解了城镇人口老龄化的同时，却严重加剧了农村的人口老龄化，使城乡人口老龄化发展基本上互换了发展轨迹。据全国老龄委课题"国家应对人口老龄化战略研究"的预测，21世纪，我国农村人口老龄化程度始终高于城镇，由目前相差5个百分点持续提升到2033年相差13.4个百分点，此后缓慢缩小差距。

（2）城镇化改变了人口老龄化的区域布局。人口出生率和死亡率同经济社会发展水平存在较强的相关性，经济社会发展水平高的地区，人口出生率和死亡率均比较低，人口老龄化程度通常会更高。按此推论，我国东部沿海及京广等发达地区的老龄化程度应普遍高于中西部的经济欠发达地区。但是，经济欠发达地区大量青壮年劳动力向经济发达地区的流迁，整体上缓解了经济发达地区的人口老龄化，而加剧了经济欠发达地区的人口老龄化。所以，有学者指出，北京、上海、广州等一线城市惊人的老龄化程度是以户籍人口为计算口径而得出的"虚假"现象，若以常住人口为计算口径，老龄化程度则大大降低。

3. 人口老龄化影响城镇化速度和质量

（1）人口老龄化增加农村劳动力向城镇转移的成本。迁移作为一种个体行为，存在成本与收益的抉择。由于城镇生活成本、户籍制度、社会保障制度、住房保障制度等"门槛"因素的制约，迁移劳动力在城镇赡养老年父母的成本高昂，通常难以同老年父母共同迁移城镇。同时，出于对留守农村老年父母的供养和照料的亲情考虑，劳动力迁移城镇的亲情成本增加。因此，人口老龄化导致迁移劳动力赡养负担的加重，从整体上看，不利于迁移劳动力彻底脱离农村，成为城镇居民，这是导致我国当前农民工"半城镇化"的重要因素之一。

（2）人口老龄化增加公共财政负担，挤压城镇建设投入。城镇化过程中，政府是各项建设投资的主体。城镇供电、供水、供气、桥梁、道路、交通、运输、邮电、通信等城市公用设施建设，教育、科技、文化、公共卫生以及环境保护等公益事业发展均需要政府公共财政的投入。而人口老龄化的加重势必增加养老的经济社会成本，相应增加政府在养老、医疗、服务等老年人生活密切领域的公共财政投入，对城镇化建设其他领域的投入形成挤压，从而间接地制约城镇化速度和质量。

（3）人口老龄化意味着农村可转移劳动力数量的减少。在人口城镇化过程中，发生迁移行为最活跃的人群是年轻劳动力，大龄劳动力的迁移发生率要低得多。随着农村人口老龄化的加剧，潜在迁移劳动力数量将减少，从而抑制人口城镇化的速度。此外，农业劳动力的老龄化，意味着农业生产效率的降低，单位耕作面积需要更多的劳动力投入，对劳动力的吸纳作用提升，这客观上也不利于形成更多可供向城镇转移的剩余劳动力。

（4）人口老龄化削弱城镇化依托的经济增长基础。城镇化率与经济发展水平之间的关系密切，经济增长的过程，也是城镇化率提高的过程。我国人口老龄化通过对资本、技术、劳动力以及投资、出口、消费的不利影响，最终降低经济增长潜力，降低宏观经济增长速度。有学者指出，2011—2050 年，人口老龄化因素可以使我国潜在年均经济增长率下降约 1.7 个百分点。这意味着在人口老龄化不断加深的背景下，我国城镇化可依托的经济增长基础受到约束，从而制约城镇化率的提升。①

二　人口老龄化和城镇化背景下
特殊老年群体的演变

作为不可逆转的客观发展趋势，人口老龄化同"全球化""城镇化"一道成为改变未来世界发展的基础性力量，对所有国家的发展而言既是机遇也是挑战，是人类历史上前所未有的一场"无声的革命"。在人口老龄化和城镇化的背景下，老年群体出现了分化，比如，出现留守老人、流动老人这样的特殊群体。

（一）留守老人的演变

现今农村留守老人的急剧增多，正是老龄群体在老龄化和城镇化的外部因素作用下的演化结果。

第一，城镇化的年龄选择性。在人口城镇化过程中，年轻人口受到大城市对人口的拉力作用，以及原居住地农村对人口的推力作用的影响，倾向于流动到城镇，剩下的中老年人口则大多选择留守乡村，这在缓解了大城市人口老龄化窘境的同时，却严重加剧了农村和小城镇的人口老龄化，使农村留守老人激增。

第二，城镇化扩大了代际及城乡生活方式的差异。老年父母不适应代际关系的转变以及城市的生活状态，主动或是被迫地留守在农村的原居住地。

第三，城镇化进程中的户籍制度的限制。在城乡分割的户籍制度

---

① 李芳、李志宏：《人口老龄化对城乡统筹发展的影响与对策探析》，《西北人口》2014 年第 2 期。

和以此为基础形成的二元经济社会结构的影响下，大量的流动人口过着两地迁徙的生活。居无定所，收入较低，工作不稳定等因素，使得流动人口不得不把父母留在农村。这些老人就成为农村留守老人。

留守老人的演变轨迹可以分成两类：一类是子女流动后，子女的户籍仍然在父母的居住地，子女在迁入地和原居住地之间呈现候鸟式迁徙。另一类是子女流动后工作生活逐渐稳定，将户籍迁出父母的居住地落户在迁入地。老年人的生活状态演变轨迹就成了以下模式。

第一，老人尤其是农村老人从帮着子女耕种责任田到最终自己全部承担生产责任。因为我国作为一个传统的农业大国，土地对于我国的农村留守老人来说还是十分重要的生产资料。尤其在我国现有的社会保障不完善的情况下，土地是留守老人能实现自我供养的一个保证，只要身体健康条件允许，留守老人就会通过自身的劳作和土地的产出来保证家庭的生活。同时，外出子女的经济支持也成为了农村留守老人的重要支柱。首先，以孝道文化为根基的传统伦理在千百年的教化下已经内化为每个中国人的价值规范，这使得子女供养有道义上的约束。其次，法律对子女赡养老人起到的规范作用。再次，留守老人和外出子女之间的深厚情感让子女会自发地赡养老人以维系情感。最后，是代际关系中的"潜规则"，子女对老人的赡养不同于西方的"接力式"养老，是一种对老人养育之恩的反哺，也是和农村留守老人照顾孙辈的一种交换。以上因素使得留守老人能得到比较稳定的外出子女的经济支持。

第二，老人从帮着媳妇照看孩子由子女提供照料，再到单独带孩子并且照顾自己。因为我国传统的"男主外、女主内"的性别分工，女性在家庭生活中一般承担着生活照料方面的职责，是一种从属性的地位。可是，城市化进程中劳动密集型产业的兴起对女性劳动力的需求大大增加，加上城乡经济差距对女性劳动力的拉力，还有女性自身教育程度和独立意识的上升所产生的推力，各种因素综合之下大量的妇女开始了从农村到城镇的人口流动。这样的结果是家中全部生活等事务都落在了老年人的肩上，老年人的生活状态就被彻底改变。尤其农村的老人没有条件能够像城市老年人享受机构养老的社会化照料护理，家庭养老是他们的主要选择。子女则是家庭养老中的核心支柱，可是，随着城市化影响，大规模的年轻劳动力流动使得子女和农村留守老人处于长期的空间分割状态，这就改变了农村留守老人的原有的家庭养老结构，独守于家乡的老人处于一种照料缺失的风险之中。

第三，老人由世代同堂享受天伦之乐到两地分离。子女进城后无论是否落户城市，都会因为工作生活压力还有空间距离的限制不能时常回乡陪伴老人。两者之间主要的联系方式一般就是借助电话等通信工具和老人交流。可是，电话联系虽然是面对长时间的代际分离的一个有效联系沟通的途径，老人能够通过电话联系获得一定程度的精神慰藉，但是，这种电话联系也普遍时长短暂，频率不高，还有因为外出子女和父母之间的代沟及生活压力，通话的内容基本上是简单的问候、家庭重大问题的探讨、孙辈的生活和教育。通过这种形式并不能拉近代际之间的心理距离进行良好的心灵沟通。

留守老人在老龄化和城市化的压力下存在普遍的生活困难，但农村留守老人相比城市留守老人存在着更多的问题。随着留守老人步入暮年，各项生理机能无可避免地衰落使得老人患病的可能性大大增加。而农村留守老人不同于城市老年人，农村老人的新农合医保和城市老人享受的城镇居民医疗保险相比较而言报销比例不高而且不够完善。加之农村老人收入水平较低，这就使得医疗费用占据了农村留守老人收入开支的很大部分，有些农村留守老人甚至会因此有病不去看，拖小病、扛大病。同时，相比城市老人，农村留守老人要承担更多的农业劳动负担，而且土地这一农村留守老人的最后生活保障也面临失去的风险。在城镇化的过程中，不可避免地要征用农村集体土地，从而造成大批失地农民。失去土地后，农民也没有获得足够的价值补偿和就业通道，未来生活保障存在不确定性。

（二）流动老人的演变

老龄化给世界经济社会带来了深刻影响，老年人迁移就是这种影响在空间上的重要表现。中青年人口流动主要基于教育、就业等生产性目的，在工业革命伊始表现为史无前例的城市化进程，在后工业社会又表现为逆城市化和城市网络流动。而老年人口迁移主要基于宜居环境、养老服务、社会关系等生活性目的，只有在工业化高度发达的背景下才能迅速发展，具有独特的发展规律。

工业化提升了居民素质，推动了养老目的地建设和交通设备设施改善，加强了城乡之间联系，改善了农村的基础设施条件，进而提高了养老目的地的宜居性和吸引力。英国、美国等发达国家的养老目的地在20世纪30—50年代就开始陆续出现，发展中国家老年人口迁移率也呈现出随工业化水平递增的趋势。城市化导致城市居民的社会关系和地域联系仍然部分保留在农村，进而引致老年人进行城乡迁移。①

在某些城镇，流动老人已经成为一种群体的规模化现象。对于一些年轻人，其父母通常会举家搬离至子女所在地，并为经济实力还不足的子女购置房产，又或者从老家来到子女所在城市照顾孙辈的生活起居，为子女在城市生活助力。根据福建省人口计生委的统计资料，2008年年末，福建省全省流动人口达到652万，其中，60岁以上的老年流动人口达到4.15万人。在厦门市的流动人口中，老年人口占2.1%。也有学者统计，上海市的外来流动人口中，60岁以上老年人占11%。②《中国流动人口发展报告（2015）》显示，流动儿童和流动老人规模不断增长。调查表明，近九成的已婚新生代流动人口是夫妻双方一起流动，与配偶、子女共同流动的约占60%。越来越多的流动家庭开始携带老人流动。可见，老年流动人口已经是一个普遍现象。另外，随着我国社会结构的转型，在人口老龄化和人口城镇化的发展进程中，人们的养老观念也有所转变。异地养老已经成为不少老年人的生活选择，也引起了学界和政府的关注和研究。根据调查，北京市的老年人有两成以上愿意接受异地养老的方式。③一些如三亚这样的宜居城市也往往聚集了大量候鸟式养老的退休人群。

---

① 黄璜：《老年人口迁移研究述评》，《人文地理》2013年第4期。
② 任远：《谁在城市逐步沉淀下来？——对城市流动人口个人特征及居留模式的分析》，《东北师范大学学报》（哲学社会科学版）2008年第4期。
③ 陈谊、黄慧：《老年人的异地养老需求及对策思考——以北京市为例》，《人口研究》2006年第7期。

基于不同的流动原因，流动老人可以分成投靠子女型、支援子女型、追求高品质生活型和落叶归根型四类。

投靠子女型的流动老人，他们移居的目的是接受子女的照料和支持，同时作为维持代际关系的互惠，老人会辅助性地在子女孙辈的日常生活上提供照料。这些老人因为对于子女的高依赖性，在家庭中是一种依附性的地位。此外，如果流动老人来自农村，在农村的长期生活环境成为他们融入城市生活的极大障碍。

支援子女型的流动老人，多半是举家搬迁至子女所生活的城市，还有的倾其所有帮助子女在城市购置房产。他们选择流动，不但是为了和子女团聚，过上几代同堂的晚年生活，也是为了便于照顾子女，提供力所能及的帮助。这种流动老人的子女多是独生子女，生活经济的独立性较差，对父母有较高的依赖性。这也使得这类老人在家庭中处于一种主导性的地位，他们对子女倾其所有的支持也使得他们对于子女反哺的期待和要求都很高。

追求高品质生活型的流动老人，通常有较高的经济收入，经济独立性强。为了追求晚年更好的生活质量，通常会移居到气候宜人、环境适宜的城市养老，如三亚、青岛等。这种流动老人对子女的生活照料和经济支持依赖都不高，是一种主动性流动。

落叶归根型的流动老人，指的是那些虽然在其他城市生活过很久，最终选择回到出生地或者对他而言有重大意义的迁入地。这类流动老人移居后虽然子女不在身边，但在迁入地一般会有之前的基于亲缘的社会网络或是同辈群体，如亲属、同事、同学的支持和照料。

前两者的流动是被动的，这种流动选择主要是因为子女因素。后两种选择更多是自主选择的结果。根据有学者的调查结果，前两种类型占流动老人中的大多数。①

基于流动方向分类，流动老人可以分为乡城流动老人（从农村向城市流动）、城城流动老人（从城市向城市流动）、城乡流动老人

---

① 李珊：《移居与适应——我国老年人的养老问题》，知识产权出版社 2014 年版，第201 页。

（从城市向农村流动）和乡乡流动老人（从农村向农村流动）。规模比较大的是前面两种，可以称为城市流动老人，即生活在城市的流动老人。本书第三篇的研究对象为城市流动老人。

流动老人的演变轨迹前期和留守老人有着相似之处。老人不计回报的付出，培育子女读书成人，子女或是进城务工或是进城求学，脱离父母开始独立生活。而父母处于一种留守的境地——老人生活照料缺失，经济生活困难，社会支持不足，精神生活孤单。而随着子女在城市逐渐安家落户，老人基于各自的生活情况做出了他们的养老选择，开始了人口流动。但是，老年人口的流动是一个艰难的再社会化过程。流动老人会面临角色转变、生活方式转变、代际关系转变、社会网络转变等多方面的适应问题。虽然生活条件有改善，但环境不适应，新的孤独和矛盾产生，幸福生活并没有降临，老年人的生存质量下降。

三　关于留守老人和流动老人的研究现状

（一）关于留守老人的研究现状

农村留守老人的存在实际上是一个重要的公共性问题。其一，留守老人是农村牺牲自身来支持社会转型的产物。在我国的户籍制度产生的城乡二元结构下，显然，农民工因为无法享受城市居民的福利和待遇，使他们面临沉重的生活压力。因此，他们会因为无法在城市赡养父母不得不把父母留在老家，一些隔代家庭的老年父母还要在老家照顾其孙辈。简言之，留守老人分担了进城农民工的压力，也是分担了社会转型的压力。正如周祝平所言："农村留守老人以牺牲传统家庭养老资源为代价支持了城市化和现代化的进程。"① 其二，留守老人也是中国老龄化人口中的重要部分。据民政部 2013 年统计，中国农

---

① 周祝平：《农村留守老人收入状况研究》，《人口学刊》2009 年第 5 期。

村留守老人已超过 5000 万人①，这样一个数量还在不断增加的老龄群体，由于农村社会保障不完善加上子女的缺位、家庭养老基础松懈等因素，农村留守老人的养老问题成为具有广泛的经济社会意义的问题。所以，这样的一个公共性问题已经开始引起学界的关注，也已经开始了这方面的研究并取得一定成果。

本书对相关研究整理和归纳后，发现国内有关留守老人生活状况的相关研究主要是从以下几个方面展开的。

1. 留守老人出现的原因

从文献梳理结果来看，关于留守老人出现的原因的看法主要有两个方面：一方面是从我国新型城镇化的背景出发，认为城镇化进程中因为年龄选择性，吸引了大量的农村年轻劳动力迁移到城市，大量年轻劳动力乡城转移的后果就是在农村剩余了许多中老年人口，由此产生了留守老人；另一方面是从我国的户籍制度出发阐释留守老人产生的原因，由于户籍制度的存在，造就了我国的二元经济社会结构。农民工因为缺乏和城市居民同等的福利待遇，只能犹如候鸟一般在城市和农村之间往返。没有能力在城市赡养老人，被迫将老人留在原居住地，由此产生了留守老人。

还有一些学者从老年人的个人喜好的层面来解释其产生原因，认为老年人安土重迁的习惯还有原有的良好社会网络，以及对城市生活的不适应是产生留守的原因。如周福林认为，老年人在家乡形成了特定的生活习惯，并且有良好的生活关系网络。虽然多数外出的子女希望老年人到城市和他们一起生活，但是，他们在城市面积有限的住房和城市的生活环境使老年人选择了留守在老家。②

2. 留守老人生活现状

（1）经济生活现状。由于农村留守老人的积蓄和养老金较为微薄，所以，留守老人有大部分是通过个人从事农业或其他副业来进行自我供养，这方面的收入是留守家庭的一个重要来源途径。除了农业

① 王雪坳：《农村留守老人情感与精神需求困境破解》，《人民论坛》2015 年第 20 期。
② 周福林：《我国留守老人状况研究》，《西北人口》2006 年第 2 期。

生产，有些留守老人的自我供养的渠道还有其他副业，诸如做一些手工艺品、打短工、捡废品等。

另一个留守老人赖以生存的经济供养来源就是外出子女的经济支持；留守老人对外出子女的经济依赖程度也不尽相同，性别上，一般是女性留守老人因为生理等因素，自我照顾能力较差，更加依赖外出子女经济支持；年龄上，一般是随着年龄的增加，对外出子女的经济依赖程度随之增加，两者呈正相关。此外，外出子女的经济水平不高，主要是因为子女在城市也面临着住房、子女教育等诸多开销，经济负担沉重，所以，子女的经济支持一般只能支持弥补老人自身收入和维持正常生活之间的缺口。

农村留守老人还有一个经济来源就是社会保障。但是，社会保障对留守老人的覆盖能力、保障能力不尽如人意。贫困现象在我国的农村留守老人身上并不罕见。国家目前也没有任何针对农村留守老人的专门的社保制度，能够获得相应社会保障经济支持的留守老人一般是因为特困、疾病、残疾符合国家救济标准或是因为军人、退休教师等身份因素。而且，即使获得的社会保障作为补贴，也不足以支持其正常的生活。

支出方面，留守老人的主要支出就是医疗费用、生产性投入、日常开销、人情往来花费、孙辈的生活教育开支。日常开销对于留守老人是比较少的支出，留守老人的日常生活所需一般是通过农业劳动自给自足。基本也不会有购买日用品之外的商品性消费，精神娱乐方面的消费开支也很少。占比最多的是医疗费用、人情花费。人情花费占据大头则和子女的外出有一定关系。农村的留守老人身处的乡村乡土文化、人情文化浓厚，人情往来是维持社会支持网络的重要环节。一般农村老人随着年事渐高，人情往来的职责会自动转移到已婚成家的子女身上。可是，子女外出务工后，留守老人又不得不承担起这人情往来的责任，在没有子女补偿人情开支的条件下，人情开销已然成为留守老人的一个沉重负担。

（2）生活照料现状。留守老人的照料现状一般是以自己和配偶照料为主，亲缘网络成员辅助照料，社区成员边缘照料，村集体照料缺位。除去适龄的男性劳动力的大量城乡转移外，大规模的女性劳动力的外出也使得原先家庭养老中的照料者的角色由媳妇或者女儿转向了女性留守老人。这加重了女性留守老人的劳动负担，在精力和身体条件的限制下，女性留守老人即配偶照料的照料质量下降了。社区成员照顾留守老人有着空间上的便利，是留守老人生活照料中的应急性补充，不是持续性照料。在留守老人的生活照料上，村集体和政府基本没有什么作为。由于客观条件限制，农村社会保障体系不健全，集体经济薄弱，只有一些"五保户"、特困户等能享受有限的福利资源。村集体的敬老院也不能覆盖所有留守老人，养老院的开支也高。村集体也没有获得足够的社会支持，也没有及时地通过社会工作介入留守老人的日常生活照料。政府同样对留守老人这个群体缺乏关注，目前还没有针对留守老人的特别政策来支持他们的日常生活照料。

（3）精神生活现状。老人的精神需求是强烈的，而且有强烈的依赖性。主要就是通过子女来满足。穆光宗指出："在经济保障或者物质供养方面，不少老年人完全可以依靠自己的力量来满足经济性的养老需求。但精神方面的需求却是普遍和强烈的，因为它关涉代际关系和人际关系，关涉亲情和友情。所以，老年人很难完全凭借自身的力量来满足这种需求，虽然老年人对需求的表现方式可能是淡然置之和善解人意的。"[1]《中华人民共和国老年人权益保障法》指出，家庭成员应当关心老年人的精神需求，不得忽视、冷落老年人。与老年人分开居住的家庭成员，应当经常看望或者问候老年人。但是，留守老人不得不面对的是子女外出后精神慰藉的空白。外出子女对留守老人回家探望的频率低，在家停留的时间短暂，主要是电话联系。还有部分留守老人和外出子女，由于工作特殊性等种种原因，甚至没有任何联系。外出子女弥补精神慰藉不足的主要方式是通过给予老人经济支持方式实现的，但是，这种方式并不能很好地让留守老人的精神需求得到满足。得不到子女精神慰藉的留守老人也会通过自身的闲暇娱乐来调节自己的精神生活。可是，农村的文化娱乐建设不够完善，老人没

---

① 穆光宗：《老龄人口的精神赡养问题》，《中国人民大学学报》2004 年第 4 期。

有太多的公共娱乐可以参加。基本上是以看电视、遛弯儿、打牌为主。老人在子女外出的情况下会增加自己的精神文化的消费，可是也会因为老人生活和劳动负担的加重而缺少闲暇。此外，农村老人的社交网络主要是基于亲缘和地缘的亲友或是同辈群体，在和其交往中能在一定程度上得到情感慰藉。

（4）留守老年人的心理健康状况也不容乐观。精神慰藉的缺乏还有对外出子女的担忧和思念，加上留守老人普遍处于一个孤单、封闭的无人开导的环境下，很容易让留守老人产生心理焦虑和精神孤寂。根据现代的长寿理论，这种不良情绪的出现显然会很大程度上影响留守老人的健康状况。除此之外，老人因为照顾孙辈和劳动负担加重也会产生心理上的压力，这种心理压力加上对未来不可预知的担忧，还有留守老人普遍存在的迷信心理，使留守老人普遍缺乏安全感。

3. 子女外出务工对留守老人的影响

子女外出务工对留守老人的影响体现在代际关系、居住方式、经济供养、生活照料、劳动负担和精神慰藉等方面。

在代际关系方面，首先是子女外出务工后，子女开阔了视野见过了世面，农村原先传统家庭的领导——老人，他们在农业文明中积累的经验无法给予子女指导，使得老人在代际关系中的角色发生了转变。由强势的一方成为被动接受子女援助的一方。张玉林表示，"如果说注重经验的传统农业文明的衰落意味着老人地位的下降有一定的必然性，那么青壮年的大量流出则进一步强化了这个庞大群体的弱势"。[①] 另外，子女在外出务工后，人生观、价值观还有生活方式都发生转变，和留守老人出现了代沟，遇到事情不再和老人商量。这进一步加剧了老人家庭地位的衰落。周祝平指出，工业社会占支配地位的财产形式发生的变化，以及由市场化引起的人口越来越自由地流动，给中国几千年的传统家庭代际关系带来了深刻的冲击。父辈的权威日益丧失，子辈的独立性越来越强，家庭代际关系不仅受到空间上分割

---

① 张玉林：《儿女们能否"离土不离乡"》，《小康生活》2006 年第 3 期。

的影响，还受到利益离心化的影响。① 与此同时，由于代际关系的转变，以孝道文化为根基的传统伦理道德也面临着逐渐式微的形势。贺聪志、叶敬忠认为，孝道文化式微，加上脱离了村落环境，传统控制机制对外出务工子女的约束受到削弱，子女更可能逃避赡养老人，加剧了留守老人的照料风险。② 也有学者认为，老人的地位虽然下降了，但是，其子女孝顺的观念并没特别明显的变化。③

在居住方式方面，大部分的文献表明子女外出务工会导致留守老人的居住方式出现隔代化和空巢化的特点。其中，杜鹏等在安徽、河南、河北农村的调查发现，居住在"空巢或独居家庭"中的老人的比例由子女外出务工前的23.8%上升到子女外出务工后的44.2%，而隔代家庭则由子女外出务工前的0.8%迅速上升到子女外出务工后的10.5%。此外，如前文所述，由于子女和老年父母的价值观差异，代沟的出现使得子女回到乡村后可能选择和父母分开居住，这会导致农村家庭结构的小型化。④

在经济供养方面，大部分文献都认同子女外出务工增加了对留守老人的经济供给，但主要的分歧在于留守老人的经济状况是否得到改善。如叶敬忠认为，外出子女是留守老人经济资源的主要供给主体，绝大多数留守老人对外出子女的经济支持存在依赖。然而，总体来看，留守老人的家庭经济条件并未得到显著改善。多数留守老人从外出子女处获得的经济支持有所增加，但只是弥补了留守老人正常生活所需和自身收入之间的缺口，部分留守老人由于照顾孙辈，生活开支增大，子女的经济供给不过是增加了这部分开支。王东平的实证研究指出，子女外出务工增加了对老人的经济供养能力，有子女外出务工

① 周祝平：《城市化加速和体制转轨背景下的代际关系研究》，《中国老龄化研究》2004年第3期。

② 贺聪志、叶敬忠：《农村劳动力外出务工对留守老人生活照料的影响研究》，《农业经济问题》2010年第3期。

③ 杜鹏、丁志宏：《农村子女外出务工对留守老人的影响》，《人口研究》2004年第6期。

④ 杜鹏、李一男、王澎湖：《流动人口外出对其家庭的影响》，《人口学刊》2007年第1期。

的老人对经济供养的满意度也较高。杜鹏等在安徽、河北和河南三地调查时指出，农村子女外出务工后，留守老人经济条件有所改善，外出子女给老人钱的比例和数量都高于留守子女。

在生活照料方面，绝大部分的文献呈现一致观点，认为子女的外出务工加剧了留守老人的生活照料问题。贺聪志认为，原来的赡养主体外出务工，减少了老人能够获得的照料资源。同时，如今女性外出务工人员的增加也使得原有家庭照料结构改变，出现了照料责任由原先的媳妇向留守老人尤其是女性留守老人转移。还有年轻劳动力的外出无疑增加了其自身的劳动负担，加上其与留守老人的空间距离，无疑会减弱其对留守老人照料的能力和动力。卢海阳、王晓亚等的研究都表明，在子女长期和留守老人空间分离的情况下，影响了留守老人能获得的生活照料，并且农村留守老人的照料方式已由传统的代际照料转变为基于姻缘关系的自我照料。[1][2]

在劳动负担方面，梳理文献发现，由于传统的乡土观念，即使主要的劳动力外出了，大部分的留守老人也不会放弃土地。同时部分留守老人还需要照料孙辈，这使得留守老人的家务劳动负担和农业劳动负担都因为子女的外出务工而增加。此外，在家务劳动负担和农业劳动负担上许多学者也研究了其中的性别差异，在"男主外，女主内"传统观念下，男性留守老人主要增加了农业劳动负担，女性留守老人主要增加了家务劳动负担。

在精神慰藉方面，从留守老人的情感慰藉方面来讲，子女外出减少了为留守老人提供的精神赡养资源，对留守老人的物质补偿很难完全弥补对留守老人感情关怀的缺失。杜鹏等（2004）的研究表明，子女外出务工之后与留守老人的联系减少，使得留守老人的孤独感增强；杜鹏、杜夏（2002）的研究发现，子女外出扩大了他们与老年人的代沟，留守老人更容易感受到精神上的孤独和缺乏慰藉；孙鹃娟

---

① 卢海阳：《子女外出务工对农村留守老人生活的影响研究》，《农业经济问题》2014年第6期。

② 王晓亚：《农村留守老人的生活照料问题探讨》，《郑州大学学报》（哲学社会科学版）2014年第3期。

（2006）指出，精神心理需求的满足问题是农村留守老人面临的一个突出问题。叶敬忠（2008）的研究显示，留守老人和子女之间的电话联系呈现单向性的特点，联系的频率较低通话的时常也较短，同时主要的内容也是涉及孙辈的生活和学习，没有多少谈心的时间。宋月萍（2014）指出，外出务工子女对农村留守老人的精神支持能显著增进农村留守老人的身体健康和精神健康水平，相对于经济支持，无论是精神还是身体，外出务工子女与留守老人之间的情感互动均能显著提高农村留守老人的健康水平。但同时杜鹏等也提到了子女外出对留守老人精神慰藉有利的方面，他的研究显示，外出子女的经济支持能改变留守老人在乡村的社会地位和生活品质，弥补了精神慰藉缺乏带给老年人的孤寂感。

4. 解决留守老人问题的对策

针对当前留守老人生活存在的问题，一些学者进行了对策研究。归纳为如下几个层面的对策：

（1）政府层面。其一，加快完善和健全包括最低生活保障制度、农村合作医疗保险制度、农村养老保险制度等在内的农村社会保障体系，保障贫困留守老人的基本生活，提高农村的社会化养老水平。①其二，大力发展县域经济，增加农村剩余劳动力在家庭附近就业的机会，从而缩短其回家的周期，尽可能减少对留守老人造成的负面影响。其三，建立门槛较低、收费合理、设施完善的农村社会化养老服务机构，如农村养老院、福利院等，提供适当补贴，鼓励存在生活照料问题、精神孤单问题等有需求的留守老人入住。其四，通过财政扶持和政策支持，完善农村道路、饮水、灌溉等基础设施建设，减少留守老人的日常生活困难。

（2）社区层面。其一，设立社区护理代办处，社区护理代办处是集护理教学科研和实践为一身的一种新型社区护理实施机构。它的设立，可以缓解农村社区护理人员不足、护理设施不完善、留守老人得

---

① 李春艳：《农村留守老人的政府支持研究》，《中国农业大学学报》（社会科学版）2010 年第 1 期。

不到照顾等问题。其二，建立农村社区各类留守老人组织，可以有效地满足他们精神上和心理上的需求，给留守老人提供一个温暖的大家庭，使他们重新找到归属感。其三，重视农村文化建设，推动农村社区开展丰富多彩的、健康的文化活动，丰富留守老人的精神生活。其四，开展农村普法活动和"孝德"教育宣传活动，提高留守老人的权益保护意识和子女孝道意识。其五，由基层政府筹措资金提供财政支持，建立稳定的专业和职员相结合的社工服务队伍，建立社区社工服务站，链接社工和有需求的留守老人。①

（3）自身层面。其一，引入积极老龄化的观念，不把留守老人视作完全需要接受照顾的人。所谓的积极老龄化指的是它肯定晚年生存的意义，认为老年人对于广大的社会是主动的、成功的、积极参与和有贡献的。这意味着赋予老年积极的价值和意义，而不是将老年人与衰老、消极和衰弱等联系起来的陈旧的观念。其二，从"老人自身"思考如何促进其适应社会变迁、积极主动地参与社会，维持和结交社会网络。其三，从"社会整体"思考如何降低老人群体融入社会的阻力，促使其与其他社会群体和谐相处，实现"个体"与"社会"的互动。充分考虑留守老人出现的背景、生活的习惯，创造条件促进其积极地参与社会，是留守老人问题的解决之道。②

（二）关于流动老人的研究现状

从文献检索情况看，我国学术界对流动老人的研究是比较薄弱的。的确，流动老人是一个不太受到关注的群体，其原因可能如同孟向京所说："一方面是因为流动老年人口在流动人口的大军中所占比例较低，不是流动人口的主体；另一方面，流动老年人口由于已经完成了生命过程中的生育阶段、就业阶段以及受教育阶段，因而也被作为没有特殊问题的一类人而受忽略。"③ 但正如前文所说，随着流动人

---

① 李振堂：《农村社区解决留守老人问题方略探析》，《山东社会科学》2012 年第 4 期。

② 吴晓林：《农村留守老人的"公共性"问题与"自养化"生存研究》，《天府新论》2012 年第 4 期。

③ 孟向京：《北京市流动老年人口特征及成因分析》，《人口研究》2004 年第 6 期。

口的规模不断扩大，流动人口家庭化趋势日趋明显，使得流动老人群体的数量不断增加。同时，随着老年人口养老观念的变化，从居家养老到异地养老的变化，选择异地养老的流动老年人口，他们的消费能力和养老需求都会对我国社会产生各方面的影响。流动老年人在最近十来年开始受到学者的关注和研究，经过笔者对相关文献的整理，主要可以分成以下几个方面。

1. 流动老人的动因

宋健探讨了美国老年人在地域间永久性迁移的生命周期模式，即60 岁左右的老年人伴随着其退休的决定，往往会发生迁移行为。在美国，这一迁移的方向通常是从北部各州移往南部的阳光地带。在这些移民的生命周期后期，面临着身体的残疾或配偶的死亡，他们又会发生回迁，返回到北部的原来居住地，以便靠近能够对其提供照料的家人。随着身体状况的进一步恶化，有些老年人还会再次发生迁移，迁移向养老机构并在其中度过残年。这两次或三次迁移构成了老年人永久迁移行为的一个周期。①

孟向京则针对生命周期理论来解释中国的老年人口流动动因提出了自己的看法，他认为，中国和西方有一点显著的不同，就是中国的老年人不存在西方的第一个过程即迁居到自己喜欢的适合自己居住的地方，中国更多的老人选择流动是基于中国传统的家庭文化的价值观，老年人会选择到子女身边团聚。同样，他认为，中国的老年人流动到子女身边，不是因为他们寻求子女的照料，反而是为了照料子女的生活。这是基于经济发展状况和价值观的不同而产生的中西方差异。

李珊则对孟向京的说法提出了进一步的补充。她指出，孟向京的动因解说忽视了一些气候宜居的城市如三亚、青岛等城市出现的候鸟养老的现象。她指出，这部分流动老人，或者是有较好的经济条件来享受高质量的生活，或者是因为身体健康的需要追求阳光地带的养

---

① Litwak, Eugene and Longino, Charles F. Jr. , " Migration Patterns Among the Elderly: A Developmental Perspective", *The Gerontologist*, Vol. 15, No. 2, June 1987, p. 32.

老。在他们身体条件进一步恶化时他们会选择和子女同住或者前往养老机构。① 李芬的研究也显示，存在一定数量的经济地位较高的老人和来自气候寒冷北方的老人在海南候鸟式养老。②

2. 流动老人的特征与现状

周皓利用 1995 年北京市 1% 人口抽样调查的数据，描述了省际迁入的老年人口的人口学特征，他指出，流动的老年人的人口学特征表现为以迁入到家庭户为主；主要是女性老年人的流动；主要是非户籍性的流动；主要是户主的父母或者岳父母的流动反映了他们希望和子女团聚得到子女照料的流动动机；老年流动人口的受教育程度不高，但高于北京市老年人口。③

孟向京的研究显示，北京的流动老年人口主要是低龄老年人，主要是高学历的老年人口，主要是夫妇双方一起流动，主要是非农业户口的老年人进行流动，多数人都有相当可观的离退休收入。流动老年人口更多的是居住在女儿家中，从流动老年人口子女的情况来看，流动老年人口在北京的子女一般都是从事稳定且收入较高的职业，他们有充裕的房子和相当可观的经济基础，从而有条件让父母到北京来团聚。

王世斌指出，广州流动老年人突出表现为流动时间较长、受子女工作流动拉动较显著两方面；群体异质性较高；以低龄、健康老年人为主；流动的主要原因是帮子女照看孩子及料理家务，从子女家庭考虑，继续对子女进行支持。④

从文献整理的情况来看，在流动老人的特征方面，缺乏学者进行全国性、整体性的大样本的研究成果。基本是局限于一地的研究而且样本的数量也较少。因此，呈现的研究成果之间差异较大。关于流动

① 李珊：《移居和适应——我国老年人的异地养老问题》，知识产权出版社 2009 年版，第 332 页。

② 李芬：《异地养老者的特征：异地养老模式的机遇与挑战》，《人口与发展》2012 年第 4 期。

③ 周皓：《省际人口迁移中的老年人口》，《中国人口科学》2002 年第 5 期。

④ 王世斌：《广州市流动老年人养老问题的调查与分析》，《温州职业技术学院学报》2014 年第 2 期。

老人的现状研究主要可以分为以下几个方面。

（1）流动老人的代际经济流动现状。流动老人不同于城市中的本地老年人，由于户籍制度的屏障，流动老人无法享受到和城市老人一样的社保医保等待遇，这让他们对子女的经济依赖较高。流动老人的性别因素会影响他们受到子女经济支持的情况，因为女性流动老人给予子女提供的生活日常照料帮助更多，女性流动老人相比于男性流动老人经济独立性更差，使得女性流动老人和男性流动老人相比能够获得更多的子女经济支持。① 而流动老人的年龄因素和受到子女经济支持的程度并没有显著联系。流动老人和子女的空间距离也是影响他们受到子女经济支持的重要因素，和子女分开居住的流动老人经济独立性较高，对子女依赖性低，而和子女同住的流动老人更多地受到来自子女的经济支持。此外，流动老人和子女之间的代际经济流动还和双方的社会经济地位有密切关联，基本上经济支持是从社会经济地位较高的一方向社会经济地位较低的一方流动的，但是，子女的社会经济地位更能够决定代际经济流动的情况。而且代际经济流动一般情况是子女基于内化为家庭责任的孝道意识的主动付出，流动老人是被动接受的一方，比较少的流动老人会主动向子女要求获得经济支持。流动老人通常是强调自己对子女的责任和义务，自己对于子女是一种不求回报的消极经济支持，对于子女的经济支持不足也是宽容的理解，会努力发挥自己的能力减轻子女的赡养负担。②

（2）流动老人的社会关系现状。马克思曾指出，人是一切社会关系的总和，老人的社会交往是满足老人精神生活的一种需要，是老人获取个人各方面支持的一种需要。老人展开社会交往是有其原因的。首先，社会关系网中的亲属朋友和老人基本年龄接近，没有代沟的存在以及共同的生活经历让彼此有共同话题。其次，彼此之间不同于家庭成员之间容易因为家庭琐事产生摩擦，相互之间的人际交往简单直

---

① 靳小怡、崔烨、郭秋菊：《城镇化背景下农村随迁父母的代际关系》，《人口学刊》2015 年第 1 期。

② 宁玉梅：《进城老人的社会排斥与整合社工介入探讨》，《学理论》2013 年第 27 期。

接，容易相处。最后，子女因为工作通常没有多少陪伴老人的时间，有时间也不能够很好地和老人交心，和亲朋好友的社会交往就成为老人精神生活的重要替代了。实际上，流动老人的社会关系是除去家庭这个初级群体之外和老人联系最为密切的角色了。老人的社会关系网是老人通过互动形成的相对稳定的联系，它的组成包括亲属、近邻、同事、同学等。但是，流动老人因为离开了原居住地，空间的距离使得老人基本很难再和原先社会关系网络中的亲属朋友频繁往来，在城市社区中，重建社会关系又让流动老人面临文化异质性带来的阻碍，老人在需要寻求帮助或者精神慰藉的时候，流动老人爱面子和市场经济功利化思维的原因，使邻近的社区居民并不能成为流动老人的选择，多数流动老人依然会去寻找直系亲属和原有的社会关系来获得支持和精神慰藉。

（3）流动老人的心理健康现状。国际老年学研究领域中大量的实证研究表明，老年人在习惯的社区内居家生活是一种理想的居住方式，进入老年期的空间移动会对老年人的精神影响较大。[1] 当老年人移居到新的社会环境中时，由于社会关系的改变，会有不适应的情况，这其中就包括孤单、内心苦闷、精神压抑等心理问题。[2] 流动老人主要都是因为子女的因素，为了进城帮助照顾孙辈。换言之，这是一种被动性的选择而不是本人的迫切意愿。因此，在面对和原居住地不同的新环境感到不适时，流动老人很容易产生对当前环境的厌倦和反感心理。[3] 此外，流动老人要面临对家庭付出的压力，同时却缺乏子女的日常陪伴和社会交往来缓解他的心理压力，老人被局限在家庭这个狭小的封闭环境中。这就让老人在心理上没有太强的幸福感可言。再者，老人只是流动到迁入地城市，他的户口所能享受的医保等福利却没能流动过来，处于福利空白地带的老人心理上的安全感缺乏

---

① 刘燕飞：《异地养老的老年人口迁移研究》，《人口与经济》2009 年第 S1 期。

② 刘庆、陈世海：《随迁老人精神健康状况及影响因素分析》，《中州学刊》2015 年第 11 期。

③ 李珊：《城市化进程中移居老年人的问题研究》，《济南大学学报》（社会科学版）2010 年第 6 期。

也是一个普遍现象。

（4）流动老人的居住意识现状。流动老人的居住意识指的是在老年人对迁入地的居留愿望，包括定居意向、返乡意向和随环境条件变化而变化的不确定意向。总体上看，流动老人因为在进入迁入地城市后，漫长的生活适应期、没能得到满足的心理需求，社会交往网络的缩小，代际角色的转变种种进程后的阻碍因素使得流动老人有着较强的返乡意识和对未来居住方式和居住地的不确定意识，定居意向是相对较弱的，他们对于迁入地城市很难产生强烈的地域归属感。但是，不确定意识的存在表明，不同于故土难离的传统居住意识，在城市化的人口流动浪潮下，老人的居住意识也随着时代的变化变得富有多元性。①

3. 流动老人异地养老的困难与可行性

流动老年人面临的异地养老困难是研究流动老人的诸多学者都涉及的一个问题。整理后可以分成两个方面。

（1）制度障碍。大部分学者指出，由于我国的户籍制度设置的城乡二元结构的壁垒，当老人选择迁移时就意味着，流动的老年人口不仅放弃了在原籍地能享受的福利待遇，同时也处于没法享受迁入地的福利待遇的尴尬境地。这是影响老年人异地养老选择的重要因素。此外，由于相关法律的缺失，社会保障制度的不完善，还有各地养老金和医保标准不同、信息无法共享等问题，流动老年人的异地养老生活通常还会遇到退休金的异地领取、医疗费的异地报销问题，很多老年人需要回到原籍报销医疗费用。这些都为异地养老带来诸多不便。

（2）个人适应性。具体表现为随迁老人社会适应的困境。一是对新环境中生活方式的适应期较长。有研究认为，由于对传统生活方式的留恋和保留，大部分移居老年人（尤其是从农村移居到城市的老年人）生活适应期较长。② 二是社会支持网络较小。有研究认为，随迁

---

① 李珊：《我国移居老年人的居住意识研究》，《西北人口》2011年第5期。
② 李珊：《影响移居老年人社会适应因素的研究》，《中国老年学杂志》2011年第12期。

老人的社会生活以子女为中心，社会交往缺失，社区参与程度低，社区内的正式支持较少，远不能满足其社交的需要。三是随迁老人的心理适应及精神需求较大。有研究认为，随迁老人住在陌生的城市，但现代城市住房的设计以及老人自身的思想观念、文化传统与城市之间存在的差异阻碍了邻里之间的密切交往。老人没有了聊天的对象，他们的子女也很少有时间能陪伴左右闲话家常，因而多数随迁老人受到孤独情绪的困扰。① 也有学者将适应的困难分为社会适应、文化适应和心理适应三个层面。心理适应指的是流动老人搬迁和子女居住后，两者之间的代际关系发生了变化，老人不能对子女的生活指手画脚，他们的生活却不得不接受子女的安排。这种父母权威的丧失感觉会影响老人的生活满意度。还有一些流动老人是没有和配偶一起到子女所在城市的，子女又因为工作的压力和价值观差异产生的代沟存在和老人的交流时间不多，这种流动老人会有更大的心理适应问题，会有孤寂感。文化适应指的是流动老人相对固化的思维方式使得他们在城市生活时仍然保留着在原居住地生活时的生活方式和生活习惯，在和城市文化的碰撞中，流动老人会感觉到文化震惊的不适感。社会适应指的是老人流动到城市也就离开了他原先的良好的社会网络，而因为文化的异质性，城里人会歧视流动老人，流动老人也会有畏惧和警惕之心，只对老乡有认同感。这使得流动老人的社会交际封闭化，受到社会的排斥。②

　　流动老年人异地养老问题的可行性或者说利弊在学者的研究中各有见地。陈谊和黄慧指出，异地养老从自然环境的角度看符合老人的生理健康需要。同时可以整合区域间的养老资源，也可以在一定程度上实现人口分流，缓解中心城市的人口压力。但是，他们的研究主要是针对大城市的老年人流动到近郊或者是宜居城市的情况。③ 不能代

---

　　① 刘庆：《"老漂族"的城市社会适应问题研究——社会工作介入的策略》，《西北人口》2012 年第 4 期。
　　② 李敏芳：《随迁老人社会适应研究述评》，《老龄科学研究》2014 年第 6 期。
　　③ 陈谊、黄慧：《老年人的异地养老需求及对策思考——以北京市为例》，《人口研究》2006 年第 7 期。

表大多数的流动老人的异地养老方式，不符合我国从小城市向大城市的人口流动趋势。首都经贸大学王树新教授指出，我国存在较大规模的潜在养老市场，老人的收入也在稳定增加，生活负担减轻，消费观念更新，部分地区也在逐步完善接纳异地养老的软硬件条件。

还有一些学者则指出了异地养老带来的负面影响。认为可以提倡有条件的老年人异地养老，但不能全面推行。老年人的艰难再社会化过程，福利和社会保障的缺乏，我国老龄工作难以覆盖，无法减轻大城市人口压力都是其弊端。[①]

4. 流动老年人困境的对策

针对流动老年人所遇到的困境，学界也进行了对策研究。

杨芳研究了流动老年人政策方面的突破路径。她指出，户籍政策违反了社会公平，打破户籍的限制可以实现公共资源的公平分配，最终实现流动老人的同城待遇。她指出，缩小社会保障制度的地域差异，提高医保和养老金的统筹层次，建立全国统一的养老保障标准和医保报销标准是解决政策"瓶颈"的根本办法。她指出，建立全国联网的社保、医保、养老保障系统，完善政策的迁出与接续，可以免去流动老人的奔波之苦。她指出，要发展机构养老和社区养老，以社区为基点增强流动老人归属感，开展心理咨询活动，重视流动老人的精神慰藉。[②]

刘庆强调了社会工作介入对流动老人适应城市社会的促进作用，他把社会工作介入策略分为个案、小组和社区三方面。个案工作室通过面对面的沟通，开导老人的孤寂感使老人积极参加社会生活。小组是社工将流动老人形成小组，让组员通过互动互助提高社会适应能力。社区是利用社区公共资源打破流动老人和社区居民之间的隔阂，提升社区的福利水平。[③]

---

① 姜向群：《社会化养老：问题与挑战》，《北京观察》2006 年第 10 期。

② 杨芳：《"老漂族"面临的政策"瓶颈"与突破路径——基于广州 H 社区的实证分析》，《社会保障研究》2015 年第 2 期。

③ 刘庆：《"老漂族"的城市社会适应问题研究——社会工作介入的策略》，《西北人口》2012 年第 4 期。

　　周婷的研究涉及老人自身的应对方法。她指出，老年人要学会求同存异，这样不但能加强其再社会化适应新环境的能力，还能和子女保持和谐的代际关系。老人也要学会角色转换和身份认同，不能一直把自己放在家庭的强势一方，不以子女对自己的无条件顺从作为生活满意度的标准。①

　　还有的学者指出，照顾孙辈给流动老人带来较大的生活负担，强化社会化育婴服务，大力发展多种形式的托幼服务。解放流动老人生活中心围绕照顾孙辈的生活状态，有更多的闲暇。② 有学者指出，在有一定数量流动老人集中的地区，政府的相关部门要能够测算异地养老的人数规模，这样才能及时整合资源满足因流动老年人增加而增加的医疗等公共服务需求。③

---

　　① 周婷：《浅析异地养老在我国发展缓慢原因及其对策研究》，《特区经济》2011 年第3 期。

　　② 王世斌、申群喜、连茜平：《广州流动老年人口的社会支持与融入》，《探求》2013年第3 期。

　　③ 刘燕飞：《异地养老的老年人口迁移研究》，《人口与经济》2009 年第 S1 期。

第二篇 老年人的"留"

农村留守老人是我国经济转轨、社会转型、人口转变过程中产生并将长期存在的一个特殊群体。作为一个整体，农村留守老人具有共性特征，同时，其内部因所居地域、社会人口学特征、家庭情况、代际关系等方面而产生异质性。这种异质性使得他们采用不同策略来应对子女外出务工带来的影响，也使他们的生活境况多元化与多样性更为彰显。认清农村留守老人生活境况的多样性是进一步解决农村留守老人关爱服务问题的基础。

留守老人是农村老年人中的一部分，为了全面认识人口城镇化发展对农村老人的影响，凸显留守老人的主要特征，本篇对 2016 年国家卫计委流动人口司组织实施的流出地农村老年人数据进行了深度挖掘，将农村老年人区分为完全留守、半留守和非留守三种老人类型，一方面基于比较视角详细分析和展示了当前农村完全留守、半留守和非留守老人的整体与个体、家庭和子女的基本特征，以及最突出的关爱服务需求；另一方面通过多种 Logistic 回归分析方法探索了农村老人对养老地点和养老资源的选择意愿及其影响因素。最后，在把握当前农村留守老人生活状况的基础上，提出了构建"三根支柱、两个场域、一道防线"相结合的农村留守老人关爱服务体系的对策建议。

第三章　城镇化进程中的农村留守老人

改革开放以来，随着家庭联产承包责任制的改革，越来越机械化、现代化的农业生产释放出大量的农村劳动力，而农村相对单一的产业结构无法容纳巨量的剩余劳动力。与此同时，城市空间中社会经济文化等各类活动集聚，第二、第三产业充分发展。这些都为城市现代化发展提供了充足的动力，也产生了巨量的劳动力需求。在这样一种推拉框架中，越来越多的农村劳动力逐年涌入城市。根据国家统计局发布的调查结果，2010—2016 年，外出农民工的总量持续增加，分别为 15335 万人、15863 万人、16336 万人、16610 万人、16821 万人、16884 万人、16934 万人。[①] 大量外出农民工的出现会带来留守老人的产生与扩大。据民政部 2013 年统计，中国农村留守老人已超过5000 万人。[②] 关注农村留守老人群体，让他们健康快乐地安享晚年生活，不仅关系到留守老人自身的福利和生活质量，还体现了社会对老年人的尊敬和重视，是社会文明的重要体现，更是全面建成小康社会的应有之义。

一　农村留守老人何以产生与扩大

从字面意义上看，农村留守老人兼具"地域分割"和"年龄老

---

① 国家统计局：《2013 年全国农民工监测调查报告》和《2016 年全国农民工监测调查报告》。
② 王雪峤：《农村留守老人情感与精神需求困境破解》，《人民论坛》2015 年第 20 期。

化"两个基本特征。大规模劳动力的乡城流迁，必然会导致老人与子女在空间上隔离，而老人独留在农村生活。可以说，城镇化是农村留守老人产生的原始动力。同时，人口老龄化和少子化催生了农村留守老人规模队伍的壮大。

（一）大规模劳动力的乡城流动

在我国农业集体化时期，国家通过各种制度（主要是户籍制度和统购统销制度）和组织（主要是人民公社）对农民的流动实行严格的控制，农村人口几乎不能自由地向城市流动。自 1978 年改革开放以来，我国人口流动现象越来越普遍。根据国家人口普查数据显示，1982 年，我国流动人口的数量仅为 657 万，只占全国总人口的 0.66%。1990 年，全国流动人口数量达到 2135 万，占全国总人口的 1.89%。2000 年，全国流动人口数量达到 10229 万，占全国总人口的 7.9%。[①] 2010 年，全国流动人口数量达到 22143 万，占全国总人口的 16.16%。在近 30 年的时间内，全国流动人口规模从仅仅 657 万人增加到超过 2.2 亿，增长量超过 23 倍。在全部流动人口中以乡城流动人口居多。以"六普"数据为例，乡城流动人口占全部流动人口的 63.30%，估计乡城流动人口规模约为 1.4 亿，比"五普"乡城流动人口规模增长了近 8703.13 万。[②]

比较改革开放前后，虽然乡城人口流动快速增长，但是，现行的相关社会制度、文化观念、经济状况、生活方式等还不能适应这种乡城人口的大规模流动，在这些社会因素的共同作用下，农村留守老人被源源不断地"制造"出来。

1. 户籍制度及二元经济社会结构是农村留守老人产生的制度诱因

我国自 1958 年颁布《户口管理条例》起，开始实施城乡分割的户籍制度，城镇居民和农村居民之间有一道"鸿沟"，在社会保障、社会福利和公共服务等诸多方面存在天壤之别。这种户籍制度的建立

---

① 段成荣等：《改革开放以来我国流动人口变动的九大趋势》，《人口研究》2008 年第 6 期。

② 马小红、段成荣、郭静：《四类流动人口的比较研究》，《中国人口科学》2014 年第 5 期。

和固化，使我国形成了典型的二元社会经济结构。改革开放以后，虽然农村剩余劳动力流动就业更自由，但是，仍然受到户籍制度和二元经济社会结构的严重限制。不仅农民工自身在城市难以享受到相关基本公共服务，而且多数农民工很难在城市中为家人提供稳定的住所、良好的就医、教育及其他生活条件。虽然流动人口动态检测数据显示，"十二五"时期，举家外出农民工占全部农民工的比例持续快速提高。① 但是，家庭流动优先带动的人员是配偶和子女。更多的老年父母留守在农村。总之，城镇化的加速促使向城市转移的农村劳动力逐年增加，客观上增加了农村老人与子女空间分割的可能，也增加了农村留守老人产生和增多的可能。

2. 儒家"孝"文化的变迁是农村留守老人产生的文化诱因

我国传统的农村社会以自给自足的小农经济为基础，文化上推行以儒家"孝"文化为代表的人伦规范和礼仪制度。"孝"的核心思想是敬老和养老，老年人在家庭中拥有权威和支配地位，而年青一代则自觉孝亲敬老，遵循"父母在，不远游"的社会规范，很少长期远离父母外出。然而，随着现代化和社会化大生产的发展，注重经验的传统农业文明逐渐衰落，老年人的经验和技能对年轻人来说逐渐贬值，对年轻人的控制也逐渐式微。体现在家庭代际关系上，父辈的权威日益丧失，子辈的独立性越来越强。同时，家庭养老观念也发生变迁，子女的孝养由非功利性向功利性转变，年青一代越来越追求自我发展和个性解放，越来越关注自我的物质生活和精神生活，而对老年父母的"孝"观念逐渐减弱。

3. 城乡地区经济差距拉大是农村留守老人产生的经济诱因

吸取苏联激进改革的教训，我国 1978 年开启的改革采取了更为稳妥的渐进式改革的模式。在渐进式改革过程中，我国东西部之间以及城乡之间的经济水平差距不断拉大。越来越多的农村青年一代，为了获得更高的收入或者为了得到更好的求学机会，纷纷从广大的中西

---

① 国家卫计委流动人口司：《中国流动人口发展报告（2016）》，中国人口出版社 2016 年版，第 8 页。

部地区和农村地区向经济发达的东部沿海地区及一些大中城市流动，以赚取更多的经济收入来支付家庭开支，提高自身技能和素质来增强家庭发展能力。这种经济上的推力是农村留守老人产生的经济诱因。不过，子女外出务工是满足家庭生计需求、提高家庭应对风险的能力、实现家庭利益最大化的一种"家庭策略"，是包括留守老人在内的家庭成员共同做出的决策。在这个决策过程中，老年人往往从家庭的整体利益考虑，不得不支持子女外出务工，而自己"心甘情愿"地成为留守者。

4. 城乡及代际间生活方式的差异是农村留守老人产生的个体诱因

首先，在我国城乡差别非常大的情况下，城市生活与乡土生活是差异性非常大的两种生活方式。很多农村老人对原居住地特定生活环境、良好关系网络比较留恋，很难适应城市的生活，故而愿意选择留在乡村。

其次，代际鸿沟越来越突出。老人与子代孙辈在生活方式、价值观念等方面都存在差异，老少两代人都要求有独立的活动空间和越来越多的自由，为避免产生冲突与矛盾，老人不愿意与子代进城生活。

最后，物质生活水平提高后，老少两代人都要求有独立的活动空间和越来越多的自由，传统的大家庭居住方式已经不适应人们的需求，小家庭被普遍接受。

（二）农村人口老龄化程度加剧

我国自 1999 年年底进入老龄社会，当时 60 岁以上老年人口比例达 10.3%。到 2016 年，60 岁以上老年人口已超过 2.3 亿，占总人口的 16.7%。据预测，到 2020 年，全国 60 岁以上老年人口将增加到 2.55 亿人左右，占总人口比例提升到 17.8% 左右。到 21 世纪中叶，老年人口将达到 4.8 亿左右。① 在这一过程中，我国老年人口数量始终居于世界第一位，2053 年达到峰值 4.87 亿时，老年人总数分别占届时亚洲老年人口的 25% 和全球老年人口的 40%。

同时，我国人口老龄化程度存在城乡不平衡。根据"六普"数据显示，农村 65 岁及以上人口占 10.06%，31 个省份中，除新疆、宁

---

① 《我国 60 岁以上老年人已超过 2.3 亿》，《科技日报》2017 年 3 月 29 日。

夏、青海和西藏之外，其他 27 个省份的农村 65 岁以上人口比例都超过 7%，可以说全国绝大部分农村地区都进入了老龄化社会。从老龄化程度的发展来看，农村 65 岁以上人口比例在 2000—2010 年提高了 2.56%，农村进入老龄化社会的省份从 17 个增加到 27 个，表明农村人口老龄化程度和地域范围在这十年间快速地发展。① 综上所述，与城镇人口相比较，我国农村人口的老龄化程度更高、进入老年型人口地域范围更广，农村人口老龄化趋势比城镇人口更加明显。

是什么原因导致农村人口老龄化程度和速度快于城市？一般来说，人口老龄化的影响因素包括生育、死亡和人口迁移流动。显然，在我国城镇化快速发展的背景下，农村青壮年人口流动是我国农村人口除自然老化之外的第二个重要推动力。从未来发展趋势看，城市化作为经济社会发展的重要推动力，其发展水平将会进一步提高。在未来城市化的过程中，同样会产生大量流动人口，新增的流动人口也仍以农村流动人口为主。在城市化快速发展的同时，未来我国人口老龄化程度也会大幅度提高。那么，对于农村来说，受到以年轻流出人口为主的农村人口城市化和人口自然老化两个因素的共同作用，其人口老龄化的发展会更加迅速。农村老年人口比例和人口平均年龄上升将在未来很长一段时期继续快于城镇人口。② 而农村人口老龄化程度的持续快速深化，意味着农村留守老人队伍越来越壮大。

（三）农村少子化日趋严重

我国自 20 世纪 80 年代开始在全国强制推行计划生育政策。这一政策对于农村地区的影响，一方面导致农村老年人的子女数逐渐减少。根据国家卫计委 2016 年流出地监测调查数据，农村老人平均健在的子女数为 2.84 个，其中，低龄、中龄、高龄老人的平均健在的子女数分别为 2.42 个、3.36 个、3.91 个。低龄老人尤其是 60—65 岁的低龄老人在他们年轻时受到计划生育政策的影响。此外，计划生

---

① 邹湘江、吴丹：《人口流动对农村人口老龄化的影响研究——基于"五普"和"六普"数据分析》，《人口学刊》2013 年第 4 期。

② 同上。

育政策的持续实施导致生育率的直线下降，从 1949 年的 6.139 下降到 1990 年的 2.31，2000 年的 1.72，低于世界平均更替水平①，可以推测在农村社会中也会形成庞大的独生子女家庭和少子女家庭。而当这少量的子女外出务工时，其父母成为留守老人的可能性大大增加。

另一方面，促进了家庭规模小型化。根据国家卫计委发布的《中国家庭发展报告（2015）》，农村家庭平均规模为 3.56 人，农村户平均规模为 2.79 人。可见，当前农村的家庭人口数量和户人口数量均以 3 人和 2 人为主②，家庭规模小型化特征明显，农村老年人独居和配偶居家庭数量的增多，这本身意味着农村留守老人的增多。

总之，农村留守老人是兼具年龄老化、地域分离两个特征的特殊人群。在城镇化快速发展的背景下，青壮年人口的乡城流动、人口的自然老化、家庭规模的小型化等这些因素共同作用，促使农村人口老龄化程度的快速发展，也更加快了农村留守老人源源不断地"制造"和队伍的"增容"。

可以预计，上述影响因素的持续存在，将使农村留守老人增长的态势仍将持续。同时也应该看到，农村留守老人的"制造"和"增容"是我国经济社会发展到现阶段的必然产物，这种"必然性"使全社会都应当正视农村留守老人生活面临的诸多困境，并尽可能保障他们的生活质量。

二　农村老人留守之"隐忧"

（一）农村留守老人面临诸多生活困难

农村留守老人是我国现代化发展进程中必然产生的特殊群体。中国是世界上农村留守老人规模最大的发展中国家，面临的挑战也更加

---

①　姚引妹：《经济较发达地区农村空巢老人的养老问题——以浙江农村为例》，《人口研究》2006 年第 6 期。

②　新华网：http://news.xinhuanet.com/politics/2015 - 05/13/c _ 127796667.htm，2015 年 5 月 13 日。

严峻。从世界各国情况来看，只要有大规模人口流迁，就必然会产生留守老人。不过，西方发达国家的留守老人没有成为一个广受关注的社会问题。其重要原因在于西方发达国家的社会福利制度相对完善，老年人的养老主要依靠养老保险等正式社会支持体系。子女的外出对老年人的晚年生活不会带来明显影响。在发展中国家，比如中国，青壮年劳动力的外出使得农村留守老人的养老问题面临严峻的挑战。其根本原因在于：一方面农村劳动力的外出造成了养老关系中的权利与义务主体发生了地理空间上的分离，从而从整体上削弱了家庭养老的支持力；另一方面由于二元型的经济社会结构，农村社会养老保障制度建设刚刚起步，国家还没有足够的经济实力对全国的农村老年人实行普遍的福利政策。在此双重困境中，农村青壮年劳动力的外出不仅对留守老人生活产生了全方位的影响，而且使得相当多的留守老人面临极大的养老"风险"。主要体现在：

1. 子女外出影响留守老人经济水平存在差异性

在传统儒家思想影响下，外出的子女通常会给老年父母以经济供养。据"第四次中国城乡老年人生活状况抽样调查"数据分析，2014年，农村老年人保障性收入比例为 36.0%，经营性收入、财产性收入、家庭转移性收入等非保障性收入的比例为 64.0%[①]，非保障性收入中，子女的经济供养占比很大。具体到留守老人，叶敬忠等的调查数据显示，获得本村未外出子女、外出子女以及其他家庭成员经济支持的留守老人比例分别是 23.5%、80.0% 和 47.5%。相比其他生活来源，这已经是相当高的比例。同时，这些数据也显示，在留守老人的生活来源结构中，本村外出子女经济支持的比例明显高于未外出子女，也高于其他家庭成员。这说明，在留守老人目前的经济供养体系中，外出子女是非常重要的经济供给主体。[②] 外出子女提供的经济支持给留守老人生活带来了明显的正效应。

---

① 《三部门发布第四次中国城乡老年人生活状况抽样调查成果》，2016 年 10 月 9 日，http：//www. cncaprc. gov. cn/contents/2/177118. html。

② 叶敬忠、贺聪智：《静寞夕阳：中国农村留守老人》，社会科学文献出版社 2008 年版，第 80 页。

当然，也有研究者认为，留守老人从外出子女经济供养中获益的程度存在不稳定性和差异性。如蔡蒙认为，留守老人经济的改善程度与子女的孝敬程度关联性较强，虽然留守老人的经济状况有所好转，但呈现出不稳定性。[①] 叶敬忠等的调查数据也显示，有部分子女外出并未增加经济供给资源，对留守老人的家庭经济水平基本无影响。[②] 主要原因有：孝道观念淡化；外出子女自身谋生压力大；子女间对赡养老人非正常攀比和推诿；家庭资源更多地用在子女身上，而用于老人的赡养费减少；等等。总之，农村现实生活中存在一部分留守老人，由于种种原因，并不能从其子女外出中受益，经济水平处于贫困状态。

2. 子女外出削弱了对留守老人的生活照料

子女对老年父母的生活照料是以空间距离的接近为基础，子女外出导致两代人的分离，减少留守老人在日常生活、安全和医疗方面得到的帮助。研究发现，子女外出务工不仅影响生活照料资源的数量，而且影响生活照料资源的质量。就前者来说，主要体现在：子女外出务工加大了代际间的空间距离，影响到照料资源的可获得性。家庭中女性成员的外出会引起家庭照料结构的调整，加重留守老人尤其是女性留守老人或未外出子女的照料负担。就后者来说，主要体现在：部分生活自理能力欠缺的留守老人出现不同程度的照料缺失甚至照料危机。碰到生病时，不能及时就医、生病期间无人看护或得不到良好看护的现象普遍。留守老人尤其是空巢留守老人普遍缺少生活扶助。子女外出导致留守老人的财产安全和人身安全隐患增加，受他人侵犯和出现意外伤害事故的可能性加大。[③] 总之，农村留守老人的生活照料风险是一个相当严重的社会问题。在有的农村社会照顾体系很不完善的情况下，留守老人面临的照料问题变得更加严重，少数老人会因为

---

① 蔡蒙：《劳务经济引致下的农村留守老人生存状态研究——基于四川省金堂县竹篙镇的实证分析》，《农村经济》2006年第4期。

② 叶敬忠、贺聪智：《静寞夕阳：中国农村留守老人》，社会科学文献出版社2008年版，第91页。

③ 同上书，第119—120页。

得不到基本的照顾而选择自杀。

3. 子女外出增加了留守老人的精神孤独感

有调查发现，外出子女回家探望的频率低，在家停留的时间少，与留守老人朝夕相处的时间非常有限。虽然多数留守老人通过电话与外出子女保持联系，从而获得一定的情感安慰，但是，留守老人与外出子女的通话时间普遍较短，通话频率比较低，通话内容大多只是日常生活的简单问候、家庭决策的商讨、孙辈情况的通报等，很少涉及双方的内心需求。与此同时，相当一部分留守老人与外出子女几乎不联系，代际情感沟通基本中断。[①] 留守老人与外出子女之间情感交流的匮乏，使得留守老人十分想念子女，很容易产生孤独感。加之，农村精神文化生活的单调，留守老人在家庭外也难以找到精神寄托。即便有些老人进行隔代监护，与留守孙辈一起生活，但孙辈无法缓解留守老人的孤独。另外，子女外出还会导致两代人观念差异扩大，使彼此间的感情纽带变得松懈，由此可能带来代际隔阂的增大和子女孝道的弱化，直接增加留守老人精神慰藉的缺失。

4. 子女外出对留守老人劳动负担的影响存在差异性

劳动负担表现为农业劳动负担和家务劳动负担两个方面。在农业劳动负担方面，有调查发现，农村留守老人的农业劳动参与率高达八成左右，其中，不少老人同时需要管理多个外出子女留下的土地，农业劳动负担明显加重。同时，也有少量留守老人不需要帮助外出子女管理土地，也有些留守老人因子女外出后获得的经济供养增加而在一定程度上退出了农业生产，因此减轻了农业劳动负担。在家务劳动负担方面，子女外出后，照料自己和配偶的日常生活起居是留守老人主要的家务劳动。配偶自理能力较差的留守老人家务劳动更为沉重。承担隔代监护重任的留守老人，不仅承担着更大的心理压力和经济负担，家务劳动也同样增加。当然，对于配偶双方生活自理能力都很好、又不承担隔代监护责任的留守老人来说，家务劳动负担没有受到

---

① 叶敬忠、贺聪志:《静寞夕阳：中国农村留守老人》，社会科学文献出版社 2008 年版，第 162 页。

明显影响。少数留守老人则因为同住子女外出等原因，家务负担反而减轻。① 综合来看，对于大多数留守老人来说，子女外出务工对留守老人劳动负担的影响是负面的。子女外出后，多数留守老人承接了原本应由子女承担的农业生产、照料孙辈等责任，同时能够获得的家庭支持资源大量减少，劳动负担因此而加重。

总的来说，很多农村留守老人在社会转型过程的结构性断裂中变得更加弱势，面临着诸如经济贫困、生病缺乏照顾、精神孤寂、安全隐患大、劳动负担重、隔代抚养压力大等一系列的生活困难。在家庭养老功能弱化，而农村社会保障体系又不健全的背景下，要保障农村留守老人的生活质量，面临的挑战愈加严峻。

（二）关爱和服务农村留守老人的现实意义

在社会转型、城镇化、工业化、人口老龄化等多种社会趋势的影响下，我国农村留守老人面临的问题日益突出。总的来说，留守老人面临的养老风险并不能完全依靠其本人和家庭的能动应对来克服，而需要切实贯彻落实党的十八届三中、五中全会，国家"十三五"规划纲要提出的构建农村留守老人关爱服务体系的重要任务，切实维护农村留守老人的各项权益，保障他们的基本生活质量。

1. 解决好农村留守老人问题是全面建成小康社会决胜阶段的重大挑战

农村留守老人是我国社会转型和人口老龄化发展阶段不可避免出现并将长期存在的社会现象。在农村传统家庭养老、土地养老功能弱化，社会保障体系又不健全的社会背景下，相当一部分留守老人陷入精神孤独、照料缺失、有病难医、经济困难、劳动负担沉重等生活困境之中。这是全面建成小康社会决胜阶段必须认真面对和解决的艰巨困难。到 2020 年，全面建成小康社会，是我们党向人民、向历史做出的庄严承诺，要让全体人民在共建共享发展中有更多获得感。没有农村留守老人的小康，是不完整的小康。此外，解决好农村留守老人

① 叶敬忠、贺聪志：《静寞夕阳：中国农村留守老人》，社会科学文献出版社 2008 年版，第 176 页。

养老问题，也是新型城镇化道路顺利推进的要求。新型城镇化的"新"，重要表现之一是推进以人为核心的城镇化。这必然会使得更多的农村青壮年劳动力及其子女转变成城镇居民，而更多的老年人滞留农村。试想：如果不解决好留守老人的养老问题，农村青壮年怎么安心扎根城镇呢？可以说，新型城镇化道路的顺利推进有赖于农村养老问题的解决。总之，解决好农村留守老人的养老问题是全面建成小康社会决胜阶段的重要任务。

2. 解决好农村留守老人问题是我国成功应对人口老龄化挑战的必然要求

中国已经步入人口老龄化社会的行列，人口老龄化对国家的政治、社会、经济、文化等各个方面都会产生重大影响。比如，在经济领域，人口快速老龄化使得低成本劳动力优势逐步丧失，经济运行成本不断提高，青壮年消费市场逐渐萎缩，老年消费市场不断扩张。在社会管理领域，人口快速老龄化使得社会抚养比增高，代际矛盾凸显，与老龄社会相适应的社会管理服务还不健全。在民生领域，养老保障、医疗保障、养老服务将面临持续挑战。因此，国家应当高度重视人口老龄化问题，积极应对人口老龄化挑战。如前所述，与发达国家人口老龄化不同的特点之一是，我国城乡老年人口倒置，老年问题的重点和难点在农村。在我国现代化转型过程中，农村养老战略处于枢纽地位。农村将长期作为中国人口、社会和经济转型的缓冲区角色。原因在于，中国社会的成功转型必须建立在农村养老战略的基础上。从农业社会向工业社会转型、从乡村社会向市民社会转型、从农业文明向工业文明转型，这个过程就是农村一代又一代的青年人到城市定居和生活的过程，也是随着农村老年人口逐渐终老农村而实现农村人口下降的过程。对中国这样一个人口大国而言，这个过程是伟大的，同时也是渐进的、缓慢的过程，需要几十年的时间。因此，农村留守老人将会在一个相当长时期内大规模地存在，其养老问题将越来越突出。在应对人口老龄化挑战过程中，在敬老、养老、助老等问题上，善待今天的老人就是善待明天的自己。老年人权益在多大程度上得到保障，是衡量人口老龄化社会文明进步的重要标志。保障农村留守老年人的合法权益是全社会特别是人口老龄化社会的职责，业已成为国家和全社会的一项重任。

3. 解决好农村留守老人问题是建设社会主义和谐社会的内在要求

和谐社会不是没有矛盾的社会，而是着力通过协调矛盾，把矛盾控制在可承受的范围内。在人口老龄化社会，老年一代与年青一代的代际矛盾是构建社会主义和谐社会过程中需要加以重视的一对社会矛盾。就社会发展而言，现代化所内含的工业化、信息化、城市化、全球化均不同程度地给老年人的社会地位带来一定冲击和影响。首先，在传统社会，老年人拥有土地等重要经济资源，这使得子代及年青一代在经济上依赖于父辈及老年一代。而在现代化、城市化进程中，土地位置的重要性远远大于土地面积，使得部分年青一代不愿意固守在父辈的土地上，而迁移到其他城市和大城市工作，获得经济的独立。其次，在传统社会，老年人拥有信息技术资源优势，年青一代通过口耳相传，师傅带徒弟的方式从老年人那里学习生产和生活技术。然而在现代社会，年轻人通过系统的国民教育和生活历练不断掌握更新知识和信息的能力，无须太多依赖老年一代，反而，老年人因为对新事物接受慢而越来越不适应信息化社会的要求。再次，工业化的进程使得市场竞争成为必需和必要，而市场竞争又是以效率为准则来筛选市场主体，这就不可避免地会产生"优胜劣汰"效应，一部分人因为生理和社会等条件的限制被认为效率低而沦为社会弱势群体[1]，老年人群因由此逐渐被淘汰于社会生产型劳动之外。还有，由于人口迁移和流动，或者年青一代愿意与父母分开居住，老年空巢家庭增多，作为老年人重要保障单位的家庭其作用被减弱，使老年人在物质、精神、社会等方面的需要越来越得不到满足。[2] 总之，现代化的趋向不可避

---

[1] 郑杭生、李迎生：《关注社会弱势群体的必要性和重要性》，云南师范大学思想政治工作网络中心，2005 年 4 月。

[2] 中国老龄问题全国委员会：《老龄问题研究——老龄问题世界大会资料辑录》，中国对外翻译出版公司 1983 年版，第 65 页。

免地产生社会排挤，会对一些人群产生不利因素。[1] 所以，老年人在一定程度上成为社会排挤对象，有其社会必然性，也直接侵蚀着传统社会道德、传统习俗和在此基础上的人们观念形态的期望。老年人在社会中发挥作用、继续参与工作并做出贡献的要求无疑会面临着来自于市场自身的障碍，根本无法通过市场自身调节的方式来解决。那么，根据社会主义和谐社会的要求，不仅要有经济的增长，而且最终应指向人实现的自由、全面发展，故应通过立法等途径为包括老年人在内的弱势群体提供适当的生活保障，将其保障权益纳入社会全面发展的有机组成，承担起必要的社会责任。

4. 解决好农村留守老人问题是切实保障农村留守老人权益，提高他们生活质量的现实呼唤

在我国农村，家庭养老仍然是众多老年人的主要养老方式。然而对于留守老人来说，子女这一家庭养老主要支柱的"缺位"，把这些老年人暴露在各种生存风险之下。很多留守老年人还在继续劳动自养，生活上配偶是最主要的照料力量，子女在家庭赡养中的作用正在弱化。虽然部分留守老年人进入高龄或者病弱难以自立时，会回归大家庭，转而依靠子女赡养，解决了部分老年人的养老问题。但是，这种自我消化能力是有限的，还有相当部分老年人面临着种种困难和问题。这需要政府和全社会高度重视困难、积极应对。此外，新修订的《老年人权益保障法》在普遍意义上为保障老年人合法权益提供了法律保障，农村留守老人是一个更特殊的群体，虽然享有与其他老年人一样的法定权益，但是，具体保障方式方法具有特殊性。因而需要对他们享有老年人权益的状况、影响因素进行深入了解和分析，才能提出具有针对性、有效性的具体保障措施，为有关部委和地方政府制定《老年人权益保障法》的实施细则提供参考。

---

[1]　石彤：《中国转型时期的社会排挤——以国企下岗失业女工为视角》，北京大学出版社2004年版，第44页。

三　农村留守老人及相关概念

"农村留守老人"是本篇的核心概念，对它的厘定、分析和阐述是研究的理论基础之一。而对它的理解又离不开对"家庭结构""空巢老人"等概念的理解，本部分分别对这些概念进行层层分析。

（一）家庭结构

《中国大百科全书》（社会学卷）对家庭的定义为：家庭是由婚姻、血缘，或收养关系所组成的社会生活的基本单位。[①]《现代汉语词典》对家庭的定义是：以婚姻和血统关系为基础的社会单位，包括父母、子女和其他共同生活的亲属在内。

家庭结构是指在婚姻关系和血缘关系的基础上形成的共同生活关系的统一体，既包括代际结构，也包括人口结构，并且是两者组合起来的统一形式。[②] 以此为主要依据，有学者[③]依照 2000 年中国第五次人口普查"长表数据"，从户主与成员关系角度，将家庭结构分为核心家庭、直系家庭、复合家庭、单人家庭、残缺家庭和其他家庭。

1. 核心家庭

它是指夫妇及其子女组成的家庭。可进一步分为四种类型：

（1）夫妇核心家庭，是指只有夫妻两人组成的家庭。若从与户主关系的角度表述，是指户主与其配偶组成的家庭。

（2）一般核心家庭，或称标准核心家庭，是指一对夫妇和其子女组成的家庭，或称户主与配偶及其子女组成的家庭。另一种关系形式也属标准核心家庭，即未婚子女为户主，与其父母及未婚兄弟姐妹组成的家庭。因为它是核心家庭的完整形式，亦为最普遍的核

---

① 《中国大百科全书》（社会学卷），中国大百科全书出版社 1991 年版，第 102 页。
② 邓伟志、徐榕：《家庭社会学》，中国社会科学出版社 2001 年版，第 37—38 页。
③ 王跃生：《当代中国家庭结构变动分析》，《中国社会科学》2006 年第 1 期。

心家庭。

（3）缺损核心家庭，或称单亲家庭，是指夫妇一方和子女组成的家庭，或称户主与子女组成的家庭。同样，未婚户主与父母一方组成的家庭也是缺损核心家庭。

（4）扩大核心家庭，是指夫妇及子女之外加上未婚兄弟姐妹组成的家庭，或称户主与配偶、子女及未婚兄弟姐妹组成的家庭。

2. 直系家庭

这类家庭可细分为四种类型：

（1）二代直系家庭，是指夫妇同一个已婚儿子及儿媳组成的家庭，或称户主夫妇同儿子儿媳组成的家庭。

（2）三代直系家庭，是指夫妇同一个已婚子女及孙子女组成的家庭。从与户主关系上看，户主夫妇与父母及其子女组成的家庭也是直系家庭。

（3）四代直系家庭可有多种表达。从普查数据的户主关系上看，户主夫妇与父母、儿子儿媳及孙子女组成的家庭是四代直系家庭；户主夫妇与父母、祖父母、曾祖父母也是四代直系家庭。

（4）隔代直系家庭。从形式上看，三代以上直系家庭缺中间一代可称为隔代直系家庭。从户主关系角度看，可以表述为户主或户主夫妇同孙子女组成的家庭以及户主同祖父母或祖父母一方组成的家庭。以上所述为三代隔代家庭。在实际生活中，还有四代隔代家庭。

3. 复合家庭

复合家庭是指父母和两个及以上已婚儿子及其孙子女组成的家庭。在此将其分为两类：

（1）三代复合家庭，主要是指父母、儿子儿媳和孙子女组成的家庭。

（2）二代复合家庭，是指父母和儿子儿媳或两个以上已婚兄弟和其子侄组成的家庭。

4. 单人家庭

这类家庭只有户主一人独立生活所形成的家庭。

5. 残缺家庭

可分为两类：

（1）没有父母只有两个以上兄弟姐妹组成的家庭。

（2）兄弟姐妹之外再加上其他有血缘、无血缘关系成员组成的家庭。

6. 其他家庭

它是指户主与其他关系不明确成员组成的家庭。这其中有的彼此之间关系可能很密切，如叔侄关系等。但是，因无从判定，只好将其列入其他类中。

以上分类是建立在不同代际家庭成员血缘和婚姻关系明确的基础之上。可以说，现实生活中绝大多数家庭的成员关系清晰，所构成的是不同形式的核心家庭。稍微复杂的是夫妇和一个已婚儿女（包括儿媳或女婿）及其孙子女、外孙子女构成的直系家庭。

（二）留守老人与农村留守老人

综观学术界对于留守老人概念的界定，有的研究者没有明确界定，含糊带过。有的研究者把留守老人笼统地理解为"子女在外打工的农村老人"。也有一些研究者在文章中界定了留守老人的概念。杜鹏等将农村留守老人定义为"家庭（是指血缘家庭，包括老人所有的儿子和女儿）中有子女外出务工的 60 岁及以上的农村老年人"。[1] 周福林认为，农村留守老人是指"子女外出时留守在户籍地的 60 岁以上（或 65 岁以上）的老年人"。[2] 叶敬忠、贺聪志认为，"有户口在本社区的子女每年在外务工时间累计在 6 个月及以上，自己留在户籍所在地的农村留守老人"。[3] 张艳斌等认为，农村留守老人是指那些因子女（全部子女）长期（通常半年以上）离开户籍地进入城镇务工

---

①　杜鹏、丁志宏等：《农村子女外出务工对留守老人的影响》，《人口研究》2004 年第 6 期。

②　周福林：《我国留守老人状况研究》，《西北人口》2006 年第 1 期。

③　叶敬忠、贺聪志：《静寞夕阳：中国农村留守老人》，社会科学文献出版社 2008 年版，第 24 页。

或经商或从事其他生产经营活动而在家留守的父母。① 申秋红等认为，农村留守老人是指子女长期外出务工、身边无子女共同生活并留守在户籍地的 60 岁或 65 岁以上老年人。② 高娜认为，农村留守老人是指农村 60 周岁及以上老人的全部子女及子女的配偶全部离开户籍所在地长期（1 年及 1 年以上）外出（国内）务工（不包括学习），而单独留在家中看家、操持家务的老人。③ 罗佳丽认为，农村留守老人界定应该符合几个条件：一是户籍在农村，年龄在 60 岁或 65 岁以上；二是子女及子女配偶户籍仍在本地，但长期（≥5 年）外出务工，年均在家时间不超过 30 天；三是老人独居或夫妻居住，或与孙辈居住。④

我们发现，上文各种界定存在五个方面的主要分歧点：

第一，留守原因，研究者对留守老人的研究起源于我国改革开放后产生的"出国潮"，集中于因国际人口迁移流动而产生的留守老人，主要分布于大城市，总体数量相对少。⑤⑥ 后来，随着农村劳动力向城市的转移，生活于农村的留守老人群体引起了人们更大的关注。⑦ 相比城市留守老人，农村留守老人规模更大，生活更艰难，所以，绝大多数关于留守老人的研究都以农村留守老人为研究对象。下文论述的其他维度的定义分歧都是关于农村留守老人的界定。

第二，外出子女户口。有观点强调外出子女的户口在留守的本社区或区县，特指因农村劳动力外出务工而出现的留守老人，即伴随农民工的出现而衍生的留守老人。不包括子女因出嫁或招赘、参军、上

---

① 张艳斌、李文静：《农村"留守老人"问题研究》，《中共郑州市委党校学报》2007 年第 6 期。

② 申秋红、肖红波：《农村留守老人的社会支持研究》，《南方农业》2010 年第 3 期。

③ 高娜：《中国农村留守老人问题研究综述》，《农村经济与科技》2011 年第 5 期。

④ 罗佳丽：《中国农村留守老人研究》，《改革与开放》2014 年第 6 期。

⑤ 袁缉辉：《别忘了留守老人》，《社会》1996 年第 5 期。

⑥ 刘炳福：《留守老人的问题不容忽视——老年特殊群体调查之一》，《上海大学学报》（社会科学版）1996 年第 4 期。

⑦ 周福林：《我国留守老人状况研究》，《西北人口》2006 年第 1 期。

学、工作等户口不在本社区或区县而出现的留守老人。①②③ 有观点兼顾了上述两类原因出现的留守老人。把因农村子女进城学习、工作、参军、婚嫁、定居、户籍迁入城镇这类原因产生的农村老年人也称为农村留守老人。④

第三，外出子女数量。有些学者的定义仅仅指出有子女外出务工，没有明确是一个或几个，还是全部。⑤⑥⑦ 有些学者的定义强调全部子女及其配偶全部外出务工。⑧⑨ 还有学者把既有外出子女，也有留在村中居住的子女，且与未外出子女共同生活的老人称为非留守老人；把既有外出子女，也有留在村中居住的子女，但老人独居或夫妻同居的老人称为准留守老人；把全部子女外出，老人独居或夫妻同居或形成隔代家庭的老人称为留守老人。⑩ 这样的分类，可以更加凸显第三类留守老人可能的生活窘境。

第四，子女外出时间。有每年外出务工时间为 1 个月及以上、6个月及以上、1 年及以上、5 年及以上等多种观点。

第五，老年人年龄起点。有 60 岁为起点，65 岁为起点，兼容 60岁或 65 岁为起点等多种观点。

综上所述，学术界对留守老人概念的界定有多种，而且有分歧，

---

①　叶敬忠、贺聪志：《静寞夕阳——中国农村留守老人》，社会科学文献出版社 2008年版，第 128 页。

②　杜鹏等：《农村子女外出务工对留守老人的影响》，《人口研究》2004 年第 6 期。

③　罗佳丽：《中国农村留守老人研究》，《改革与开放》2014 年第 6 期。

④　伍海霞：《农村留守与非留守老人的生存现状：来自七省区调查数据的分析》，《财经论丛》2015 年第 5 期。

⑤　周福林：《我国留守老人状况研究》，《西北人口》2006 年第 1 期。

⑥　杜鹏、丁志宏、李全棉等：《农村子女外出务工对留守老人的影响》，《人口研究》2004 年第 6 期。

⑦　叶敬忠、贺聪志：《静寞夕阳——中国农村留守老人》，社会科学文献出版社 2008年版，第 319 页。

⑧　王乐军：《济宁市农村留守老人生存质量及影响因素研究》，硕士学位论文，山东大学，2007 年，第 258 页。

⑨　张艳斌、李文静：《农村"留守老人"问题研究》，《中共郑州市委党校学报》2007年第 6 期。

⑩　伍海霞：《农村留守与非留守老人的生存现状：来自七省区调查数据的分析》，《财经论丛》2015 年第 5 期。

但是，各种界定也有一个共识：就是至少有一个子女到外地居住生活，不包括无健在子女的老人。对留守老人的界定不同，所指向的社会现象就不同，作为不同的社会现象都值得进行深入具体的研究和探讨。但是，在具体研究中，应该具体明确，以使研究对象明确，研究问题清晰。

在进行具体实证研究时，不仅要从理论上厘清农村留守老人这一概念的内涵，也要考虑所使用数据所涉及的信息内容。本篇所使用的数据是国家卫生计生委流动人口司 2015—2016 年年初实施的流出地监测调查数据（以下简称"流出地监测调查数据"）。根据这一数据提供的信息，本篇所使用的"农村留守老人"是指有户口在本区县的子女媳婿离开本区县外出工作 1 个月及以上的、60 周岁以上的农村老年人。这一概念与"农民工"概念相对应，特指伴随农民工的出现而产生的特殊老年群体。

农民工是流动人口中的一个特殊群体。其特殊性体现在三个方面：一是身份上的特殊。表现出"候鸟型""钟摆式"的流动特征。二是数量的巨大。数据显示，2010 年，外出农民工数量达到 15335 万人，占流动人口总量的比例接近 60%；在省外务工的农民工 7717 万人，占跨省流动人口的 90%。[①] 三是社会经济地位更加弱势。农民工在流入地城镇从事的职业多处在职业结构底层，收入水平比较低，享有流入地的公共服务比较少。[②] 正因为农民工的上述特殊性质，与之相对应的农村留守老人也相对更加弱势，养老风险更大。因而，一直是学术界重点关注的对象。

本篇研究以与农民工相对应的农村留守老人为研究对象，以期更准确地展示农村留守老人可能面临的生活窘境。下文在详细介绍数据时还会对农村留守老人的含义进一步解释。

---

① 孙祥栋、王涵：《2000 年以来中国流动人口分布特征演变》，《人口与发展》2016 年第 1 期。

② 杜旻：《我国流动人口的变化趋势、社会融合及其管理体制创新》，《改革》2013 年第 8 期。

（三）农村留守老人家庭

留守老人家庭指家庭中有留守老人的家庭结构。以本篇所界定的农村留守老人的定义为基础，按照留守老人与其他成员居住形式划分，通常有以下几种分类：

（1）单身户。只有一个农村留守老人的家庭，是指其配偶或去世或离异或分居，其子女及其配偶全部外出，家庭中只有一人居住的家庭。

（2）一对夫妇户。是指只有农村留守老人夫妇俩共同居住的家庭，其子女及其配偶全部外出不与他们共同居住的家庭。

（3）二代户。是指留守老人和本地区未外出子女共同居住，且有至少一个子女外出的家庭。

（4）三代户。是指留守老年父母与为外出子女夫妇以及孙子女共同居住，且有至少一个子女外出的家庭。对于多子女家庭而言，还可能包括未婚子女，或者未婚子女与至少一个已婚子女夫妇及其子女共同居住的家庭。

（5）四代户。是指留守老年父母与未外出子女夫妇以及孙子女夫妇及其子女共同居住，且有至少一个子女外出的家庭。

（6）独居与其他亲属及非亲属户。是指留守老人的子女媳婿都外出务工，现与其亲属或非亲属成员共同居住的家庭，通常是指留守老人与其兄弟姐妹中一人或保姆（其他陪护照料人员）共同居住的家庭。

（7）其他户。通常是指留守老人的子女媳婿都外出务工，且通过协议与其他人组成合约型老年同性或异性同居家庭。

讨论家庭、家庭结构与留守老人家庭的意义在于了解留守老年人所居住的家庭中代际状况和人口结构，以便进一步确认留守老人家庭中照料资源规模和结构。

（四）留守老人与空巢老人

留守老人与空巢老人两个概念，各自都有多种定义。不过，从根本特征来看，空巢老人必然是与所有成年子女分开居住，留守老人必然是至少有一个子女到外地居住生活。以这两个特征作为维度来区分，留守老人与空巢老人的区别和联系如表 3-1 所示。

表 3-1　　　　　　留守老人与空巢老人的区别和联系

类型		是否有子女到外地居住生活		
		有	无	
是否与所有成年子女分开居住	是	第一类：空巢留守老人	第二类：空巢非留守老人	空巢老人
	否	第三类：留守非空巢老人	第四类：非空巢非留守老人	非空巢老人
		留守老人	非留守老人	

第一类空巢留守老人，是指有子女外出，且没有与除配偶外的其他人（如未外出子女、孙子女、亲属）共同生活的老人。第二类空巢非留守老人，是指所有子女未外出，且不与除配偶外的其他人（如未外出子女、孙子女、亲属）共同生活的老人。第三类留守非空巢老人，是指有子女外出，且与除配偶外的其他人（如未外出子女、孙子女、亲属）共同生活的老人。第四类非空巢非留守老人，是指所有子女未外出，且与除配偶外的其他人（如未外出子女、孙子女、亲属）共同生活的老人。一般情况下，第一类空巢留守老人最有可能面临养老风险，处于生活窘境的可能性更高。

四　本篇研究应用的数据

近年来，国内先后有中国老龄科研中心、北京大学、中国人民大学等单位和研究机构开展了针对老年人的大型纵向调查，产生了"中国老年人口健康状况调查研究"数据、"中国健康与养老追踪调查"（CHARLS）数据、"中国城乡老年人生活状况调查"数据、"中国老年社会追踪调查"数据等一批高质量的数据资料，但是，这些数据的侧重点不在留守老人群体，从它们的变量设计中也很难辨识出农村留守老人这一特殊群体。综观现有关于农村留守老人的文献资料，其中实证研究所使用的数据都是研究者个人或课题组自主实施的调查数据。

本篇研究所采用的数据是 2016 年国家卫生计生委流动人口司组织实施的流出地监测调查数据中的农村老年人数据（下文简称"流出地农村老年人数据"）。相比其他老年人数据，流出地农村老年人数据的主要特点是：第一，调查覆盖的省份多，在浙江、江苏、广东、安徽、河北、河南、四川、辽宁、吉林、黑龙江 10 个人口流出大省份展开，共获得农村老年人样本 11043 名。样本代表性较好。第二，本次调查的老年人问卷，设置了可以辨识留守与非留守老人的题目，便于对留守老人与非留守老人进行比较分析。第三，本数据包括农村老年人的个体、家庭、子女及健康等较为丰富的信息。下文详细介绍流出地老年人数据的有关情况。

（一）流出地监测数据

2015 年至 2016 年年初，国家卫生计生委流动人口司在河北、辽宁、吉林、黑龙江、江苏、浙江、安徽、河南、广东、四川 10 个省份流出人口较为集中的区域内，抽取固定的县/区级监测点，并建立轮换观测村/居级样本点，开展流出地监测调查。

调查对象是抽中村/居的户籍人口及所在村/居负责人。调查方式采取定量调查（问卷、报表直报）与定性调查相结合。问卷调查采用面对面的调查方式，由调查员持智能手机，利用计算机辅助调查系统（CAMI）进行入户调查。开展入户调查过程中，根据访谈提纲进行定性调查。村居层面调查将采用查阅统计资料、小组座谈、访问村居负责人或村医等相关人员等方式进行。

调查主要内容包括住户问卷和村/居问卷。住户问卷主要包括四部分内容：（1）户籍家庭及其成员基本情况，含外出人口流动经历、外出返乡情况、返乡意愿、返乡原因等；（2）流出地的卫生计生服务状况；（3）生育意愿及生育安排；（4）留守老人健康和养老。村/居问卷主要了解村/居的人口状况、背景条件及包括卫生计生服务管理在内的社区情况。

本调查采用分层多阶段 PPS 抽样方法。每个省份视为一个子总体，即每个重点省份为一层，共包括河北、辽宁、吉林、黑龙江、江苏、浙江、安徽、河南、广东、四川 10 个省份。第一阶段抽取县（市、区），第二阶段抽取村居委会，第三阶段抽取调查小区（或"网格"），第四阶段在调查小区内抽取住户。

以全国第六次人口普查分县数据、2015 年上半年分县全员流出人口数据、分县海拔中位数数据以及 2015 年国家级贫困县分布等作为第一阶段的抽样框基础，各省份内根据流出人口多少划分为流出重点区域层和流出区域对照层。在省内的每层内按地理分布、地形信息、是否国家级贫困县等信息排序，按照与规模成比例的概率抽样方法抽取若干个县（市、区）。第二阶段，在抽中的县（市、区）内按与第一阶段类似的原则和方法一次性抽取 10 个村居委会，按三期调查设计，首次调查 6 个村居委会，第二轮调查时更换 1/3 的村居委会，第三轮调查时更换 2/3 的村居委会。第三阶段，在抽中的村居委会内，采用地图抽样方法，将村居委会划分为若干个调查小区（或"网格"），每个村居委会抽取两个调查小区。第四阶段，在每个调查小区内抽选 15 个住户进行调查。

现场调查是由经过统一培训的调查员直接访问被调查对象，填报住户问卷；由调查员直接访问村/居委会负责人或相关人员，填报村居问卷、整户外出家庭登记表，由县级负责人填报统计报表，问卷由中国人口与发展研究中心负责通过网络下发。各调查员通过在线或离线录入上报数据。流出地调查的标准时点为：2016 年 1 月 1 日零时。

（二）流出地老年人数据

本次流出地监测调查专门对农村老人的健康和养老状况进行调查，共获得老年人样本 13992 名。从调查样本分布来看，本次调查的流出地老年人平均年龄是 68.73 岁，60—69 岁、70—79 岁、80 岁及以上高龄老人分别占 62.35%、27.24%、10.41%。男性和女性老人分别占 48.59% 和 51.41%。农村和城镇老人比例分别为 75.29% 和 24.71%。被访老人中未婚、初婚、再婚、离婚、丧偶、同居的比例分布为 1.55%、74.65%、1.72%、0.87%、21.11% 和 0.10%。从被访老年人的教育程度构成来看，未上过学的占 26.68%，小学的占 47.13%，初中的占 18.37%，高中/中专的占 5.47%，大专及以上的占 2.35%。

(三) 流出地农村老年人数据

1. 农村老人的识别

我国自 1958 年颁布《户口管理条例》起，开始实施城乡分割的户籍制度，城镇居民和农村居民通过户籍性质（农业或非农业户口）可以明确区分。后来，随着人口流动越来越普遍，户籍制度的弊端逐步凸显。国家开始进行户籍制度改革。2014 年国务院颁发《关于进一步推进户籍制度改革的意见》，有些地方政府取消了农业户口与非农业户口性质的区分，统一登记为居民户口。流出地老年人数据中"户口性质"变量设有 6 个选项：农业、非农业、居民（农转居）、居民（非农转居）、居民、其他。在这样的情况下，把户口性质为农业的老年人定义为农村老人就存在不妥当。

不过，流出地监测调查设置了"筛选问卷"，问题"F1：调查地村居属性"的选项为"1. 居委会　2. 村委会"。此外，流出地监测调查的调查对象是村/居的户籍人口。在这样的情况下，当调查地为村委会时，只有该村委会的户籍人口才会在抽样框之内。也就是说，在流出地监测数据中，村居属性为村委会的样本，其户口也在这个村委会，就是农村人口。这里排除了从城镇流动到村委会居住的流动人口。这些居住在村委会的农村人口，其户口性质可能是农业户口，也可能统一登记为居民户口。

本篇研究以"村居属性为村委会"判断为农村老人，"村居属性为居委会"判断为城镇老人。本次流出地监测调查，共获得农村老年人样本 11043 名，占流出地老人的 78.92%。城镇老年人样本 2949 名，占流出地老人的 21.08%。

农村老年人平均年龄是 68.75 岁。60—69 岁年龄组、70—79 岁年龄组、80 岁及以上年龄组分别占 62.12%、27.38%、10.50%。男性和女性农村老人分别占 49.20% 和 50.80%。被访农村老人中未婚、初婚、再婚、离婚、丧偶和同居的分别占 1.86%、74.50%、1.48%、0.53%、21.51% 和 0.12%。从被访农村老年人的教育程度构成来看，未上过学的占 31.15%，小学的占 51.81%，初中的占 14.14%，高中

/中专的占 2.71%，大专及以上的占 0.19%。

2. 留守老人的辨识

本书第三章论述到，本书中的"留守老人"是指有户口在本区县的子女媳婿离开本区县外出工作 1 个月及以上的、60 周岁以上的老年人。此处的子女/媳婿一定是户口在本区县的，户口在本区县之外的不算在内。其中，子女媳婿全在外地的定义为"完全留守"，至少一个留在本地的定义为"半留守"，都在本地的定义为"非留守"。

根据这里对留守老人的辨识方法，在统计软件中运行流出地老年人数据，统计结果显示，完全留守老人占 17.45%；半留守老人占 29.73%；非留守老人占 52.82%。

3. 农村留守老人的样本情况

本书中的"农村留守老人"是指有户口在本区县的子女媳婿离开本区县外出工作 1 个月及以上的、60 周岁以上的、居住在村委会的老年人。

根据上文对农村老人和留守老人的辨识方法，在统计软件中运行流出地农村老年人数据。统计结果显示，农村完全留守老人为 2181 名，占 20.56%；农村半留守老人为 3915 名，占 36.91%；农村非留守老人为 4511 名，占 42.53%。

第四章　农村留守老人关爱服务需求研究

改革开放以来，随着我国工业化、城镇化的快速发展，大批青壮年劳动力从农村流向城市，而大量老年人滞留农村形成规模庞大的留守老人群体。这种变迁不仅导致赡养关系中的主体与客体发生空间分离，给家庭养老功能带来严重挑战，而且改变了农村社会的人口结构，弱化了村庄社区养老资源的供给。加之，农村社会转型和人口老龄化的双重冲击，给农村留守老人的养老系统带来巨大压力，尤其空巢、丧偶、高龄、贫困、患病、失能的留守老人更是面临很大的养老风险。

党的十八届三中、五中全会以及"十三五"规划纲要都把积极应对人口老龄化纳入国家战略，提出了"建立健全农村留守儿童和妇女、老人关爱服务体系"的具体任务。但是，我国幅员辽阔，不同地区以及城乡之间留守老人群体的差异性大，加之，近年来各地区老龄事业的发展步调不一致，因此，农村留守老人的关爱服务需求被满足的状况也不同。

另外，现有研究文献从关爱服务视角对农村留守老人的研究相当匮乏。我们从期刊报纸和政府文件两个方面进行检索文献。

首先，分别在中国知网、万方数据库和维普期刊网三大文献搜索网站上以"篇名＝留守老人＋关爱服务"进行搜索，得到1篇硕士论文即《当前我国农村留守老人关爱服务问题研究》、3篇期刊论文即《健全农村留守老人关爱服务体系的思想渊源和理论基础》《健全农村留守老人关爱服务体系问题研究》和《农村留守老人关爱服务路径》，以及为数不多的一些报纸文章。

袁真主要采用文献研究法，从我国农村留守老人实际生活问题和迫切需要出发，提出通过提高农村留守老人关爱服务思想认识、丰富关爱服务内容、建构关爱服务体系、完善关爱服务机制、营造关爱服务的社会人文环境等路径，提高农村留守老人生活、养老关爱服务实效性。①

赵排风认为，我国具有深厚的传统孝文化思想和马克思主义人本思想，应当深入挖掘这些思想资源，为构建农村留守老人关爱服务体系奠定理论基础。② 同时，通过自主实证调查，探讨农村留守老人普遍存在的问题和对策。③

牟新渝认为，当今农村留守老人面临着对土地经营的无力与无奈、家庭氛围缺失、生活缺乏照顾、管护孙辈负担重、经济状况堪忧、精神文化生活匮乏等诸多生活困境，为解决好农村留守老人问题，应当建立动态信息管理机制、培育农村自治组织、强化家庭养老功能、建立两个主导和四种帮扶机制、建设村级老年活动室。④ 总之，从期刊报纸方面来看，学术界对农村留守老人关爱服务的研究非常薄弱，既缺少较大样本的实证分析，也缺少理论上的系统思考。

其次，地方政府为贯彻落实党和国家的文件精神，出台了一些地方性文件。比如，贵州省政府于 2015 年 12 月出台了《关于进一步加强农村留守老人关爱服务工作的实施意见》，提出了"摸清关爱服务对象基本情况、落实赡养义务人主体责任、引导农民工返乡创业就业、动员社会力量开展关爱服务"四项措施。吉林省民政厅 2016 年 1 月制定了《关于对农村留守老人建立详细管理系统加强关爱、服务及救助的实施方案》，提出了"加大信息管理规范化建设、加大农村养老服务设施建设力度、加强重点人员保障工作"三项措施。四川省

①　袁真：《当前我国农村留守老人关爱服务问题研究》，硕士学位论文，信阳师范学院，2015 年。

②　赵排风：《健全农村留守老人关爱服务体系的思想渊源和理论基础》，《经济研究导刊》2015 年第 3 期。

③　赵排风：《健全农村留守老人关爱服务体系问题研究》，《学理论》2015 年第 4 期。

④　牟新渝：《农村留守老人关爱服务路径》，《中国民政》2016 年第 12 期。

民政厅提出了"推进农村养老机构建设、推行农村互助养老、推动农村社区养老和居家养老、建立完善三项补贴制度"四项措施。但是，迄今为止，还没有出台一份针对农村留守老人关爱服务的全国性的政府文件。这方面落后于农村留守儿童的关爱服务工作。2016年，国务院颁发了《国务院关于加强农村留守儿童关爱保护工作的意见》，对关爱服务农村留守儿童做了统一部署，有助于在全国统一行动，开展工作。

基于上述认识，学术界对当前我国农村留守老人的基本状况、家庭和社会在满足留守老人的关爱服务需求方面状况等问题的认识是非常缺乏的。根据最新的全国抽样调查数据，全面了解农村留守老人的群体个体特征及家庭状况、掌握其关爱服务需求状况、了解其养老意愿也就非常必要，不仅能够丰富这一领域的研究成果，也为应对人口老龄化挑战提供比较客观的事实依据。

一 当前农村留守老人的基本情况

农村留守老人，作为一个整体有其共性特征，同时，其内部因社会人口学特征、家庭特征、代际关系等方面而产生异质性。考虑到这种异质性，方能更好地了解农村留守老人的关爱服务需求。

留守老人仅为农村老年人中的一部分，如果单一分析留守老人的生存状况，缺乏对留守与非留守老人的比较分析，不足以凸显城镇化进程中农村留守老人的特征概貌。同时，本章研究所采用的"流出地农村老人数据"可以清晰地辨识出完全留守、半留守和非留守老人，为比较分析留守与非留守老人的生活状况提供了很好的数据支撑。因此，本章研究强调从留守老人与非留守老人的比较视角，展示新时期农村留守老人的基本情况。

（一）个体特征

1. 农村留守老人占农村老人的比例过半，中西部留守老人多于东部和东北

农村留守老人作为一个群体，在农村老人中的比例比较大。本篇数据分析①显示，农村留守老人占 54.82%，非留守老人占 45.18%，留守老人数量超过非留守老人。其中，完全留守老人占 19.79%，半留守老人占 35.02%。②

农村留守老人分布的地区差异比较大。10 个调查省份的分布显示，农村留守老人比例最高的省份是安徽（83.36%），其次是四川（73.25%）。其中，完全留守老人比例最高的省份是四川（36.17%），其次是安徽（30.70%）。半留守老人比例最高的省份是安徽（52.66%），其次是河南（45.40%）。这反映出安徽、四川、河南是劳务输出大省，故而留守老人比例比较高。广东的情况有些特殊，广东是经济大省、强省，但是，留守老人的比例达 55.37%，因为广东省内经济发展不平衡，经济不太发达的粤西、粤北地区的农村人口大量汇集到经济发达的珠江三角洲区域内务工，因而留守老人比例比较高。浙江、河北、吉林、辽宁的留守老人少，比例低于四成。这与东部和东北部地区不是劳务输出大省的情况基本吻合。

图 4-1 显示了东北、东部、中部和西部四个地区③的分布，东部和东北地区非留守老人比例分别达到 56.43% 和 61.03%，高于中西部地区约 30 个百分点。东部和东北地区的完全留守老人和半留守老人的比例都要低于中西部。总的来说，农村留守老人主要分布在中部和西部，东部和东北地区相对较少。这意味着关爱服务农村留守老人的工作重点在中部和西部。

---

① 本篇数据分析结果，除特别注明来源外，都来自本篇采用的"流出地农村老年人数据"的分析，第三章第四部分比较详细地介绍了这一数据。

② 说明：因为四舍五入，各分项百分比之和有时不等于总和或不等于 100%，下同。

③ 根据国家统计局对地区所包含省份的常规理解，广东省、江苏省、浙江省、河北省归于东部地区，河南省、安徽省归于中部地区，四川省归于西部地区，辽宁省、吉林省、黑龙江归于东北地区。

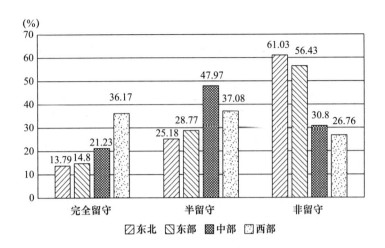

图 4 – 1 不同地区农村老年人的留守状况

2. 农村留守老人平均年龄小于非留守老人，男性留守老人略多于女性

农村留守老人的平均年龄为 68.39 岁，其中，完全留守老人的平均年龄为 66.82 岁，半留守老人的平均年龄为 69.27 岁。农村非留守老人的平均年龄为 69.19 岁。从年龄段来看（见图 4 – 2），完全留守老人的比例随着年龄增长而降低。仅有 8.50% 的高龄老人完全留守，超过半数以上的高龄老人（54.44%）为非留守状态，这表明年龄越大，越不可能留守；年龄越小越可能留守。因为高龄老人的身体机能、健康状况相对更差一些，需要子女的照料资源越多，这些因素会影响子女是否外出务工的决策。

农村老人中女性占 50.80%，略高于男性（49.20%），而且高龄女性比例（12.83%）多于高龄男性（8.10%），表明女性老人比男性老人更长寿一些。不过，图 4 – 3 显示，男性留守老人比例略高于女性，尤其体现在完全留守的男性比例（21.34%）高于完全留守的女性比例（18.36%）。表明男性更可能留守。原因可能是外出带孙辈的女性老人更多一些。

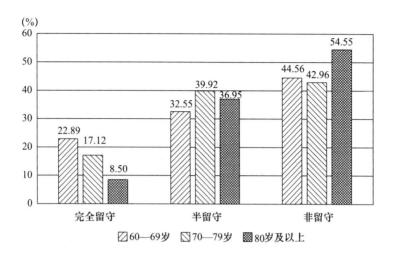

图 4 - 2 不同年龄农村老人的留守状况

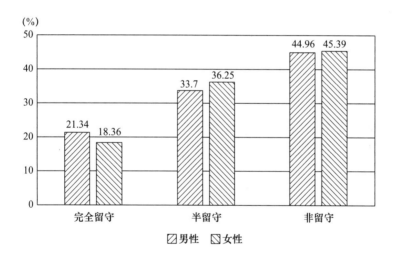

图 4 - 3 不同性别农村老人的留守状况

3. 农村留守老人的受教育程度低于非留守老人，有配偶老人更可能完全留守，单身老人更可能非留守

图 4 - 4 显示，农村老人的受教育程度以未上过学和小学文化为主，其中，未上过学的农村老人占 31.15%，小学文化的农村老人占 51.81%，初中文化的农村老人占 14.14%，高中及以上文化的农村老人仅占 2.90%。

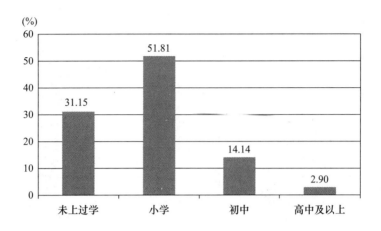

图4-4　农村老人的受教育程度

　　不同留守状态的老年人的受教育程度略有差异（见图4-5）。完全留守老人中，小学（20.57%）和初中文化（20.77%）的比例高于其他两种文化层次。半留守老人中，没上过学的老人比例（41.13%）远远高于其他三种文化层次。非留守老人中，没有上过学的老人的比例（40.64%）比其他三种文化层次的老人低很多。从这些数据分析中发现，留守老人的受教育程度要比非留守老人低。受教育程度是人力资源的一个重要标志。一般来说，受教育程度越高，其经济状况会更好。父代和子代的经济状况具有很强的正相关。由此推论，受教育程度高的老人其经济状况较好，其子女的经济状况也相对较好，那么，子女外出务工的可能性要低一些。相反，受教育程度低的老人，其子女外出务工的可能性要高一些。这一发现可以佐证农村劳动力外出务工的基本经济动因是为了改善经济状况。总的看来，农村老人包括农村留守老人群体的受教育程度非常低，这对相关为老人服务技术如何适合农村老年人的身体机能与认知能力提出了挑战。

　　农村老人有配偶的比例比较高，达76.09%。有配偶状态的持续有利于老年人健康养老，降低死亡风险并延长寿命。年龄与丧偶率之间存在正相关，随着年龄增长，有配偶的比例逐步降低，而无配偶的比例逐步上升。高龄老人经受的丧偶负向情感更多。

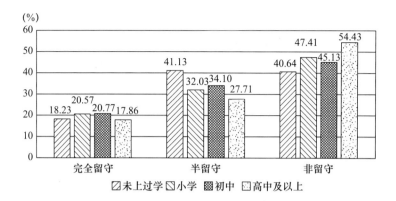

图 4 - 5　不同受教育程度的农村老人的留守状况

从不同留守状态来看（见图 4 - 6），在非留守老人和半留守老人中，单身老人比例都要高于有配偶老人的比例。[①] 而完全留守老人中，有配偶老人的比例要高于单身老人 8.61 个百分点。这说明，有配偶的老人更可能完全留守，单身老人更可能非留守和半留守。这是因

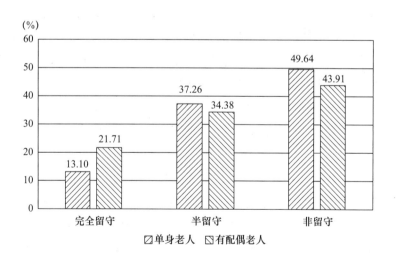

图 4 - 6　不同配偶情况的农村老人的留守状况

---

　　① 我们将丧偶、离婚以及从未结过婚的老人统称为单身老人，将初婚、再婚、同居的老人统称为有配偶老人。

为，配偶是老年人重要的生活陪伴者和支持者。当老年人无配偶时，其子女的外出决策要考虑谁充当老年人的照顾者。当子女多时，可能有些外出务工，有些留在家乡；而当子女少时，可能全部子女都留在家乡工作生活。

（二）家庭特征

1. 农村半留守老人健在子女数最多，高龄老人平均健在子女数最多

农村老人平均健在的子女数为 2.81 个，完全留守、半留守和非留守老人的平均健在子女数分别为 2.58 个、3.43 个和 2.65 个。半留守老人的健在子女数要多于完全留守和非留守老人。可能正是因为半留守老人的健在子女多，才会做出部分子女媳婿留身边，部分子女媳婿外出务工经商的理性安排。完全留守老人的健在子女数最少，可能正是因为子女少，所以，子女全部外出务工的可能性更高，也就是成为完全留守状态的可能性更高。

低龄、中龄和高龄老人的平均健在的子女数分别为 2.42 个、3.30 个和 3.87 个。表明现在高龄老人的子女赡养资源还是比较丰富的，但是，随着现在的中低龄老人逐步变为高龄老人时，农村老人的子女赡养资源会趋于减少。这种现象值得注意，当农村老人的子女数减少时，客观上需要社会支持的养老资源更多。

2. 非留守老人家庭的经济状况好于留守老年人家庭

（1）2015 年家庭收支情况，非留守老人的家庭年总收支盈余比留守老人多，年人均收入超过了其年人均支出，而留守老人家庭年人均收入少于其年人均支出。农村老年人家庭在 2015 年的总收入的均值为 33280.27 元，总支出的均值为 27356.8 元，总体上收支有盈余。从不同留守状态来看，完全留守、半留守和非留守老人家庭的年总收入均值分别为 28461.03 元、31534.25 元和 38345.2 元；年总支出均值分别为 24004.02 元、26837.63 元和 30386.43 元，非留守老人的家庭年总收支盈余最多。

农村老年人家庭 2015 年的年人均收入的均值为 8830.02 元，年人均支出的均值为 10246.05 元。① 从人均情况看，家庭经济入不敷出。这可能是因为，老年人家庭中创造收入的人少，而需要抚养或扶养的人多，所以，人均收入低于人均支出。从不同留守状态来看，完全留守、半留守和非留守老人家庭的年人均收入均值分别为 7370.73元、7758.69 元和 10471.86 元；年人均支出均值分别为 10316.35 元、10286.13 元和 10399.79 元。这些数据显示，完全留守老人家庭的年人均支出超过了半留守老人家庭。完全留守和半留守老人家庭的年人均支出超过了其年人均收入。但是，非留守老人家庭的年人均收入超过了其年人均支出。说明留守老人家庭的经济负担比非留守老人家庭重，可能是因为留守老人家庭中有劳动力外出务工，留下的多是老人、小孩和妇女。

进一步考察收入和支出的具体事项。在收入方面，调查数据显示，2015 年，农村老年人家庭的农业纯收入的均值为 5231.69 元，工资收入的均值为 16056.51 元，外出工作或打工的家庭成员给付的收入的均值为 6227.09 元。这些数据说明，农业纯收入在农村老年人家庭收入中所占的分量很低。同吃同住家庭成员在本地的工资劳务性收入是家庭收入的最主要来源。外出工作或打工的家庭成员给付的收入也是重要的来源。

从不同留守状态来看，完全留守、半留守和非留守老人家庭在农业纯收入方面的年人均收入分别为 1989.78 元、1872.64 元和1992.96 元。在工资收入方面的年人均收入分别为 3471.39 元、3819.05 元和 6961.46 元。此外，外出工作或打工的家庭成员给付的收入的均值分别为 9470.02 元、8897.35 元和 3096.62 元。这些数据反映，不同留守状态的老年人家庭在农业纯收入方面差别不大，完全留守和非留守老人家庭比半留守老人家庭稍稍多一点。这里的工资收入是指同吃同住家庭成员的工资劳务收入，因此，对于有子女在身边

---

① 根据调查问卷指标的说明，年人均支出等于年总支出除以同吃同住家庭成员数。年人均收入等于年总收入除以总的家庭成员（包括同吃同住的家庭成员、户口在本户但人不住在本户的家庭成员、户口不在本户且人不住在本户的家庭成员）。

的非留守和半留守老人家庭来说，他们的工资收入会比完全留守老人家庭多很多。此外，留守老人家庭中外出打工的家庭成员比非留守老人家庭多，因而，他们在外出工作或打工的家庭成员给付的收入方面当然也就比非留守老人家庭多很多。①

农村老年人家庭在食品和医疗方面的年人均支出的均值分别为3706.03元和2495.23元，人情往来年总支出的均值为4344.395元。② 从不同留守状态来看，完全留守、半留守和非留守老人家庭在食品方面的年人均支出分别为3799.47元、3571.91元和3792.04元；在医疗方面的年人均支出分别为2604.52元、2554.29元和2446.55元，在人情往来方面的年总支出分别为4080.34元、4198.35元和4781.51元。

（2）在总体家庭经济方面，家庭经济有结余的农村老人约占四成，非留守老人家庭经济有结余的比例高于留守老人家庭。家庭经济状况也是一个长年收支积累的结果。本篇数据分析显示，截至2015年年底，41.83%的农村老年人家庭经济有结余，33.11%的农村老年人家庭经济无负债也无结余，25.06%的农村老年人家庭经济处于负债中。这反映出，有58.17%的农村老年人没有为自己养老生活做经济储备。从不同留守状态看（见图4-7），非留守老年人家庭经济结余的比例超过负债比例10个百分点，半留守老年人家庭负债比例超过结余比例约9个百分点。这些数据说明，非留守老人的家庭经济状况要好于留守老人家庭。

农村老年人家庭负债的原因（见图4-8），主要是家庭成员治病（49.33%），其次是购房/建房（19.60%）。可见，因病致贫是农村老年人贫穷的最主要因素。

---

① 非留守老人有外出工作的家庭成员给付的收入。
② 考虑到农村社会的人情往来一般是以家庭户为单位来接人情与送人情的，所以，这里采用年总支出值。而食品和医疗支出数量与同吃同住的家庭成员数量密切相关，所以采用年人均支出值。

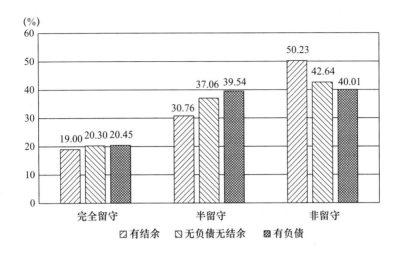

图 4 - 7　不同家庭经济状况的农村老人的留守状况

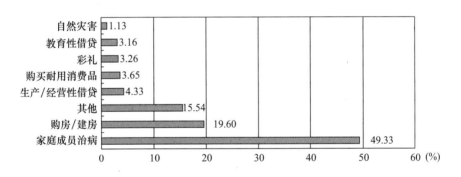

图 4 - 8　农村老人家庭负债的原因

3. 农村留守老人的居住房屋面积大于非留守老人

是否有住房及住房的质量是影响农村留守老人生活幸福感的重要因素。调查结果显示，农村老年人实际居住房屋的平均面积有 126.22 平方米，家庭人均居住面积①为 55.71 平方米。这反映出农村老年人的住房是非常宽敞的。从不同留守状态看，完全留守、半留守和非留守老人的人均居住房屋面积分别为 63.82 平方米、57.49 平方米和

───────────

① 家庭人均居住面积等于老年人居住住房建筑面积除以同吃同住家庭成员数。

50.25平方米。农村留守老人的居住房屋面积大于非留守老人。因为留守老人的子女媳婿外出务工了，留守在农村的家庭成员实际使用的住房面积相对更宽敞了。现实生活中，部分留守老人还需要给外出子女看守房子。

此外，97.35%的农村老人的住房是自建房，16.12%的农村老人家庭拥有两套及以上住房。总之，农村老年人的住房面积是足够宽敞了。不过，从家庭内部设施、外部交通生活便利方面是否合适老年人居住，还需要更多数据支持。

4. 农村留守老人拥有承包地的比例高于非留守老人，依靠自己和家人耕种的比例低于非留守老人

调查数据显示，农村老年人家庭承包地面积的均值为5.05亩，家庭人均承包地面积为1.58亩。从不同留守状态看（见图4-9），完全留守和半留守老人中拥有承包地的比例要高于其没有承包地的比例。相反，非留守老人中有承包地的比例低于其没有承包地的比例。这可能是因为，非留守老人的子女长年在身边居住生活，承包地实际上由子女管理，几乎不参与农业劳动，如同没有承包地一样。

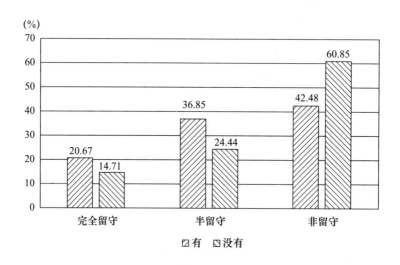

图4-9 不同留守状态的农村老人拥有承包地的状况

对于承包地，是自己耕种，还是转给他人耕种，甚至撂荒，这与家庭的劳动力资源数量密切相关。图 4 - 10 显示，完全留守老人和半留守老人中，撂荒和转租他人的比例高于自己耕种比例。而非留守老人中撂荒比例最低。这可能是因为，完全留守老人身边没有子女媳婿常住，家庭中的劳动力资源少，因而，依靠自己和配偶耕种的比例相对更低。而半留守和非留守老人的身边至少有子女媳婿常住，劳动力资源多一些，因而自耕率也高一些。

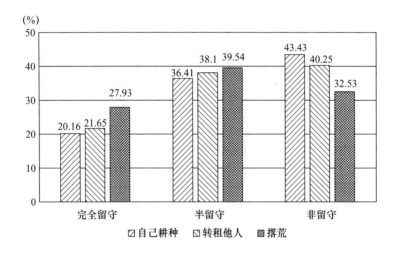

图 4 - 10　不同留守状态的农村老人处理承包地的方式

（三）家庭代际支持状况

家庭代际支持可以分为两个方面：一方面是子女对老年父母的支持，主要包括经济供养、精神慰藉和生活照料；另一方面是父母对子女的支持，主要包括父母照看未成年孙子女和帮助子女干农活。

根据流出地农村老年人数据，我们可以辨识出三类子女：一是本地子女，指户口在本区县，且没有离开本区县外出 1 个月及以上的子女；二是流动子女，指户口在本区县，且离开本区县外出 1 个月及以上的子女；三是外地子女，指户口不在本区县的子女。

1. 子女对父母的支持

（1）完全留守老人获得的经济供养多于非留守和半留守老人，流动子女给父母的经济供养多于外地子女和本地子女，儿子给父母的经济供养多于女儿。

农村老年人在2015年从子女处获得的经济供养的均值为3273.89元，从不同留守状态看，完全留守、半留守和非留守老人获得的经济供养分别为4450.84元、2704.46元和3200.57元。从不同子女类型看，农村老年人从本地子女、流动子女和外地子女处获得的经济供养分别为2767.32元、4387.64元和3130.02元。从子女性别看，农村老年人分别从儿子和女儿处获得的经济供养为3905.43元和2239.94元。

（2）农村老人与子女的联系频次总体比较高，非留守老人与子女的联系频次高于留守老人，本地子女与父母的联系频次高于流动子女和外地子女，儿子与父母的联系频次高于女儿。父母与子女的联系频次可以反映出代际关系状况。

一般来说，联系频次高，表明父母与子女的感情好，频繁的联系也能带给父母情感慰藉。图4-11显示，农村老人与子女"每周联系1次或多次"的占57.71%，"每月联系1—2次"的占30.05%。总体来看，农村老人与不同住子女的联系频次是比较高的，每月都保持联系的占87.76%。

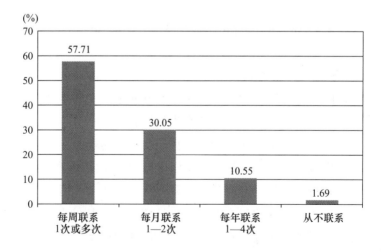

图4-11 农村老人与子女的联系频次

从不同留守状态看（见图 4－12），70.44% 的非留守老人与子女"每周联系 1 次或多次"，这一比例远高于半留守和完全留守老人。在"每月联系 1—2 次"和"每年联系 1—4 次"选项上，半留守和完全留守老人比例要高于非留守老人。这表明，非留守老人与子女的联系频次多于半留守老人。这可能是子女长年生活在非留守老人身边，当然联系频次会多一些。半留守老人和完全留守老人的比例相差不大。

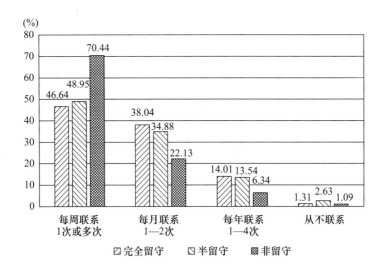

图 4－12　不同留守状态的农村老人与子女的联系频次

从不同子女类型看（见图 4－13），71.54% 的本地子女与父母"每周联系 1 次或多次"，这一比例远高于流动子女和外地子女。在"每月联系 1—2 次"和"每年联系 1—4 次"选项上，流动子女和外地子女比例要远高于本地子女。这说明，子女与父母的空间距离抑制了代际联系。

从子女性别来看（见图 4－14），63.02% 的儿子与父母"每周联系 1 次或多次"，这一比例远高于女儿（49.65%）。在"每月联系 1—2 次"和"每年联系 1—4 次"选项上，女儿的比例略高于儿子。在"从不联系"选项上，儿子的比例略高于女儿。总体上看，儿子与父母的联系频次比女儿高，原因可能是，一般情况下，女儿外嫁他乡，

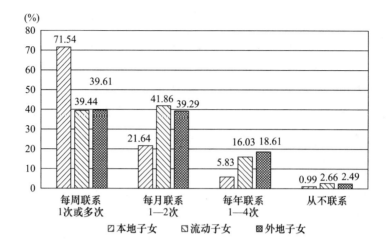

图 4 – 13　农村老人与不同类型子女的联系频次

较远的空间距离阻碍了代际联系；相反，儿子不管是外出务工抑或留在家乡工作，其总是把家安置在父母附近，因而代际联系频次会高一些。

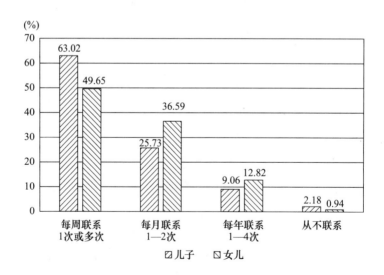

图 4 – 14　农村老人与儿子和女儿的联系频次

（3）农村老人与子女交流心事的频次一般，非留守老人与子女交流心事的频次高于留守老人，本地子女与父母交流心事的频次高于流动子女和外地子女，儿子和女儿在与父母交流心事方面相异甚微。

父母是否会把心事告诉子女，这是体现代际情感深度的指标。如果父母经常把心事告诉某个子女，表明父母与这个子女的感情很深，像是交心的朋友。本篇数据分析显示，39.13%的农村老人"经常会"和子女交流心事，50.13%的农村老人"偶然会"和子女交流心事，10.74%的农村老人"从不"和子女交流心事。总体上看，农村老人和子女交流心事的频率一般，不如上文所说的联系频率高。

从不同留守状态看（见图 4 – 15），43.68%的非留守老人"经常会"和子女交流心事，高于留守老人约 8 个百分点，在"偶然会"和"从不"选项上，留守老人的比例都高于非留守老人。

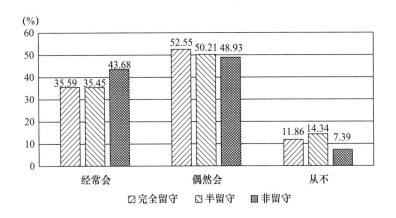

图 4 – 15　不同留守状态的农村老人与子女倾诉心事的频次

从不同子女类型看（见图 4 – 16），44.33%的本地子女"经常会"和父母交流心事，高于流动子女 12.58 个百分点，高于外地子女 12.22 个百分点。在"偶然会"和"从不"选项上，本地子女的比例都要低于流动子女和外地子女。综合图 4 – 15 和图 4 – 16 的数据显

示，非留守老人与子女交流心事的比例高，本地子女与父母交流心事
比例高，其原因与居住空间距离有关。非留守父母和本地子女，他们
的代际居住距离很近，见面机会多，便于交流心事。

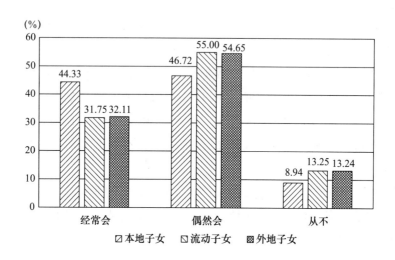

图 4 - 16　农村老人与不同类型的子女倾诉心事的频次

　　从子女性别来看（见图 4 - 17），儿子和女儿与父母交流心事的
频次相差不大。40.40% 的女儿"经常会"和父母交流心事，高于儿
子 2.04 个百分点。51.19% 的儿子"偶然会"和父母交流心事，高于
女儿 2.79 个百分点。在"从不"选项上基本相当。

　　（4）农村老人总体上得到子女照顾的比例比较高，非留守老人得
到子女照顾的可能性远大于留守老人，本地子女提供照料资源的可能
性远大于流动子女和外地子女，儿子提供照料资源的可能性略大于
女儿。

　　生活照顾是《老年人权益保障法》规定的赡养义务的内容之一，
关乎老年人生活的质量。生活照料，不仅包括老年人的日常生活照
料，还包括患病及失能老年人医疗护理、康复等方面的特殊照料。[1]

---

　　[1]　《〈中华人民共和国老年人权益保障法〉读本》，华龄出版社 2013 年版，第 52 页。

当老年人需要照顾时，子女是负有法定义务的照顾者。本篇数据分析显示，当农村老年人需要照顾时，85.94%的老人认为能够得到子女照顾，还有14.06%的老人认为不能。总体上看，农村老人在需要照顾时能得到子女照顾的比例是比较高的。

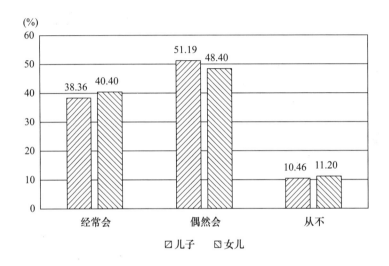

图4-17 农村老人与儿子和女儿倾诉心事的频次

从不同留守状态看（见图4-18），19.86%的完全留守老人认为"不能"，这一比例超过非留守老人比例达13.13个百分点，也高于半留守老人（17.10%）。93.27%的非留守老人认为"能"，这一比例远超过完全留守和半留守老人。这反映出留守老人能够得到子女照顾的可能性远低于非留守老人。

从不同子女类型看（见图4-19），93.48%的本地子女"能"照顾老年父母，这一比例远高于流动子女（78.91%）和外地子女（73.86%），在"不能"选项上刚好相反，流动子女和外地子女的比例远高于本地子女（6.52%）。而且，注意到流动子女选择"能"的比例高于外地子女，选择"不能"的比例低于外地子女，这反映出流动子女的流动特性和不确定性。当老年父母需要照顾而又没有其他照顾资源时，流动子女可能会改变自己的流动决策，选择回乡照顾老年父母。

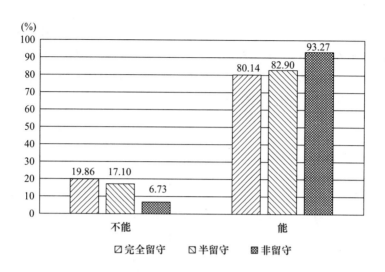

图 4-18 不同留守状态的农村老人需要照顾时，子女能否提供照顾情况

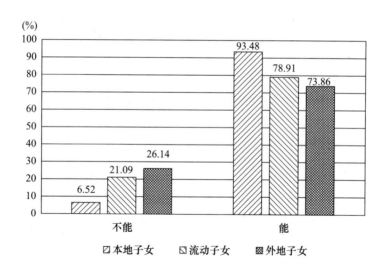

图 4-19 农村老人需要照顾时，不同类型的子女能否提供照顾情况

从子女性别来看（见图 4-20），88.28% 的儿子"能"提供照顾，略高于女儿比例 3 个多百分点。这源于农村的传统习俗，"养儿防老"的"儿"主要是指儿子，儿子承担着赡养父母的主要责任。女儿外嫁到婆家，帮助丈夫承担赡养公婆的责任。不过，随着计划生育政策的实施，农村人的生育率显著降低，子女数量普遍减少，儿子和女儿既会赡养自己的父母，也会帮助配偶赡养公婆或岳父母。

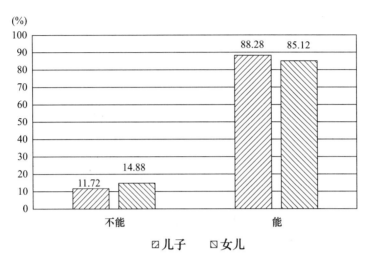

图 4-20 农村老人需要照顾时，儿子和女儿能否提供照顾情况

2. 父母对子女的支持

（1）有一半农村老人没有承担隔代教养责任，完全留守和非留守老人比半留守老人照顾孙辈多一些，农村老人照顾流动子女的孩子比其他子女多一些，农村老人照顾孙子女比照顾外孙子女多很多。

本篇数据分析显示，2015 年，50.85% 的农村老人"很少或者没有带"（外）孙子女，20% 的农村老人"经常带"（外）孙子女，29.15% 的农村老人"每天都带"（外）孙子女。这反映出，当前时期没有负担隔代教养的农村老人占一半，约 1/3 的农村老人承担主要隔代教养责任，约 20% 的农村老人承担辅助隔代教养责任。总体上看，当前流动人口的家庭化趋势已经凸显。农村隔代教养的现象大为减少。2015 年动态监测数据显示，近九成的已婚新生代流动人口是夫妻双方一起流动，与配偶、子女共同流动的约占 60%。[1]

从不同留守状态看（见图 4-21），明显的区别体现在"每天都

---

① 国家卫计委流动人口司编：《中国流动人口发展报告（2016）》，中国人口出版社 2016 年版，第 8 页。

带"和"很少或者没有带"两个选项上，完全留守和非留守老人"每天都带"的比例高于半留守老人（25.82%）约 5 个百分点，56% 的半留守老人"很少或者没有带"孙辈，高于非留守老人比例达 8.68 个百分点，高于完全留守老人比例达 5.98 个百分点。这是因为，完全留守老人要么承担主要隔代教养责任，需要"每天都带"孙辈，要么孙辈随子女流动，"很少或者没有带"孙辈。非留守老人的子女和孙辈都生活在身边，"每天都带"的比例相对更高。半留守老人照顾孙辈的情况，要视所指的这个子女是流动子女还是本地子女的情况而定。

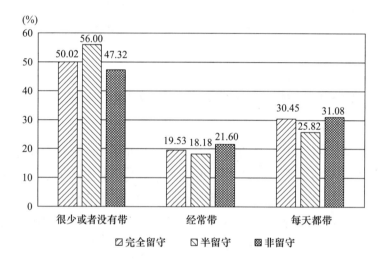

图 4 - 21　不同留守状态的农村老人照顾孙辈情况

从不同子女类型来看（见图 4 - 22），明显的区别也体现在"每天都带"和"很少或者没有带"两个选项上，对于外地子女来说，农村老人"每天都带"其孩子的比例非常低（5.81%），而"很少或者没有带"的比例非常高（71.59%）。因为外地子女及其孩子都不是老年人所在区县的常住人口，只会以走亲戚的方式来看望农村老人。此外，农村老人"每天都带"流动子女的孩子的比例高于本地子女，这说明流动子女把未成年孩子完全交给农村老人照顾的可能性更高。

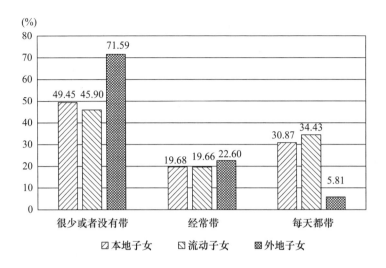

图 4 – 22　农村老人给不同类型子女照顾小孩情况

从子女性别来看（见图 4 – 23），明显的区别也体现在"每天都带"和"很少或者没有带"两个选项上，40.15% 的农村老人帮儿子"每天都带"孩子，而只有 10.66% 的农村老人帮女儿"每天都带"孩子。在"很少或者没有带"选项上，比例情况是相反的。因为女儿

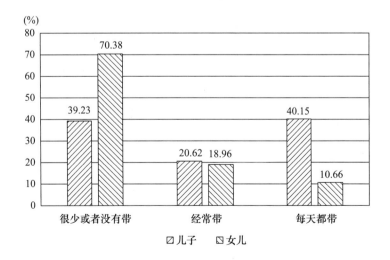

图 4 – 23　农村老人给儿子和女儿照顾小孩情况

是外嫁他乡,外孙子女大多数情况由公婆照顾,只有当公婆不能照顾时,才会到娘家寻求帮助。

(2)农村老人帮子女干农活的比例不高,完全留守老人帮子女干农活的比例高于非留守和半留守老人,农村老人帮流动子女干农活的比例高于本地子女和外地子女,帮儿子干农活的比例高于女儿。

本篇数据分析显示,只有22.08%的农村老人帮子女干农活,77.92%的农村老人没有,可见,农村老人帮子女干农活的比例不高。从不同留守状态来看(见图4-24),32.77%的完全留守老人帮子女干农活,这一比例超过非留守和半留守老人10个多百分点。半留守老人的情况与非留守老人相似。这说明,有子女在老人身边时,子女承担了主要农活,而当子女都不在老人身边时,老人就成为农业生产的主力军。

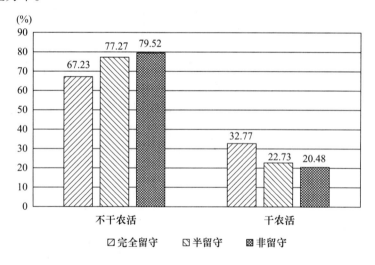

图4-24 不同留守状态的农村老人帮子女干农活情况

从不同子女类型看(见图4-25),农村老人帮流动子女干农活的比例最大(35.29%),很大可能完全接管了流动子女的农活,21.14%的农村老人帮本地子女干农活,起着协助的作用。农村老人帮外地子女干农活的比例非常低(8.24%),可能是因为空间距离上不便利。

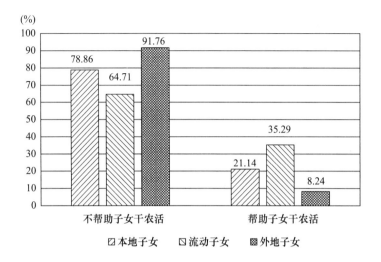

图4-25　农村老人帮助不同类型子女干农活情况

从子女性别来看（见图4-26），32.01%的农村老人帮儿子干农活，远高于帮女儿干农活的比例（10.08%）。女儿外嫁他乡，空间距离上不便利。

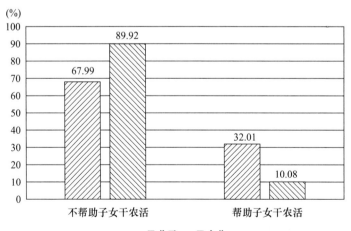

图4-26　农村老人帮助儿子和女儿干农活情况

（四）主要结论

通过对流出地农村老年人数据的统计分析，当前农村老人以及留守老人具有以下特征：

（1）农村老人中留守老人比例超过非留守老人，达到54.81%。农村留守老人主要分布在中部和西部，东部和东北地区相对较少。农村留守老人的平均年龄低于非留守老人0.8岁，年龄越高越不可能留守，年龄越低越可能留守。男性老人比女性老人更可能完全留守。农村老人的受教育程度以未上过学和小学文化为主，其中，留守老人的受教育程度要比非留守老人低。随着年龄增长，农村老人有配偶比例逐步降低，而无配偶比例逐步上升，其中，有配偶农村老人更可能完全留守，无配偶农村老人更可能非留守和半留守。

（2）农村老人平均健在的子女数为2.81个，半留守老人的健在子女数要多于完全留守和非留守老人。随着年龄的增加，平均健在子女数增加，高龄老人平均健在子女数最多。2015年，农村老年人家庭总体上收支有盈余，从人均值来看，却是入不敷出。这可能是因为，老年人家庭中创造收入的人少，而需要抚养或扶养的人多。完全留守和半留守老人家庭的年人均支出超过了其年人均收入，非留守老人家庭的年人均收入超过了其年人均支出，反映出留守老人家庭的经济负担比非留守老人家庭重，可能是因为留守老人家庭中有劳动力外出务工，留下的多是老人、小孩和妇女。有58.17%的农村老年人家庭处于"负债"或者"无负债无结余"状态，没有为自己养老生活做经济储蓄，其中，非留守老人的家庭经济状况要好于留守老人家庭。农村老年人家庭负债的原因主要是家庭成员治病（49.33%）。农村老年人实际居住房屋非常宽敞，其中，农村留守老人的居住房屋面积大于非留守老人。农村留守老人拥有承包地的比例高于非留守老人，依靠自己和家人耕种的比例低于非留守老人。

（3）子女对父母的支持方面，完全留守老人获得的经济供养多于非留守和半留守老人，流动子女给父母的经济供养多于外地子女和本地子女，儿子给父母的经济供养多于女儿。农村老人与子女的联系频次总体比较高，非留守老人与子女的联系频次高于留守老人，本地子女与父母的联系频次高于流动子女和外地子女，儿子与父母的联系频次高于女儿。农村老人与子女交流心事的频次一般，非留守老人与子女交流心事的频次高于留守老人，本地子女与父母交流心事的频次高于流动子女和外地子女，儿子和女儿在与父母交流心事方面相异甚微。农村老人总体上得到子女照顾的比例比较高，非留守老人得到子女照顾的可能性远大于留守老人，本地子女提供照料资源的可能性远大于流动子女和外地子女，儿子提供照料资源的可能性略大于女儿。

（4）父母对子女的支持方面，有一半的农村老人没有承担隔代教养责任，完全留守和非留守老人比半留守老人照顾孙辈多一些，农村老人照顾流动子女的孩子的比例比其他子女多一些，农村老人照顾孙子女比照顾外孙子女的比例多很多。农村老人帮子女干农活的比例不高，完全留守老人帮子女干农活的比例高于非留守和半留守老人，农村老人帮流动子女干农活的比例高于本地子女和外地子女，帮儿子干农活的比例高于女儿。

二　农村留守老人关爱服务需求状况

如前文所述，农村留守老人内部具有明显的异质性，这种异质性使得他们采用不同策略来应对子女外出务工带来的影响，也使得他们生活境况的多元化与多样性更为彰显。认清留守老人生活境况的多样性是进一步解决农村留守老人关爱服务问题的基础。目前，学术界对关爱服务的内涵没有达成共识，概括起来说，包括生活照料、生产帮扶、精神关爱、医疗保健、法律援助、安全服务、文化娱乐等丰富多彩的内容。根据流出地农村老年人数据所包含的内容，本书着重论述农村留守老人在精神关爱、生活照料、医疗保健和劳务帮扶四个方面的生活境况。①

（一）精神关爱需求

1. 约四成农村老人存在不同程度的孤独感，留守老人的孤独感比非留守老人强烈，情感关爱更加缺乏

本篇数据分析显示，"没有""偶尔"和"经常"感到孤独的农村老人分别为59.42%、34.96%和5.62%。可见，约四成的农村老人存在不同程度的孤独感。

从不同留守状态看（见图4-27），在"没有"选项上，完全留守、半留守和非留守老人的比例逐步递增，在"偶尔"和"经常"选项上，完全留守、半留守和非留守老人的比例逐步递减，这反映出完全留守老人的孤独感比半留守老人高，半留守老人的孤独感比非留守老人高。可见，子女的外出成为留守老人的情感牵挂，这种牵挂会增加留守老人的孤独感。

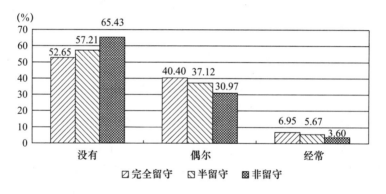

图4-27 不同留守状态的农村老人的孤独感情况

2. 中高龄留守老人的孤独感比低龄留守老人强烈，低教育程度留守老人的孤独感比高教育程度留守老人强烈

留守老年人的孤独感具有年龄特性。图4-28显示，"没有"孤

_____

① 本部分数据分析所使用的样本数据分为两种类型：一是采用农村老年人的样本数据（N=11043），分析农村老年人作为一个整体的关爱服务需求，以及留守与非留守农村老年人在关爱服务需求方面的差异。二是采用农村留守老年人的样本数据（N=6096），分析不同个体特征、家庭特征的农村留守老人在关爱服务需求方面的差异。

独感的比例随着年龄的增高而显著降低，"偶尔"有孤独感的比例随着年龄的增高而显著上升，中高龄留守老人"经常"有孤独感的比例高于低龄留守老人3—4个百分点。因此，中高龄留守老人的精神孤独问题更亟待关注。

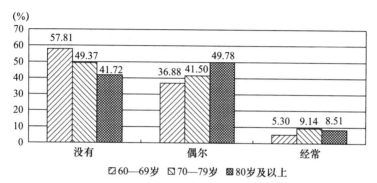

图4-28 不同年龄的农村留守老人的孤独感情况

受教育程度也是影响农村留守老年人孤独感的因素。图4-29显示，随着受教育程度的提高，"没有"孤独感的留守老人比例显著增加，而"偶尔"有孤独感的留守老人比例显著降低。在"经常"选项上，未上学的留守老人比例高于其他三类留守老人。一般来说，受教育程度高的留守老人，文化素质也高，精神文化生活会丰富一些。因此，低教育程度的留守老人的精神孤独问题更加需要关注。

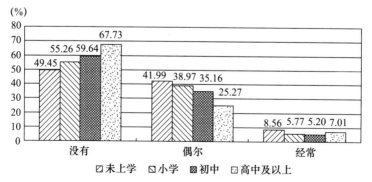

图4-29 不同受教育程度的农村留守老人的孤独感情况

3. 无配偶留守老人的孤独感比有配偶留守老人强烈，不照顾孙辈的留守老人的孤独感比照顾孙辈的留守老人强烈

配偶是老年人重要的生活伴侣。图4-30显示，60.03%的有配偶留守老人"没有"孤独感，高于单身留守老人比例约30个百分比。15.49%的单身留守老人"经常"有孤独感，高于有配偶留守老人比例约11个百分点。单身留守老人"偶尔"感到孤独的比例也高于有配偶留守老人。这反映出单身留守老人的孤独感比有配偶留守老人强烈，证明了配偶在情感慰藉方面的重要作用，正是应了一句古话"少时夫妻老来伴"。尤其是那些完全留守老人，子女都外出工作，只剩下夫妻两人留守农村时，就更加如此。

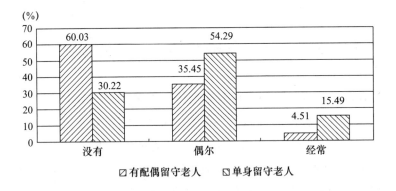

图4-30 不同婚姻状况的农村留守老人的孤独感情况

照顾孙辈一定程度上会增加留守老人的家务劳动、心理负担等，但同时也能带给留守老年人精神安慰和生活乐趣，驱散孤独感。图4-31显示，"每天都带"孙辈的留守老人"没有"孤独感的比例为63.81%，高于"经常带"孙辈的留守老人比例（57.56%）和"很少或者没有带"孙辈的留守老人比例（47.91%）。"很少或者没有带"孙辈的留守老人"经常"感到孤独的比例为8.72%，高于"经常带"和"每天都带"孙辈的留守老人。可见，总体上看，不带孙辈的留守老人的孤独感比带孙辈的留守老人强烈。

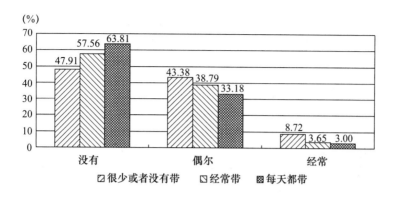

图 4 - 31　农村留守老人照顾孙辈的频次与其孤独感情况

4. 与子女联系少的留守老人比联系多的留守老人孤独感更强烈，与子女交流心事少的留守老人比交流心事多的留守老人孤独感更强烈

子女与父母的联系频次影响老年人的孤独感。图 4 - 32 显示，随着联系频次的增多，留守老人"没有"孤独感的比例降低，"经常"有孤独感的比例上升。可见，与子女联系少的留守老年人的精神孤独问题更加需要关注。

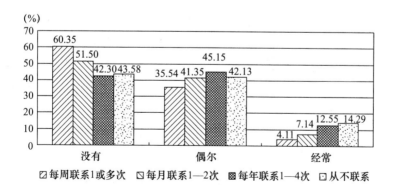

图 4 - 32　农村留守老人与子女的联系频次与其孤独感情况

父母与子女交流心事的频次也影响留守老人的孤独感。图 4 - 33 显示，"经常"与子女交流心事的留守老人"没有"孤独感的比例为

65.32%，高于"偶然"和"从不"与子女交流心事的留守老人比例。"从不"与子女交流心事的留守老人"经常"有孤独感的比例为13.89%，高于其他两类老人约9个百分点。可见，与子女交流心事少的留守老人更加感到孤独。

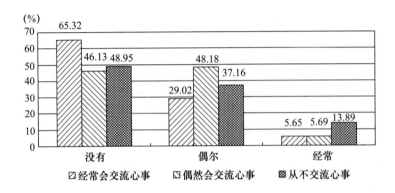

图4-33 农村留守老人与子女交流心事的频次与其孤独感情况

（二）生活照料需求

1. 生活不能自理的农村老人比例很低，半留守和非留守老人的不能自理率稍高

随着年龄的增加，衰老程度的加深，老年人的独立生活能力将不可避免地逐渐降低。而当老年人进入到失能、半失能状态时，就需要家庭和社会提供日常生活的照料，其中，子女是非常重要的照料资源。本篇数据分析显示，68.18%的农村老人自评为健康，28.09%的农村老人自评为不健康，但能自理，3.73%的农村老人自评为生活不能自理。总体来看，当前农村老人中生活不能自理，需要生活照料的老年人仅占很小的部分。

从不同留守状态看（见图4-34），半留守和非留守老人的生活不能自理率稍微高于完全留守老人。因为生活不能自理，身边至少要留一个子女。半留守老人的健康状况比完全留守和非留守老人差。值得注意的是，有27.29%的完全留守老人的身体处于不健康状态，这类留守老人的生活照料风险比较大。

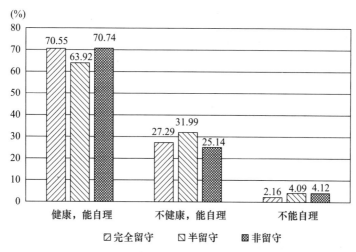

图4-34　不同留守状态的农村老人的生活自理情况

2. 中高龄留守老人的生活自理率比低龄留守老人低，无配偶留守老人的健康状况比有配偶留守老人差，生活自理率也低一些

年龄是影响老年人生活自理能力的重要因素，图4-35显示，随着年龄的增大，留守老人选择"健康"的比例逐步降低，而选择"不健康，能自理"和"不能自理"的比例逐步增高。高龄留守老人的"不能自理"比例（12.69%）远高于低龄留守老人（1.57%）和中龄留守老人（4.55%）。

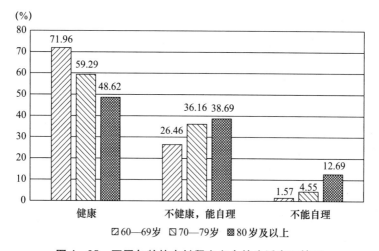

图4-35　不同年龄的农村留守老人的生活自理情况

　　配偶是家庭中提供照料资源的重要主体。图4-36显示，6.44%的单身留守老人生活不能自理，35.48%的单身留守老人身体不健康，比有配偶留守老人的对应比例都要高。有配偶留守老人选择"健康"的比例高于单身留守老人超过10个百分点。俗话说，"少时夫妻老来伴"。老年夫妻生活上相互扶持是常态。可是，对于那些身体不健康，生活不能自理的留守老人，他们没有了配偶的扶持和照料，其生活照料风险更大。

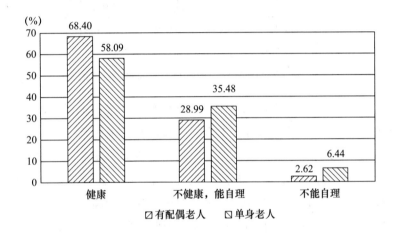

图4-36　不同婚姻状况的农村留守老人的生活自理情况

（三）医疗保健需求

1. 六成以上农村老人至少患有一种慢性病，高血压、骨关节病和心血管疾病是最常见的慢性病

　　本篇数据分析显示，65.70%的农村老人患有至少一种慢性疾病，18.10%的农村老人没有体检过，不知道患病情况，只有16.20%的农村老人确认自己没有患慢性病。在确定至少患有一种慢性病的农村老人中，51.36%的农村老人患有一种慢性病，31.59%的农村老人患有两种慢性病，12.32%的农村老人患有三种慢性病。此外，患病率排前三位的分别是高血压（28.54%）、骨关节病（22.08%）和心血管疾病（19.99%）。

2. 半留守老人患病率高于非留守和完全留守老人，中高龄留守老人患病率高于低龄留守老人，医疗保健需求紧迫

从不同留守状态看（见图4-37），半留守老人患有慢性病的比例（71.02%）要高于完全留守（64.92%）和非留守老人（62.68%）。可见，半留守老人的医疗保健需求相对更加迫切。

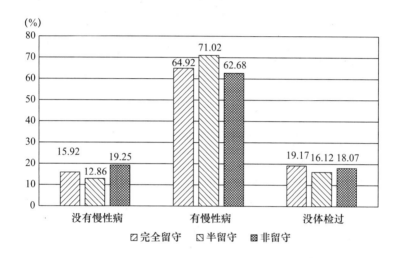

图4-37 不同留守状态的农村老人患慢性病情况

从不同年龄来看（见图4-38），随着年龄层次的提高，留守老人患慢性病的比例逐步提高。中龄、高龄留守老人患病比例要比低龄留守老人高出10个百分点左右。可见，中高龄留守老人的医疗保健需求相对更加迫切。

3. 家庭经济困难的留守老人比经济宽裕的留守老人患病率更高，子女对留守父母医药费的支持力比较弱

对于患有慢性病的老人来说，医药费是家庭经济的负担。图4-39显示，81.14%有负债家庭的留守老人患有慢性病，这一比例高于有结余家庭的留守老人达21.48个百分点。69.21%的无负债无结余家庭的留守老人患有慢性病，这一比例也高于有结余家庭的留守老人达9.55个百分点。相反，在没有慢性病选项上，有结余家庭的留守

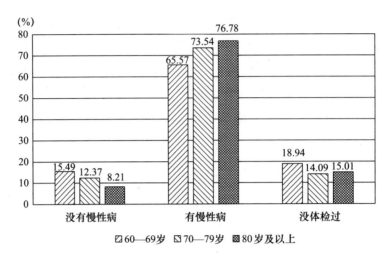

图 4-38　不同年龄的农村留守老人患慢性病情况

老人比例远远高于其他两类留守老人。这些数据反映出，不患病的留守老人的家庭经济状况要比患病的留守老人家庭好。从一个角度佐证了疾病与家庭贫穷的因果关系。因为患病，医药费开支增大，劳动能力下降，收少出多加剧了家庭经济状况的恶化。家庭经济困难的患病留守老人应当是政府政策兜底的重点对象。

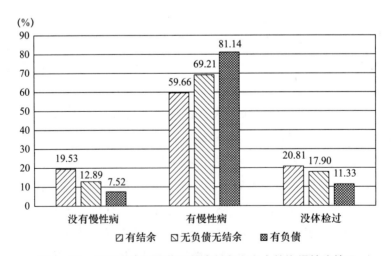

图 4-39　不同家庭经济状况的农村留守老人的患慢性病情况

子女经济供养是农村留守老人的重要收入来源。那么，农村留守老人有没有因为患病而得到子女更多的经济供养呢？调查数据显示，在 2015 年，没有患病和患病的留守老人从子女处得到的经济供养的均值分别为 3948.00 元和 3138.31 元。可见，留守老人没有因为患病而得到子女更多的经济支持。此外，调查数据还显示，2015 年，95.27% 的留守老人因为看病或住院而承担了自费医药费。自费医药费的均值为 3844.65 元。对于这些自费的医药费，46.94% 的留守老人认为自己和配偶承担的最多，52.25% 的留守老人认为子女承担的最多。上述数据分析反映出，留守老人很难从子女处获得足够的经济资源来支付他们的医药费。留守老人的医疗保健需要紧迫，需要全社会关注和支持。

（四）劳务帮扶需求

本章前文论述到，农村父母支持子女的方式主要是照看未成年孙辈和帮助子女干农活。这两种方式都会一定程度地增加农村老年人的家务负担和农活负担，因而产生劳务帮扶需求。①

1. 承担主要责任的留守老人、无配偶留守老人、低教育程度的留守老人在承担隔代教养责任中负担沉重，力不从心

前文论述到，2015 年，没有负担隔代教养的农村老人占一半（50.85%），约 1/3 的农村老人承担主要隔代教养责任，约 1/5 的农村老人承担辅助隔代教养责任。在留守老人群体中，53.77% 的留守老人"没有"承担隔代教养责任，这一比例高于农村老人群体，进一步证明了农民工流动的家庭化趋势。不过，还有 27.55% 的留守老人"每天带"孙辈，承担着主要隔代教养责任，这部分留守老人的隔代教养负担尤其沉重。还有 18.68% 的留守老人"经常"带孙辈，协助承担隔代教养责任。

从有无配偶状况看（见图 4-40），29.07% 的有配偶留守老人"每天都带"孙辈，这一比例高于单身留守老人"每天都带"孙辈比

---

① 这里的劳务帮扶主要包括家务和农活两个方面。家务帮扶包括洗衣、做饭、喂家禽、种菜等方面的帮扶。农活帮扶包括种水稻、果树、竹木等农业生计方面的帮扶。

例（20.77%）。在"经常带"选项上，有配偶留守老人比例也比单身留守老人高。这反映出有配偶留守老人比单身留守老人承担隔代教养责任的可能性更大。这是好现象，因为配偶是照顾孙辈的好帮手。不过，也有20.77%的单身老人每天都带孙辈。单身留守老人承担主要甚至全部的隔代教养责任，这份负担是沉重的。

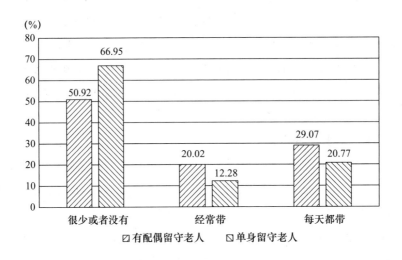

图4-40 不同婚姻状况的农村留守老人照顾孙辈情况

图4-41显示，随着受教育层次的提高，"每天都带"孙辈、"经常带"孙辈的留守老人比例逐步提高，"很少或者不带"孙辈的留守老人比例逐步减少。这反映出受教育程度高的留守老人比受教育程度低的留守老人承担隔代教养责任的可能性更大。这同样是好现象，因为隔代教养孙辈，不仅仅是生活起居上的照顾，更需要在学习作业、学习习惯、道德品质等方面给予教育。不过，也有23.22%的没上过学的留守老人每天都带孙辈，承担主要甚至是全部的隔代教养责任。这部分老人在辅导孙辈学习方面会感到无能为力。

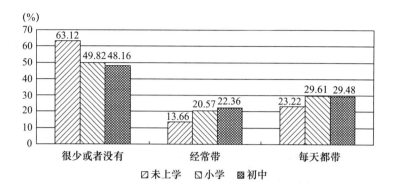

图 4 - 41　不同受教育程度的农村留守老人照顾孙辈情况

2. 家庭经济好的留守老人比家庭经济不好的留守老人带孙辈的比例大，照顾孙辈的留守老人比不照顾孙辈的留守老人获得子女更多的经济支持

留守老人照顾孙辈，不仅需要体力、时间、精力等方面的付出，而且通常会伴随着经济支出的增加。那么，留守老人的家庭经济状况如何？是否给孙辈提供了一个较好的家庭经济环境？图 4 - 42 显示，有负债留守老人家庭"很少或者没有"孙辈的比例（57.64%）远高于有结余留守老人家庭比例达 13.89 个百分点。有结余留守老人家庭"每天都带"孙辈的比例（31.89%）略高于有负债留守老人家庭比例，其"经常带"孙辈的比例（24.36%）高于有负债留守老人家庭比例达 11.75 个百分点。这反映出家庭经济越好的留守老人比家庭经济不好的留守老人带孙辈的可能性更大。这是好现象。不过，也还有一部分家庭经济有负债和无负债无结余留守老人"每天都带"孙辈，承担着主要甚至全部的照顾责任。他们的隔代教养负担沉重。

留守老人有没有因为照顾孙辈而得到子女更多的经济供养呢？调查数据显示，在 2015 年，"很少或者没有带""经常带""每天都带"孙辈的留守老人从子女处得到的经济供养的均值分别为 2464.76 元、3505.10 元、6308.91 元。可见，留守老人因为照顾孙辈而得到了子女更多的经济供养，这部分经济供养多用于孙辈的生活和学习开支。

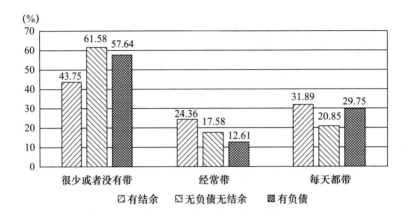

图 4-42　不同家庭经济状况的农村留守老人照顾孙辈情况

3. 农村留守老人帮子女干农活的比例高于农村老人，部分不健康的、无配偶的留守老人仍在帮子女干农活，劳动负担重

前文分析到，只有 22.08% 的农村老人帮子女干农活，77.92% 的农村老人没有帮子女干农活。在留守老人群体中，帮子女干农活的比例为 26.35%，高于农村老人群体。这说明，当有子女在老人身边时，子女承担主要的农活，他们甘愿隐退，而当子女都外出工作时，有劳动能力的留守老年人一般都舍不得土地荒废，会帮子女干农活。

干农活需要体力。健康的身体是干农活的基本条件。图 4-43 显示，① 身体健康的留守老人帮子女干农活的比例（30.87%）超过身体不健康的留守老人 12.41 个百分点。可见，留守老人的身体越健康，越可能帮子女干农活。同时也发现，18.46% 的身体不健康的留守老人也在帮子女干农活。这部分留守老人的劳动负担很沉重。

配偶也是干农活的好帮手。图 4-44 显示，29.40% 的有配偶留守老人帮子女干农活，这一比例超过单身留守老人帮子女干农活的比例达 14.77 个百分点。可见，有配偶留守老人帮子女干农活的可能性越大，在一定程度上佐证了配偶作为干农活帮手的作用。不过，14.63%

_____

① 此处对身体健康变量进行重新编码，把"不能自理"选项编码为缺失值。因为承担农活的老人肯定是生活能够自理的。

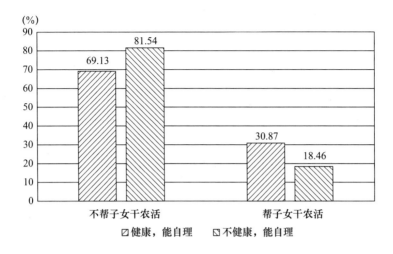

图4-43　不同健康状况的农村留守老人帮子女干农活情况

的单身留守老人独自承担子女的农活。这部分留守老人的劳动负担很沉重。

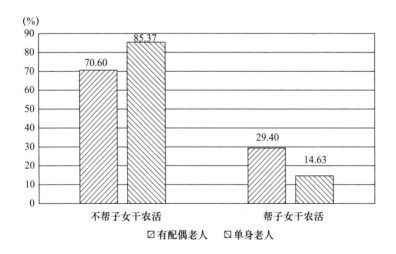

图4-44　不同婚姻状况的农村留守老人帮子女干农活情况

（五）主要结论

（1）约四成农村老人存在不同程度的孤独感，留守老人的孤独感比非留守老人强烈，中高龄留守老人的孤独感比低龄留守老人强烈；低教育程度留守老人的孤独感比高教育程度留守老人强烈；单身留守老人的孤独感比有配偶留守老人强烈，不照顾孙辈的留守老人的孤独感比照顾孙辈的留守老人强烈，与子女联系少的留守老人比联系多的留守老人孤独感更强烈，与子女交流心事少的留守老人比交流心事多的留守老人孤独感更强烈。基于这些调查结论，我们认为，缺乏精神关爱是影响农村留守老人生活质量的一个重要因素，其中，中高龄、低教育程度、无配偶、没有照顾孙辈的留守老人的精神孤独问题更需要关注。成年子女对留守老人的更多的精神慰藉可以大大降低留守老人的孤独感，应当通过道德、法律等多种措施强化子女对父母的精神赡养责任。

（2）当前农村老人中生活不能自理的老年人仅占很小一部分。半留守和非留守老人的不能自理率稍高，中高龄留守老人的生活自理率比低龄留守老人低，无配偶留守老人的健康状况比有配偶留守老人差，生活自理率也低一些。基于这些调查结论，我们认为，当前一部分农村留守老人的照料风险比较大，半留守、中高龄、无配偶留守老人是重点关注的人群。家庭中如果有不能自理的老人，家庭成员不仅需要承担昂贵的医药费用、繁重的照料劳动，而且还要承受巨大的心理压力。《"十三五"国家老龄事业发展和养老体系建设规划》中提出了探索建立长期护理保险制度的目标任务。在具体贯彻落实这一任务时，应当重点关注农村失能老人的照料需求，建立全国统筹的社会保险性质的长期护理保险来帮助最困难的农村失能老人及其家庭成员。

（3）六成以上的农村老人至少患有一种慢性病，高血压、骨关节病和心血管疾病是最常见的慢性病，半留守老人患病率高于非留守和完全留守老人，中高龄留守老人患病率高于低龄留守老人，家庭经济困难的留守老人比经济宽裕的老人患病率更高，子女对留守父母医药费的支持力比较弱。基于这些调查结论，我们认为，留守老人的医疗保健需要非常紧迫，需要全社会的关注和支持。其中，家庭经济困难、患慢性病、中高龄、半留守老人应当是重点关注的人群。

（4）农村留守老人照顾孙辈和帮子女干农活的比例都不高。只有46.23%的留守老人照顾孙辈，26.35%的留守老人帮子女干农活。其中，承担主要责任的、无配偶的、低教育程度的留守老人在承担隔代教养责任中负担沉重，力不从心。部分不健康的、无配偶的留守老人仍在帮子女干农活，劳动负担重。这些留守老人是重点关注的对象。

三　农村留守老人养老意愿分析

农村留守老人是我国经济转轨、社会转型、人口转变过程中产生并将长期存在的一个特殊群体。在农村家庭养老功能逐渐弱化、社会化养老保障体系尚不健全的背景下，农村留守老人的生活面临精神关爱缺乏、生活照料缺位、医疗服务稀缺、劳动负担沉重等诸多困难。在全面建成小康社会的决胜阶段，构建农村留守老人的关爱服务体系是当前我国老龄事业发展的重要任务。然而，满足农村留守老人的关爱服务需求，必须尊重老年人的养老意愿。养老意愿是指人们对自身养老安排的一种看法。这种看法反映个人的价值取向，带有个人的偏好。研究农村留守老年人的养老意愿及其影响因素，对于探索最大限度地满足农村留守老年人关爱服务需求的养老制度、提供有针对性的保障措施、促进他们安享晚年，具有重要意义。

（一）文献回顾与研究设计

1. 文献回顾

国内学术界一般将农村老年人的养老意愿操作化为老年人对养老居住地和养老模式的选择倾向。关于养老模式的分类，有二分法、三分法、多分法等观点。二分法将养老模式分为家庭养老和社会养老[1]，三分法则分为家庭养老、社会养老和自我养老[2]，"多分法"则分为

---

① 姜向群：《养老转变论：建立以个人为责任主体的政府帮助的社会化养老方式》，《人口研究》2007 年第 4 期。

② 肖洁：《城市居民养老方式选择的代际比较——基于认知、情感、行为倾向角度的分析》，《市场与人口分析》2007 年第 1 期。

家庭养老、土地养老、集体养老和社会养老等。① 关于养老居住地的分类，通常观点是居家养老、社区养老和机构养老。郑功成在接受《羊城晚报》专访时指出，养老只有居家养老或者机构养老两种方式，如果是老年人入住社区养老机构，这是机构养老；如果立足社区为居家老年人提供相应的养老服务，则是居家养老，即使是社区建有托老所，老人也只是白天到托老所，晚上仍然回到自己家中，仍然是居家养老。不赞成社区养老一说。②

农村老年人养老意愿的相关研究集中在以下两个方面：

一是对养老意愿的描述性研究。由于对养老意愿的操作化指标存在差异，学者们研究得出的具体结论不尽相同。不过，多数学者认为，农村老年人的养老意愿虽然呈现出多元化趋势，但多数农村老年人仍然最愿意选择家庭养老模式。③ 当前社会背景下，家庭养老功能不断在衰弱，为此，有研究者提出农村老年人养老应走社会统筹、个人账户、家庭养老"三结合"的模式。④ 也有研究者提出以家庭养老为主干，完善农村老年人养老保险体系以解决广大农民的养老问题。⑤ 也有学者主张建立混合型的老年保障体系，其中家庭保障应成为今天乃至未来老年保障体系的基础。⑥ 同时，也有研究针对失地农民养老保障问题研究，提出"土地换保障"的基本设想。⑦

二是对养老意愿影响因素的解释性研究。李建新等在 2002 年的

---

① 陈赛权：《中国养老模式研究综述》，《人口学刊》2000 年第 3 期；宋健：《农村养老问题研究综述》，《人口研究》2001 年第 6 期。

② 郑功成：《应立足社区发展养老服务》，http://www.guojiayanglao.com/article/379/2017031428/1.html，2017 年 3 月 9 日。

③ 夏海勇：《太仓农村老人养老状况及意愿的调查分析》，《市场与人口分析》2003 年第 1 期；李建新、于学军、王广州、刘鸿雁：《中国农村养老意愿和养老方式的研究》，《人口与经济》2004 年第 5 期；崔燕改：《农村养老状况与方式选择的实证分析——以河北省城市为例》，《南京人口管理干部学院学报》2006 年第 3 期。

④ 毛才高：《从传统的家庭养老谈我国农村养老模式的发展与对策》，《江苏社会科学》1998 年第 1 期。

⑤ 巴力：《以家庭养老为主干完善农民养老保险体系》，《经济经纬》1999 年第 3 期。

⑥ 郑功成：《加入 WTO 与中国的社会保障改革》，《管理世界》2002 年第 4 期。

⑦ 卢海元：《土地换保障：妥善安置失地农民的基本设想》，《中国农村观察》2003 年第 6 期。

社会调查分析得出，老年人的子女数、年龄、性别、文化程度和经济状况五个因素对老年人的养老意愿有显著影响，而婚姻状况与职业类别对养老态度没有呈现出统计上的显著性影响。[①] 孔祥智、涂圣伟分析了中国东南部地区农民养老意愿的影响因素，指出年龄、性别、受教育程度、职业状态等个体特征对农民养老意愿影响较显著，不同地区农民的养老意愿亦存在较大差异，但家庭特征影响并不显著。[②] 刘华、沈蕾通过对江苏省农村老年人养老意愿的研究指出，经济来源是否稳定和地区经济发展水平对农村老年人养老意愿影响显著，而个体特征和家庭特征影响并不显著。[③] 郝金磊等分析西部地区农村老年人养老意愿的影响因素显示，个人禀赋、家庭特征、认知程度对农村老年人养老模式选择影响显著，而社区特征的影响不显著。[④]

　　总体而言，关于农村老年人养老意愿的研究已取得了不少成果。根据本书第二章对农村留守老人问题的研究综述，关于农村留守老人生活状况的研究也取得了不少成果。但是，针对农村留守老人养老意愿及其影响因素的研究却是非常非常少。一个很重要的原因是缺少大样本的较权威数据做支撑。此外，现有研究对养老意愿影响因素的关注，集中在年龄、性别、婚姻状况等社会人口学特征，以及经济状况、家庭收入、地区经济发展水平等经济因素对农村老年人养老意愿形成机制的影响，而忽视了关爱服务需求等非经济因素对人们养老意愿的影响。本书拟在分析流出地农村老年人数据基础上，探讨农村留守老人的养老意愿及其多元影响因素，试图弥补现有研究的不足。

　　2. 研究设计

　　（1）概念界定及操作化。根据这部分所探讨的研究主旨以及所使

---

　　① 李建新、于学军等：《中国农村养老意愿和养老方式的研究》，《人口与经济》2004年第5期。

　　② 孔祥智、涂圣伟：《我国现阶段农民养老意愿探讨——基于福建省永安、邵武、光泽三县（市）抽样调查的实证研究》，《中国人民大学学报》2007年第3期。

　　③ 刘华、沈蕾：《农村老年人养老意愿及影响因素的分析——基于苏南苏北的调查》，《甘肃农业》2010年第10期。

　　④ 郝金磊、贾金荣：《基于聚类分析的中国农村养老区域划分研究》，《西北人口》2010年第3期。

用的数据，我们把养老意愿界定为老年人对自己老年生活安排的意向性选择，并据此操作化为两个方面：一是养老地点选择意愿；二是养老资源选择意愿。

按照养老地点选择意愿进行分类，可以分为居家养老和机构养老两种养老方式。居家养老是指老年人居住在家里，由老年人自己、家庭成员、他人、社会组织、政府等多元主体为居家老年人提供养老服务的养老方式。根据社会学的定义，居家养老的"家"只是一个空间概念，指的是一个住所范围内的群体或者个人。机构养老是指老年人居住在社会化养老机构，主要由养老机构提供专业化养老服务的养老方式。

另一种养老方式是按照主要养老支持力选择意愿来进行分类。通常来说，老年人的养老资源包括经济供养、生活照料、精神慰藉和医疗保健四个方面。养老资源的来源也有多样化的途径，既可能来自配偶和自己，也可能来自子女或其他亲属，还可能有离退休金收入、社会捐赠捐助等其他收入。现实生活中，老年人的养老资源可能同时来自多个途径，属于混合型养老方式。如果要对混合型的养老方式进行明确的分类，可以根据养老资源中以何者为主来进行划分，即以子女为主，抑或以政府和社会为主，或者以自己和配偶为主。此外，养老涉及了四大方面，但是，经济供养是最核心问题，而且比较好度量，其他三方面的支持力实际上是难以量度的。这样，出于研究分类的需要，我们在区分养老资源时，较多地考虑便于量化比较的经济供养方面。综上所述，按照便于度量的经济供养的主要来源途径，可以分为自我养老、家庭养老和社会养老三种养老方式。

自我养老是指主要靠自己和配偶的储蓄和其他收入（如劳动、租金、股金）来维持老年期生活，既不靠子女和亲属（或无从依靠），也没有离退休金的社会保障，抑或两项来源很少。自我养老的主要资源的来源主体是老年人自己和配偶。家庭养老可理解为主要靠子女供养或其他亲属供养来维持老年期生活，其他途径来源很少或没有。这里的"家庭"是指被血缘和婚姻关系联结起来的群体，区别于上文居家养老中的"家"的含义。家庭养老的主要资源来源主体是子女和亲属。社会养老是指主要靠养老社会保障维持生活的养老方式，其主要资源的来源主体是政府和社会。

（2）分析框架和变量说明。基于已有文献的研究结论，结合上文的概念操作化分析，本书假设对农村留守老年人养老意愿的影响包括关爱服务需求状况、社会人口学特征和家庭特征三方面的因素。本书的分析框架如图4－45所示。

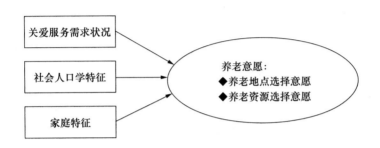

图4－45　农村留守老人养老意愿影响因素的分析框架

本书中的因变量是农村留守老年人的养老意愿，包括养老地点选择意愿和养老资源选择意愿两个变量指标。问卷中对应的两个问题是：其一，"今后您打算主要在哪里养老？"答案选项包括自己家、本地的子女家、外地的子女家、村日间照料中心、养老院（互助幸福院）、其他、不知道，重新编码后归类为两个选项自己家和子女家。其二，"将来您打算靠谁来养老？"，答案选项包括：靠自己养老、靠配偶养老、靠子女/媳婿养老、靠其他亲属养老（如侄子、外甥等）、靠政府和社会养老、其他，重新编码后归类为自我养老、家庭养老和社会养老三个选项。

自变量分为三类。关爱服务需求状况包括孤独感、生活自理状况、慢性病数量、是否照顾小孩、是否帮子女干农活。社会人口学特征包括：性别、年龄、婚姻状况、受教育程度、地区、留守状态。家庭特征包括家庭经济状况、健在儿子数和健在女儿数。自变量的含义、描述性统计分析见表 4 - 1。①

表 4 - 1　　　　变量的含义、描述性统计分析（N = 11043）

自变量名称	变量含义与赋值	平均数	标准差
关爱服务需求状况			
孤独感	没有 = 1；偶尔 = 2；经常 = 3	1.619	0.009
生活自理状况	健康 = 1；不健康，能自理 = 2；不能自理 = 3	1.356	0.005
慢性病数量	最少为 0 种，最多为 7 种	1.130	0.011
是否照顾孙辈	每天从早到晚 = 1；每天有段时间 = 2；每周至少一次 = 3；每月几次 = 4；大约每月一次 = 5；每年有一段时间 = 6；很少或者没有 = 7	1.783	0.011
是否帮子女干农活	没有 = 0；是 = 1	0.237	0.004
社会人口学特征			
留守状态	完全留守 = 1；半留守 = 2；非留守 = 3	2.254	0.008
地区	东 = 1；中 = 2；西 = 3；东北 = 4	1.927	0.010
性别	男性 = 1；女性 = 2	1.508	0.005
年龄	被访者的年龄，以周岁计（岁）	68.745	0.072
婚姻状况	无配偶 = 0；有配偶 = 1	0.225	0.004
受教育程度	未上过学 = 1；小学 = 2；初中及以上 = 3	1.859	0.007
家庭特征			
家庭经济状况	有结余 = 1；无负债无结余 = 2；有负债 = 3	1.832	0.008
健在儿子数	最少为 0 个，最多为 7 个	1.491	0.010
健在女儿数	最少为 0 个，最多为 8 个	1.323	0.011

（二）农村留守老人养老地点选择意愿及影响因素分析

1. 农村留守老人对养老地点的选择意愿

当前农村老人对养老地点的选择意愿如何？调查数据显示（见图

---

①　本书把不同留守状态作为自变量之一，试图分析不同留守状态是否影响农村老人的养老意愿，以及这一自变量在 Logistic 回归分析中是否对农村老人养老意愿具有显著性影响。

4-46），选择"自己家""本地的子女家""外地的子女家""村日间照料中心""养老院""其他"和"不知道"的比例分别为75.77%、20.37%、0.49%、0.05%、0.99%、0.23%和2.11%。

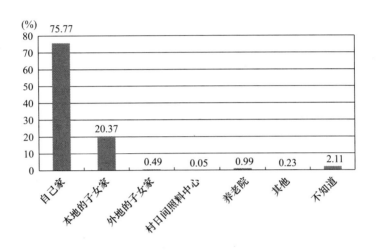

图4-46　农村老人对养老地点的选择意愿

这些数据反映出几个突出现象：其一，96.63%的农村老人打算居"家"养老、自己家抑或子女家。这反映出居家养老是绝大多数农村老人的养老意愿。与其他相关调查结论一致。其二，村日间照料中心是社区养老设施，白天成为老年人休闲、娱乐、午休的场所，晚上则关闭，老年人回到家里。只有0.05%的农村老人把村日间照料中心作为养老地点，比例极低。原因之一是村日间照料中心不是一个持续长久的养老地点，原因之二可能是日间照料中心在所调查的流出地农村社区还不是很普遍。其三，只有0.99%的农村老人选择养老院（包括互助幸福院）作为养老地点。这反映出当前的农村老人对养老院还是相当排斥的，对于近年来有些地方的农村老年人自创的互助幸福院，在这次流出地监测调查中，选择比例也是非常低，这需要引起重视。可能的原因是，问卷中的题目问的是"今后您打算主要在哪里养老"，对于已经是老年人的被调查者来说，这些问题的回答既可能是一种现实、一种认同，也可能是一种愿望和期待。当养老院与家庭同时作为选择项时，受访者可能更期待居家养老。

在养老地点的多个选择项中，养老院、村日间照料中心、其他等选项的样本量非常少，比例极低，不适合作为因变量的取值。本书对因变量的选项重新编码，"自己家"归为一类，取值为0。"本地的子女家"和"外地的子女家"归为"子女家"类型，取值为1。其他选项定义为缺失值。把养老地点区分为"自己家"和"子女家"，有其重要的现实意义。在农村老年人对养老地点的选择意愿中，排在第一位的是"自己家"；随着时间的推移，当老年人住在"自己家"难以获得足够的养老资源，以致生活陷入困境时，老年人可能通过改变自己的居住地来改善养老资源的获得量。有两种可能的选择：一是去"子女家"，期待从子女处获得更多的养老资源；二是去"养老院"。本书研究中，农村老人选择养老院的样本太少，不予考虑。只分析"自己家"和"子女家"两种选择及其影响因素，试图揭示农村老人在什么条件下会倾向于和子女共同居住，为家庭养老支持政策的完善提供实证依据。

2. 农村留守老人养老地点选择意愿的影响因素

基于上文的论述，本书设定农村老人养老地点选择意愿这一因变量的取值为"自己家=0"，"子女家=1"。首先分析关爱服务需求状况、社会人口学特征、家庭特征与农村老人养老地点选择意愿的相关关系；然后建立二元Logistic回归模型进行多变量分析，以揭示不同自变量对农村老人养老地点选择意愿的影响力。

（1）关爱服务需求与农村留守老人养老地点选择意愿。表4-2显示，有10179名受访者做出养老地点意愿的选择，其中，78.42%的受访者选择"自己家"，21.58%的受访者选择"子女家"。关爱服务需求包括5个影响因素：孤独感、生活自理状况、慢性病数量、是否照顾孙辈、是否帮子女干农活。表4-2中的数据展示了关爱服务需求与农村老人养老地点选择意愿的相关关系。

是否有孤独感对农村老人的养老地点选择意愿有影响。"偶尔"有孤独感的农村老人选择"自己家"的比例最高，而选择"子女家"的比例最低。这反映出"偶尔"有孤独感的农村老人更可能倾向于靠自己而不是争取获得子女的支持。处于孤独感两端（"没有"和"经常"）的农村老人选择"自己家"的比例比较接近，都高于"偶尔"有孤独感的农村老人。

表 4 - 2　　　　不同关爱服务需求的农村留守老人

养老地点选择意愿的分布　　　　单位:%

	自己家	子女家	样本量
孤独感			
没有	83.28	16.72	4706
偶尔	76.40	23.60 ***	2479
经常	86.16	13.84	467
生活自理状况			
健康	80.30	19.70	6967
不健康，能自理	75.60	24.40 ***	2832
不能自理	64.84	35.16 ***	380
慢性病数量			
0	82.37	17.63	3512
1	78.91	21.09 ***	3452
2	74.53	25.47 ***	2096
3 种及以上	71.75	28.25 ***	1120
是否照顾孙辈			
很少或者没有带	77.39	22.61	3003
经常带	82.44	17.56 ***	1200
每天都带	78.11	21.89	1750
是否帮子女干农活			
否	76.66	23.34	7582
是	82.01	17.99 ***	2368
总计	78.42	21.58	10179

注：表中，对组间差异做了显著性检测，斜体字为参照组， + 表示 $p < 0.10$ ， * 表示 $p < 0.05$ ， ** 表示 $p < 0.01$ ， *** 表示 $p < 0.001$ 。因为各变量的缺失值不同，因此，单个自变量与因变量相关分析时样本总量有变化。因为四舍五入，百分比总和有时不等于 100% 。

　　生活自理状况对农村老人的养老地点选择意愿有显著影响。随着生活自理能力的逐步降低，农村老人选择"自己家"的比例显著降低，而选择"子女家"的比例显著升高。这反映出生活自理能力差的农村老人更可能倾向于争取获得子女的支持。

　　慢性病数量也对农村老人的养老地点选择意愿有显著影响。随着所患慢性病数量的逐步增多，农村老人选择"自己家"的比例显著降低，而选择"子女家"的比例显著升高。这反映出患病数量多的农村老人更可能倾向于争取获得子女的支持。

　　是否照顾孙辈对农村老人的养老地点选择意愿有影响。"自己家"选项中，"每天都带"孙辈的农村老人的比例略高于"很少或者没有带"孙辈的农村老人比例，"经常带"孙辈的农村老人比例高于其他两类。

　　是否帮子女干农活也对农村老人的养老地点选择意愿有影响。帮子女干农活的农村老人选择"自己家"的比例（82.01%）高于不帮子女干农活的农村老人5.35个百分点。这反映出给予子女劳务支持的农村老人更倾向于选择自己家，而不是子女家。这可能是因为，越是需要老年人帮助子女干农活或者照顾孙辈，其子女外出务工的可能性越大，老年人不具有搬去子女家的现实性。

　　（2）社会人口学特征与农村留守老人养老地点选择意愿。表4-3中的数据展示了社会人口学特征与农村老人养老地点选择意愿的相关关系。不同留守状态对农村老人的居住地选择意愿有显著影响。完全留守老人选择"自己家"的比例（83.03%）远高于非留守老人比例（77.58%），半留守老人选择"自己家"的比例（75.51%）与非留守老人相差甚小。因为非留守老人和半留守老人都有子女生活在本区县。

　　不同地区也对农村老人的养老地点选择意愿有显著影响。中部、西部和东北地区的农村老人的选择意愿基本相同，且与东部地区农村老人显著区别。东部地区农村老人选择"自己家"的比例（82.23%）远高于其他三个地区的农村老人。

表 4 - 3　　　　　不同社会人口学特征的农村留守
老人养老地点选择意愿的分布　　　　　单位:%

	自己家	子女家	样本量
留守状态			
完全留守	83.03	16.97	1962
半留守	75.51	24.49 ***	3484
非留守	77.58	22.42 ***	4507
地区			
东部	82.23	17.77	4653
中部	75.22	24.78 ***	2842
西部	75.25	24.75 ***	1595
东北	75.09	24.91 ***	1089
性别			
男	80.55	19.45	4971
女	76.38	23.62 ***	5208
年龄			
60—69 岁	82.60	17.40	6309
70—79 岁	74.19	25.81 ***	2788
80 岁及以上	64.91	35.09 ***	1082
婚姻状况			
有配偶	81.27	18.73	7792
无配偶	67.22	32.78 ***	2250
受教育程度			
没上过学	72.35	27.65	3161
小学	80.72	19.28 ***	5283
中学及以上	82.45	17.55 ***	1735
总计	78.42	21.58	10179

注:表中,对组间差异做了显著性检测,斜体字为参照组, + 表示 $p < 0.10$, * 表示 $p < 0.05$, ** 表示 $p < 0.01$, *** 表示 $p < 0.001$。因为各变量的缺失值不同,因此单个自变量与因变量相关分析时样本总量有变化。因为四舍五入,百分比总和有时不等于100%。

性别差异也对农村老人的养老地点选择意愿有显著影响。男性（80.55%）选择"自己家"的比例比女性（76.38%）高出4个百分点以上。这反映出女性农村老人比男性更倾向于争取获得子女的支持。

年龄也是影响农村老人的居住地选择意愿的关键因素。农村老人选择"自己家"的比例随年龄的增大而显著降低（82.60%、74.19%、64.91%），选择"子女家"的比例随年龄的增大而显著递增（17.40%、25.81%、35.09%）。这反映出高龄农村老人比低龄者更倾向于争取获得子女的支持。

有无配偶也是影响农村老人的居住地选择意愿的关键因素。有配偶农村老人选择"自己家"的比例（81.27%）比无配偶者高出约14个百分点。这反映出无配偶农村老人比有配偶者更倾向于争取获得子女的支持。

受教育程度也对农村老人的居住地选择意愿有显著影响。随着受教育程度的提高，农村老人选择"自己家"的比例随之递增，而选择"子女家"的比例随之递减。这反映出低受教育程度的农村老人比高受教育程度者更倾向于争取获得子女的支持。

（3）家庭特征与农村留守老人养老地点选择意愿。表4－4中的数据展示了家庭特征与农村老人养老地点选择意愿的相关关系。家庭经济状况对农村老人的居住地选择意愿有显著影响。随着家庭经济状况逐步变差，农村老人选择"自己家"的比例逐步减少，而选择"子女家"的比例逐步增加。这反映出家庭经济状况差的农村老人比家庭经济状况好的农村老人更倾向于争取获得子女的支持。

表4－4　不同家庭特征的农村留守老人养老地点选择意愿的分布　单位:%

	自己家	子女家	样本量
家庭经济状况			
无结余	80.12	19.88	4307
无负债无结余	78.08	21.92*	3344
有负债	75.95	24.05***	2528

续表

	自己家	子女家	样本量
健在儿子数			
0	86.28	13.72	1172
1	80.84	19.16***	4530
2	75.66	24.34***	3079
3 个及以上	70.03	29.97***	1398
健在女儿数			
0	81.91	18.09	2715
1	79.32	20.68**	3594
2	77.18	22.82***	2295
3 个及以上	72.14	27.86***	1576
总计	78.42	21.58	10179

注：表中，对组间差异做了显著性检测，斜体字为参照组， + 表示 $p < 0.10$ ， * 表示 $p < 0.05$ ， ** 表示 $p < 0.01$ ， *** 表示 $p < 0.001$ 。因为各变量的缺失值不同，因此单个自变量与因变量相关分析时样本总量有变化。因为四舍五入，百分比总和有时不等于 100% 。

　　健在儿子数和健在女儿数都对农村老人的居住地选择意愿有显著影响。随着健在儿子数和女儿数的逐步变多，农村老人选择"自己家"的比例逐步减少，而选择"子女家"的比例逐步增加。这反映出儿子和女儿数多的农村老人比子女数少的农村老人更倾向于争取获得子女的支持。

　　（4）农村留守老人养老地点选择意愿的回归分析。上文分别论述了关爱服务需求、社会人口学特征、家庭特征与农村老人养老地点选择意愿的相关关系。然而，有些自变量之间相互影响，为了分析各因素影响的净效应，本书建立了 3 个多变量的二元 Logistic 回归模型，展示了关爱服务需求、社会人口学特征、家庭特征影响农村老人养老地点选择意愿的平均边际效应，统计结果见表 4 - 5。模型 1 仅把关爱服务需求的 5 个因素作为自变量；模型 2 加入了 6 个社会人口学特征作为自变量；模型 3 又加入了 3 个家庭特征作为自变量；表 4 - 5 还报告了模型的拟合度比较。随着模型由简单到复杂，各自变量对因变量影响的系数发生了改变。

表 4 - 5　　　　不同因素对农村老人选择子女家而不是
自己家的影响（平均边际效应）

	模型1		模型2		模型3	
	dy/dx	s. e	dy/dx	s. e	dy/dx	s. e
孤独感	0.028 **	0.010)	0.016	0.010	0.016	0.010
生活自理状况（健康为参照组）						
不健康，能自理	− 0.008	0.015	− 0.020	0.015	− 0.022	0.015
不能自理	0.006	0.054	− 0.031	0.055	− 0.040	0.054
慢性病数量	0.022 ***	0.006	0.018 **	0.006	0.017 **	0.006
照顾孙辈	− 0.007 **	0.003	− 0.009 ***	0.003	− 0.010 ***	0.003
帮子女干农活	− 0.027 *	0.014	− 0.018	0.014	− 0.013	0.014
留守状态（完全留守为参照组）						
半留守			0.030 *	0.015	0.017	0.015
非留守			0.045 **	0.015	0.048 **	0.016
地区（东部为参照组）						
中部			0.058 ***	0.014	0.051 ***	0.014
西部			0.059 ***	0.018	0.062 ***	0.018
东北			0.068 ***	0.020	0.065 ***	0.020
女性			− 0.004	0.012	− 0.008	0.012
年龄			0.004 ***	0.001	0.002 *	0.001
无配偶			0.054 ***	0.015	0.057 ***	0.015
受教育程度			− 0.014 *	0.009	− 0.013	0.009
家庭经济状况（有结余为参照组）						
无结余无负债					0.004	0.014
有负债					0.015	0.015
健在儿子数					0.029 ***	0.007
健在女儿数					0.017 **	0.006
常数项	0.196 ***	0.026	0.030 ***	0.015	− 0.043 ***	0.023
模型拟合度比较			79.89 *** a		21.28 *** b	
样本量	4577		4568		4568	

注：a 指模型2与模型1的 χ^2 值比较；b 指模型3与模型2的 χ^2 值比较。+ 表示 P < 0.10，* 表示 P < 0.05，* 表示 P < 0.001。

表4-5显示，当仅仅以关爱服务需求为自变量时（模型1），孤独感和慢性病数量对农村老人养老地点选择意愿具有显著的正向影响。孤独感每提高一个层次，农村老人选择"子女家"的可能性比选择"自己家"的可能性提高2.8个百分点。慢性病数量每增加一种，农村老人选择"子女家"的可能性比选择"自己家"的可能性提高2.2个百分点。这反映出随着孤独感的增强，慢性病数量的增多，农村老人越倾向于向子女寻求养老支持。

是否照顾孙辈和帮子女干农活对农村老人养老地点选择意愿具有显著的负向影响。随着照顾孙辈的时间逐步变短，农村老人越倾向于选择"自己家"。也就是说，越少照顾孙辈的农村老人，越倾向于选择"自己家"。这可能是因为，农村老人越少照顾孙辈，意味着其孙辈随父母（即老人的成年子女）一起流动到外区县的可能性越大。那么，此类农村老人搬去子女家的可能性减少，也就更倾向于选择"自己家"。此外，帮子女干农活的农村老人比不帮子女干农活的农村老人选择"自己家"的可能性提高2.7个百分点。原因类似于照顾孙辈。需要老年人帮忙干农活的子女，其外出务工的可能性更大，此类农村老人搬去子女家的可能性减少，因而更倾向于选择"自己家"。综合上述分析得出，子女越是留守在老人身边，农村老人越倾向于向子女寻求养老支持。

生活自理状况没有通过显著性检验。上文所述，随着生活自理能力的逐步降低，农村老人选择"自己家"的比例显著降低，而选择"子女家"的比例显著升高。在模型1中，生活自理状况这一自变量对因变量的影响力被其他自变量稀释了。

模型2在控制关爱服务需求因素的基础上考察社会人口学特征是否影响农村老人对养老地点的选择意愿，发现留守状态、地区、年龄、婚姻状况对农村老人的养老地点选择意愿具有显著的正向影响，而受教育程度具有负向影响。相比完全留守老人，半留守老人选择"子女家"的可能性提高3个百分点，非留守老人选择"子女家"的可能性提高4.5个百分点。因为半留守老人和非留守老人至少有一个子女在身边，因而选择"子女家"的可能性更大。

相比东部地区，中部、西部和东北地区的老人选择"子女家"的可能性分别提高5.8个、5.9个和6.8个百分点。这一观点与现有研究的有些结论相似。李俏等的实证调查发现，自东部向西部，认为"依靠子女"是最好养老方式的农户比例依次递减。封铁英等的实证调查发现，与西部地区相比，东部地区农民选择家庭养老方式的概率更小。这些结论反映出东部农村老人比其他地区的老人更倾向于不向子女寻求养老支持。

年龄每增加一岁，农村老人选择子女家的可能性提高0.4个百分点。无配偶农村老人比有配偶农村老人选择"子女家"的可能性提高5.4个百分点。受教育程度每提高一个层次，农村老人选择"自己家"的可能性提高1.4个百分点。这反映出年龄越大的、失去配偶农村老人越倾向于搬到子女家寻求养老支持，而受教育程度越高的老人，越倾向于不搬到子女家寻求养老支持。性别没有通过显著性检验。

比较模型1和模型2中的系数，孤独感的系数下降了，且不再具有显著性影响。帮子女干农活的系数下降了约1个百分点，慢性病数量的系数下降了0.4个百分点，照顾孙辈的系数增加了0.2个百分点。这是因为，社会人口学特征对因变量的影响力在抑制或促进关爱服务需求因素的影响力。

模型3在控制上述自变量的基础上，进一步考察家庭特征对农村老人养老地点选择意愿的影响。每增加一个儿子数，农村老人选择搬去子女家的可能性提高2.9个百分点。每增加一个女儿数，农村老人选择搬去子女家的可能性提高1.7个百分点。也就是说，随着儿子数或者女儿数的增加，农村老人选择搬去子女家的可能性都会提高。其中，儿子数的影响力比女儿数的影响力要大1.2个百分点。家庭经济状况没有通过显著性检验。比较三个模型，发现孤独感、帮子女干农活、受教育程度的影响力由显著变为不显著。因为他们对因变量的影响力被其他自变量稀释了。慢性病数量、照顾孙辈、年龄、婚姻状况表现出了稳定的影响作用和一致的影响方向。

（5）主要结论。本书使用流出地农村老年人数据，采用多种统计方法探讨了农村老人养老地点选择意愿及其影响因素。主要结论有：

第一，从模型 3 来看，慢性病数量越多、非留守、中西部及东北、年龄越大、无配偶、儿子越多、女儿越多农村老人相对倾向于选择"子女家"；而慢性病数量越少、完全留守、东部、年龄越小、有配偶、儿子越少、女儿越少的农村老人相对倾向于选择"自己家"。

第二，模型 1 中，孤独感和帮子女干农活通过了显著性检验。孤独感越强烈的农村老人越倾向于选择"子女家"。帮子女干农活的老人比不干农活的老人越倾向于选择"自己家"。不过，在模型 2 和模型 3 中，这两个自变量都不再具有显著性影响，其影响力被其他自变量稀释掉了。

第三，模型 2 中，留守状态和受教育程度通过了显著性检验。相对于完全留守老人，半留守老人和非留守老人更倾向于选择"子女家"，受教育程度高的农村老人更倾向于选择"自己家"。不过，在模型 3 中，半留守老人相对于完全留守老人不再具有显著性影响，受教育程度也不再具有显著性影响，其影响力被其他自变量稀释掉了。

第四，关爱服务需求、社会人口学特征、家庭特征确是影响农村老人对养老地点选择意愿。从影响系数来看，各因素的影响力依次是地区因素、配偶状况、留守状态、健在儿子数、健在女儿数、慢性病数量、照顾孙辈状况、年龄。

（三）农村留守老人养老资源选择意愿及影响因素分析

1. 农村留守老人对养老资源的选择意愿

流出地监测调查的老年人问卷中，有题目"A402 将来您打算靠谁来养老"。本书以此题目来判断农村老人对主要养老资源的选择意愿。调查数据显示，选择"靠自己养老""靠配偶养老""靠子女/媳婿养老""靠其他亲属养老（比如侄子、外甥等）""靠政府和社会养老""其他"的比例分别为 13.80%、3.87%、76.64%、0.74%、4.41% 和 0.55%。

根据上文对自我养老、家庭养老、社会养老三种养老方式的含义的阐释，本章将"靠自己养老"和"靠配偶养老"定义为自我养老方式。"靠子女/媳婿养老"和"靠其他亲属养老（比如侄子、外甥等）定义为家庭养老方式。"靠政府和社会养老"定义为社会养老方式。把"其他"选项重新编码为缺失值。经过上述归类和重新编码，农村老人选择自我养老、家庭养老、社会养老的比例分别为 17.77%、77.81%、4.43%（见图 4-47）。这反映出在养老资源方面，当前农村老人的养老方式基本上是自我养老基础上的家庭养老。政府和社会等社会支持主体在满足老年人养老需求过程中存在功能弱化、服务缺位、保障不到位等困境。

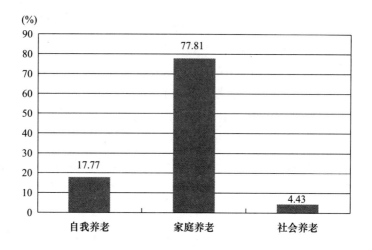

图 4-47 农村老人对主要养老资源的选择意愿

2. 农村留守老人养老资源选择意愿的影响因素

我们设定农村留守老人养老资源选择意愿为因变量，自我养老取值为 1，家庭养老取值为 2，社会养老取值为 3。首先分析关爱服务需求状况、社会人口学特征、家庭特征与农村老人养老资源选择意愿的相关关系，然后建立多项式 Logistic 回归模型进行多变量分析，以揭示不同自变量对农村老人养老资源选择意愿的影响力。

（1）关爱服务需求与农村留守老人养老资源选择意愿。表 4-6 显示，有 10477 名受访者做出养老资源意愿的选择，其中 17.77% 的受访者选择自我养老方式，77.81% 的受访者选择家庭养老方式，4.43% 的受访者选择社会养老方式。可见，家庭养老仍是农村老人最主要的养老方式。关爱服务需求包括孤独感、生活自理状况、慢性病数量、是否照顾孙辈、是否帮子女干农活 5 个影响因素。表 4-6 中的数据展示了 5 个关爱服务需求因素与农村老人养老资源选择意愿的相关关系。

表 4 - 6　　　不同关爱服务需求的农村留守老人养老资源
选择意愿的分布　　　　　　　单位:%

	自我养老	家庭养老	社会养老	样本量
孤独感				
没有	19.93	77.28	2.79	4793
偶尔	16.35***	78.33	5.32***	2558
经常	21.68**	61.82	16.50***	527
生活自理状况				
健康	19.80	76.36	3.85	7152
不健康，能自理	13.34***	80.77	5.89***	2933
不能自理	13.86**	81.98	4.15	393
慢性病数量				
0	20.78	75.35	3.88	3600
1	17.78**	77.84	4.38	3544
2	15.50***	79.84	4.67	2166
3 种及以上	12.64***	81.51	5.84*	1167
是否照顾孙辈				
很少或者没有带	16.45	80.42	3.13	3083
经常带	23.15***	73.91	2.94***	1217
每天都带	16.34***	81.48	2.19***	1777
是否帮子女干农活				
否	17.13	79.55	3.32	7731
是	18.48***	79.63	1.89**	2411
总计	17.77	77.81	4.43	10477

注：表中，对组间差异做了显著性检测，斜体字为参照组，+ 表示 $p < 0.10$，* 表示 $p < 0.05$，** 表示 $p < 0.01$，*** 表示 $p < 0.001$。因为各变量的缺失值不同，因此单个自变量与因变量相关分析时样本总量有变化。因为四舍五入，百分比总和有时不等于 100%。

是否有孤独感对农村老人的养老资源选择意愿有影响。"经常"有孤独感的农村老人选择"自我养老"的比例高于其他两类，选择"社会养老"的比例也高于其他两类。这反映出"经常"有孤独感的农村老人选择依靠自我或者政府社会养老的可能性更大一些，而选择依靠家庭养老的可能性小一些。"没有"和"偶尔"有孤独感的农村老人选择"家庭养老"的可能性高于经常有孤独感的农村老人。

生活自理状况对农村老人的养老资源选择意愿有显著影响。"健康"的农村老人选择"自我养老"的比例高于其他两类，而选择"家庭养老"的比例低于其他两类。这反映出，越是健康老人，越倾向于依靠自我养老，越是不健康，甚至不能自理的老人越倾向于争取获得子女的支持。

慢性病数量也对农村老人的养老资源选择意愿有显著影响。随着所患慢性病数量的逐步增多，农村老人选择"自我养老"的比例显著降低，而选择"家庭养老"的比例显著上升，选择"社会养老"的比例略有上升。这反映出，患病数量多的农村老人自养能力不足，更希望获得子女、政府、社会等社会养老的支持。

是否照顾孙辈对农村老人的养老资源选择意愿有影响。"经常带"孙辈的农村老人选择"自我养老"的比例高于其他两者约 7 个百分点，而选择"家庭养老"的比例低于其他两者。这可能是因为，"每天都带"和"很少或者没有带"孙辈的老人是完全留守老人的可能性更大，外出务工子女给予他们的养老支持力相对比较弱。

是否帮子女干农活也对农村老人的养老资源选择意愿有影响。帮子女干农活的农村老人选择"自我养老"的比例（18.48%）略高于不帮子女干农活的农村老人（17.13%），选择"政府社会养老"的比例（1.89%）略低于不帮子女干农活的农村老人。

（2）社会人口学特征与农村留守老人养老资源选择意愿。表 4-7 中的数据展示了社会人口学特征与农村老人养老资源选择意愿的相关关系。不同留守状态对农村老人养老资源选择意愿有显著影响。半留守老人选择"自我养老"的比例（13.77%）低于其他两种类型的老人，而选择"家庭养老"的比例（84.02%）高于其他两种类型的老人。完全留守老人和非留守老人在三个选项上的比例相差不大。这反映出半留守老人更倾向于家庭养老，而其他两种类型老人更倾向于自我养老。

表 4 - 7   不同社会人口学特征的农村留守老人养老资源选择意愿的分布   单位:%

	自我养老	家庭养老	社会养老	样本量
留守状态				
完全留守	18.23	78.43	3.34	2005
半留守	13.77***	84.02	2.21**	3552
非留守	19.95	76.63	3.42	4588
地区				
东部	18.99	76.45	4.55	4759
中部	13.84***	82.76	3.40**	2925
西部	12.58***	83.25	4.17	1641
东北	30.03***	63.08	6.90***	1153
性别				
男	19.24	75.12	5.64	5158
女	16.33***	80.41	3.25***	5319
年龄				
60—69 岁	21.14	74.60	4.26	6497
70—79 岁	14.79***	80.09	5.12	2875
80 岁及以上	5.64***	90.72	3.63*	1105
婚姻状况				
有配偶	21.14	75.49	3.36	7960
无配偶	6.40***	89.86	3.74	2313
受教育程度				
没上过学	13.15	82.46	4.39	3262
小学	18.29***	77.13	4.57	5432
中学及以上	24.60***	71.34	4.06	1784
总计	17.77	77.81	4.43	10477

注: 表中, 对组间差异做了显著性检测, 斜体字为参照组, + 表示 $p < 0.10$, * 表示 $p < 0.05$, ** 表示 $p < 0.01$, *** 表示 $p < 0.001$。因为各变量的缺失值不同, 因此单个自变量与因变量相关分析时样本总量有变化。因为四舍五入, 百分比总和有时不等于100%。

　　不同地区也对农村老人养老资源选择意愿有显著影响。东北地区的农村老人选择"自我养老"的比例（30.03%）远高于其他三个地区的农村老人，而选择"家庭养老"的比例（63.08%）远低于其他三个地区的农村老人。中西部地区农村老人选择"自我养老"的比例低于东部地区的老人，而选择"家庭养老"的比例高于东部地区的老人。这反映出东部和东北地区的农村老人更倾向于选择"自我养老"，而中西部地区农村老人更倾向于选择"家庭养老"。

　　性别差异也对农村老人养老资源选择意愿有显著影响。男性选择"自我养老"（19.24%）的比例高于女性（16.33%）约3个百分点，而在"家庭养老"选项上比例相反。在"社会养老"选项上，男性老人比例略高于女性。这反映出男性农村老人比女性更倾向于依靠"自我养老"和"社会养老"，女性老人更倾向于争取获得子女的支持。

　　年龄也是影响农村老人养老资源选择意愿的关键因素。农村老人选择"自我养老"的比例随年龄的增大而显著降低（21.14%、14.79%、5.64%），选择"家庭养老"的比例随年龄的增大而显著递增（74.60%、80.09%、90.72%）。这反映出高龄农村老人的自我养老能力下降，比低龄者更倾向于争取获得家庭的支持。

　　有无配偶也是影响农村老人养老资源选择意愿的关键因素。有配偶农村老人选择"自我养老"的比例（21.14%）比无配偶者约高出14个百分点，而选择"家庭养老"的比例刚好相反。这反映出无配偶农村老人比有配偶者更倾向于争取获得家庭的支持。

　　受教育程度也对农村老人养老资源选择意愿有显著影响。随着受教育程度的提高，农村老人选择"自我养老"的比例随之递增，而选择"家庭养老"的比例随之递减。这反映出，低受教育程度的农村老人比高受教育程度者更倾向于争取获得家庭的支持。

　　（3）家庭特征与农村留守老人养老资源选择意愿。表4-8中展示了家庭特征与农村老人养老资源选择意愿的相关关系。家庭经济有结余农村老人选择"自我养老"的比例高于其他两类老人，家庭经济无负债无结余老人选择"家庭养老"的比例高于其他两类老人，家庭经济无负债无结余老人和负债老人选择"社会养老"的比例略高于家庭经济有结余老人。这反映出家庭经济状况越好，越可能选择"自我养老"方式，家庭经济状况越差，越可能选择"家庭养老"和"社会养老"方式。

表4-8　　　　不同家庭特征的农村留守老人养老资源

选择意愿分布　　　　　　　　单位:%

	自我养老	家庭养老	社会养老	样本量
家庭经济状况				
有结余	20.23	76.43	3.34	4400
无负债无结余	14.66 ***	80.20	5.13 ***	3463
有负债	17.73 *	76.95	5.33 ***	2614
健在儿子数				
0	26.05	56.36	17.60	1308
1	19.27 ***	78.31	2.42 ***	4609
2	15.15 ***	82.09	2.76 ***	3133
3 个及以上	11.07 ***	86.40	2.53 ***	1428
健在女儿数				
0	20.53	71.10	8.37	2863
1	18.32 ***	78.56	3.12 ***	3674
2	17.01 ***	80.21	2.78 ***	2339
3 个及以上	12.66 ***	84.54	2.80 ***	1601
总计	17.77	77.81	4.43	10477

　　注:在此表中，对组间差异做了显著性检测，斜体字为参照组，+ 表示 $p < 0.10$，* 表示 $p < 0.05$，** 表示 $p < 0.01$，*** 表示 $p < 0.001$。因为各变量的缺失值不同，因此单个自变量与因变量相关分析时样本总量有变化。因为四舍五入，百分比总和有时不等于100%。

　　健在儿子数和健在女儿数都对农村老人养老资源选择意愿有显著影响。随着健在儿子数和女儿数的逐步变多，农村老人选择"自我养老"的比例显著减少，而选择"家庭养老"的比例显著增加，选择"社会养老"的比例也显著减少。这反映出儿子和女儿数多的农村老人比子女数少的农村老人更倾向于争取获得子女的养老支持。

（4）农村留守老人养老资源选择意愿的回归分析。上文分别论述了关爱服务需求、社会人口学特征、家庭特征与农村老人养老地点选择意愿的相关关系。然而，有些自变量之间相互影响，为了分析各因素影响的净效应，本书以"养老资源选择意愿"为因变量，以关爱服务需求、社会人口学特征、家庭特征为自变量，建立了一个多项式 Logistic 回归模型，分析关爱服务需求、社会人口学特征、家庭特征影响农村老人养老资源选择意愿的影响力。

表4-9呈现了多项式 Logistic 回归分析结果，以"家庭养老"为参照组，"自我养老"和"社会养老"两组分别与参照组相比较。

表4-9　　　　　　农村留守老人养老资源选择意愿的多项式
Logit 回归分析结果

	自我养老 v 家庭养老		社会养老 v 家庭养老	
	rrr	s. e	rrr	s. e
孤独感	1.242 **	0.091	1.526 **	0.227
生活自理状况（健康为参照组）				
不健康，能自理	0.715 **	0.082	1.032	0.229
不能自理	1.406	0.568	0.113	0.214
慢性病数量	0.900 *	0.040	1.230 *	0.105
照顾小孩频次	1.045 *	0.019	0.994	0.042
帮子女干农活（是 =1）	0.773 **	0.075	0.503 **	0.128
留守状态（完全留守为参照组）				
半留守	1.138	0.134	0.583 *	0.151
非留守	1.222 +	0.134	0.707	0.161
地区（东部为参照组）				
中部	0.900	0.091	0.570 *	0.143
西部	0.781 +	0.104	0.585 +	0.187
东北	2.551 ***	0.315	2.147 **	0.533
女性（女性 =1）	1.232 *	0.105	1.378 +	0.266
年龄	0.989	0.008	1.016	0.017

续表

	自我养老 v 家庭养老		社会养老 v 家庭养老	
	rrr	s. e	rrr	s. e
有配偶（有配偶 = 1）	0. 319 ***	0. 047	0. 727	0. 188
受教育程度	1. 287 ***	0. 073	1. 538 ***	0. 189
家庭经济状况（有结余为参照组）				
无结余无负债	0. 681 ***	0. 065	1. 489 +	0. 327
有负债	0. 759 *	0. 082	1. 377	0. 340
健在儿子数	0. 723 ***	0. 041	0. 788 *	0. 095
健在女儿数	0. 857 ***	0. 037	0. 827 *	0. 077
常数项	0. 445	0. 257	0. 005 ***	0. 006
伪判定系数（Pseudo R^2）	0. 0762			
样本量	4682			

注：+ 表示 $p < 0.10$，* 表示 $p < 0.05$，** 表示 $p < 0.01$，*** 表示 $p < 0.001$。

首先，分析农村老人选择"自我养老"相对于"家庭养老"的发生比情况。控制模型中其他变量的基础上，孤独感的强烈程度每提高一个层次，将使这一发生比提高 24.2% 。也就是说，随着孤独感增强，农村老人选择"自我养老"的可能性增大。原因可能是，孤独感越强烈的老人，与其子女的情感交流越匮乏，这或者是因为居住距离远，抑或代际关系不好。因此，农村老人要获得子女的养老支持比较难，故而选择"自我养老"的可能性增大。

"不健康，能自理"老人相对于健康老人，选择"自我养老"而不是"家庭养老"的比例降低了 28.5% 。也就是说，相对于健康老人，"不健康，能自理"的老人选择"家庭养老"的可能性更大。这符合常理。健康越不好的老人，一般自养能力也较差，故而需要获得更多子女的养老支持。

慢性病数量每增加一种，将使这一发生比降低 10% 。也就是说，随着慢性病数量增加，农村老人选择"家庭养老"的可能性增大。这也是常情。患病数量多，意味着需要的医药费多，生病照顾也多，故而需要子女提供的养老支持也多。

老人照顾孙辈的频次每缩短一个档次，将使这一比例提高 4.5%。也就是说，随着照顾孙辈的时间越短，农村老人选择"自我养老"的可能性增大。原因可能是，农村老人照顾孙辈的时间短，一个重要原因是其外出子女把未成年孙辈一起带走了。这类老人成为完全留守老人的可能性很大，因为与子女居住甚远，因而更倾向于选择"自我养老"。

帮子女干农活老人相对于不帮子女干农活老人，选择"自我养老"而不是"家庭养老"的比例降低了 22.7%。也就是说，相对于不帮子女干农活的老人，帮子女干农活的老人选择"家庭养老"的可能性更大。

非留守老人相对于完全留守老人，选择"自我养老"而不是"家庭养老"的比例提高了 22.2%，也就是说，相对于完全留守老人，非留守老人选择"自我养老"的可能性更大。

相对于东部地区农村老人，西部地区农村老人选择"自我养老"而不是"家庭养老"的比例降低了 21.9%，东北地区农村老人选择"自我养老"而不是"家庭养老"的比例提高了 155.1%。也就是说，相对于东部地区农村老人，西部地区农村老人选择"家庭养老"的可能性更大，东北地区农村老人选择"自我养老"的可能性更大。

女性农村老人相对于男性农村老人，选择"自我养老"而不是"家庭养老"的比例提高了 23.2%。也就是说，相对于男性农村老人，女性农村老人选择"自我养老"的可能性更大。

有配偶农村老人相对于无配偶的农村老人，选择"自我养老"而不是"家庭养老"的比例降低了 68.1%。也就是说，有配偶的农村老人选择"家庭养老"的可能性更大。

受教育程度每提高一个档次，将使这一比例提高 28.7%，也就是说，受教育程度越低的农村老人选择"家庭养老"的可能性更大。

相对于家庭经济"有结余"农村老人，"无结余无负债"农村老人选择"自我养老"而不是"家庭养老"的比例降低了 31.9%，"有负债"农村老人选择"自我养老"而不是"家庭养老"的比例降低了 24.1%。也就是说，家庭经济越不宽裕的农村老人选择"家庭养老"的可能性更大。

健在儿子数每增加一个，将使这一比例降低27.7%，健在女儿数每增加一个，将使这一比例降低14.3%。也就是说，随着健在儿子和女儿数的增加，农村老人选择家庭养老的可能性更大。也就是说，儿子数量的增加更能促进农村老人产生依靠子女养老的愿望。

其次，分析农村老人选择"社会养老"相对于"家庭养老"的比例情况。在控制模型中其他变量的基础上，孤独感强烈程度每提高一个层次，将使这一比例提高52.6%。也就是说，随着孤独感增强，农村老人选择社会养老的可能性增大。原因如同上文分析相似，孤独感越强烈的老人，与其子女的情感交流越匮乏。因此，农村老人要获得家庭的养老支持比较难，故而选择"社会养老"的可能性增大。

慢性病数量每增加一种，将使这一比例提高23%，也就是说，随着慢性病数量增加，农村老人选择"社会养老"的可能性增大。这是常情。患病数量多，意味着需要的医药费多，生病照顾也多，农村老人不仅期待子女提供更多的养老支持，也期待社会提供更多的养老支持。

帮子女干农活老人相对于不帮子女干农活老人，选择"社会养老"而不是"家庭养老"的比例降低了49.7%。也就是说，相对于不帮子女干农活的老人，帮子女干农活的老人选择"家庭养老"的可能性更大。

半留守老人相对于完全留守老人，选择"社会养老"而不是"家庭养老"的比例降低了41.7%。也就是说，相对于完全留守老人，半留守老人选择家庭养老的可能性更大。因为半留守老人身边至少有一个子女长久居住生活，获得家庭养老支持更加便捷。

相对于东部地区农村老人，中部和西部地区农村老人选择"社会养老"而不是"家庭养老"的比降低了41.5%和43%，东北地区农村老人选择"社会养老"而不是"家庭养老"的比例提高了114.7%。也就是说，相对于东部地区农村老人，中西部地区农村老人选择"家庭养老"的可能性更大，而东北地区农村老人选择"社会养老"的可能性更大。

女性农村老人相对于男性农村老人，选择"社会养老"而不是"家庭养老"的比例提高了37.8%。也就是说，相对于男性农村老人，女性农村老人选择"社会养老"的可能性更大。

受教育程度每提高一个档次，将使这一比例提高53.8%，也就是说，受教育程度越高的农村老人选择"社会养老"的可能性更大。一般来说，受教育程度高的农村老人的思想观念更开放，对国家的政策方针了解更多一些，因而对社会养老的期待更大。

相对于家庭经济"有结余"农村老人，"无结余无负债"农村老人选择"社会养老"而不是"家庭养老"的比例提高了48.9%。也就是说，家庭经济越不宽裕的农村老人选择"社会养老"的可能性更大。

健在儿子数每增加一个，将使这一比例降低21.2%，健在女儿数每增加一个，将使这一比例降低17.3%。也就是说，随着健在儿子和女儿数的增加，农村老人选择"家庭养老"的可能性更大。也说明儿子数量的增加更能促进农村老人产生依靠子女养老的愿望。

（5）主要结论。本书使用流出地农村老年人数据，采用多种统计方法探讨了农村老人养老资源选择意愿及其影响因素。主要结论有：

第一，在模型中，比较自我养老和家庭养老的选择比例，那些孤独感越强烈、身体健康状况越好、慢性病数量越少、照顾孙辈时间越短、非留守、东北地区、女性、无配偶、受教育程度越高、家庭经济越宽裕、健在儿子和女儿数量越少的农村老人，选择"自我养老"的可能性越大。而那些孤独感越少、身体健康状况越差、慢性病数量越多、照顾孙辈的时间越长、完全留守、西部地区、男性、有配偶、受教育程度越低、家庭经济越不宽裕、健在儿子和女儿数量越多的农村老人选择"家庭养老"的可能性越大。

第二，在模型中，比较社会养老和家庭养老的选择比例，那些孤独感越强烈、慢性病数量越多、不帮子女干农活、完全留守、东北地区、女性、受教育程度越高、家庭经济越不宽裕、健在儿子和女儿数量越少的农村老人选择"社会养老"的可能性增大。而那些孤独感越少、慢性病数量越少、帮子女干农活、半留守、中西部地区、男性、受教育程度越低、家庭经济越宽裕、健在儿子和女儿数量越少的农村老人选择"家庭养老"的可能性更大。

第三，关爱服务需求、社会人口学特征、家庭特征确是影响农村老人对养老资源的选择意愿。在模型分析"自我养老"和"家庭养老"的选择比例上，通过模型显著性检验的自变量数量有13个。而在模型分析"社会养老"和"家庭养老"的选择比例上，通过模型显著性检验的自变量数量有10个。生活自理状况、照顾小孩和配偶状况3个变量的影响变得不显著了。也就是说，这些自变量的影响被其他自变量稀释掉了。

第五章 建立健全农村留守老人
关爱服务体系

当前，我国已快速成为老年人口最多的国家，也正处于城镇化建设加速发展的进程之中。城镇化过程与结果均对家庭结构形成"解构"，催生了农村留守老人群体的产生与扩大。同时，我国农村的养老基础薄弱，政府和社会对农村的养老资源供给严重不足，家庭养老功能弱化严重，农村老年人的养老服务支付能力低，缺乏良好的医疗和养老设施。在此背景下，如何实现农村留守老人的积极养老，成为我国积极应对人口老龄化挑战的重要任务。党的十八届三中、五中全会以及"十三五"规划纲要均明确提出了"建立健全农村留守老人关爱服务体系"的要求。为农村留守老人构建关爱服务体系是一个系统工程。在福利多元主义的视角下，既需要动员和协调好留守老人个体、家庭、政府和社会等多个养老支持主体，也需要在合适的生活场域合理布局养老资源，还需要构筑一条救助底线，保障最弱势留守老人的基本生活质量，如此，为农村留守老人构建起"三根支柱、两个场域、一道防线"相结合的关爱服务体系。

一　三根支柱：保障关爱服务资源供给充足

现实生活中，老年人的养老一般是混合型养老方式，自己和配偶、子女和亲属、政府和社会是养老资源的主要来源途径。根据"六普"数据分析得出，在农村老年人的经济来源中，属于家庭养老资源的经济供养占47.7%，属于自我养老资源的劳动收入和财产性收入分别占41.2%和0.2%，属于政府养老资源的离退休金/养老金和最低生活保障金分别占4.6%和4.5%。① 可见，三种来源途径从大到小的顺序为家庭养老、自我养老和政府养老。这种实际状况与农村老人的养老依靠意愿非常吻合。流出地农村老年人数据分析结果显示，77.81%的农村老人打算依靠家庭养老，17.77%的农村老人打算依靠自我养老，4.43%的农村老人打算依靠社会养老。

虽然在现实和意愿中，不同途径提供的养老资源有多有少，但是，我国人口老龄化发展态势迅猛，老年人口绝对规模世界最大，高龄化显著，发展不均衡，"未备先老""未富先老"，这些人口老龄化特征表明我国面对人口老龄化挑战的形势很严峻，单纯依靠某一条途径来解决养老问题都不具有现实性和可行性，因此，必须充分调动多个养老支持主体的积极性，挖掘老年人自我、家庭、社会养老资源，壮大三根养老支柱，合力支撑农村留守老年人的生活保障。

（一）自我配偶：不可替代的养老支持力

老年人的"自养"和老伴间的"互养"在帮助老年人安度晚年方面发挥着不可替代的作用。对于农村留守老人来说，尤其如此。从家庭层面看，留守老人至少有一个子女外出务工，甚至全部外出务工，外出子女的工作流动性大、工作强度也大，他们面临社会和家庭的双重压力，时间精力有限，加之代际居住空间分离，照顾不便，这些使外出子女对留守父母的赡养非常力不从心。从社会层面看，我国农村人口老龄化程度高于城镇，在21世纪都将在高位运行，不仅使新农村建设主体快速老龄化，而且使农村的养老保障、医疗保障和服务保障压力剧增，农村现有的养老、医疗、服务等养老资源相比城镇薄弱很多，政府和社会的负担沉重。从个体层面看，人的生活观念是衡量幸福与否的一个重要的因素。评价或看待同一件事物的好坏优劣时，具有不同的观念就可能会得出完全不同的结论。② 也就是说，老

① 王冬雪、马梅：《基于人口老龄化的中国农村养老资源供给评价》，《老龄科学研究》2015年第8期。

② 风笑天：《从"依赖养老"到"独立养老"——独生子女家庭养老观念的重要转变》，《河北学刊》2006年第3期。

年人自己的生活观念会深刻影响他们对晚年生活幸福与否的感受。具体在养老的精神文化方面，老年人自己才是精神养老的真正主体。老有所学所获得的充实感，老有所为所获得的价值感，老有所爱（爱好）、老有所求所获得的成就感，以及老有所善、老有所游、老有所安、老有所足和老有所乐所获得的快乐感，各种积极的心理体验都可以给老年人精神上的滋养。总之，老年人自己是应对生命老化挑战的基本力量，配偶的互助是其中重要的合力。增强留守老人自我养老的资源和能力，不仅可以减轻其养老问题对家庭、政府和社会的负担，而且可以扩容养老资源，促进留守老人价值实现，提升他们的生活幸福感。

第四章在论述养老方式类型时指出，自我养老是指老年人主要靠自己和配偶的储蓄和其他收入（如劳动、租金、股金）来维持老年期生活。这一定义侧重于经济供养层面。全面地理解自我养老，是指人们在中青年时期就开始依靠自己和配偶的力量来积累养老资源，以满足老年期经济供养、生活照料、精神文化、医疗保健、劳务帮扶等多个方面的养老需求。追求的目标是积累足够的养老资源存量，尽可能减轻老年生活对家庭、社会和国家的负担。养老资源的积累，既包括物质经济资源方面，也包括身心健康资源、精神文化资源方面。能从中青年时期开始积累更好，老年时期积累也不为晚。

1. 农村留守老人自我养老资源状况

流出地农村留守老人数据分析结果显示①，当前农村留守老人可挖掘和依靠的自我养老资源状况及特点如下：

（1）农村留守老人的健康状况较好，生活自理率比较高。随着年龄的增长，老年人身体的生理机能与心理智能，以及社会功能都不可避免地呈现下降趋势，伴随而来的是不健康甚至疾病状态。流出地农村留守老人数据分析显示，66.32%的农村留守老人自评为健康，30.29%的农村留守老人自评为不健康，但能自理；3.40%的农村留

---

① 本部分使用流出地农村老年人数据中的留守老年人数据进行分析，有效样本为6069名。

守老人自评为生活不能自理。这反映出超过六成的农村老人觉得自己的健康状况还可以，生活自理能力比较强。

（2）农村留守老人的患慢性病率比较高。根据流出地农村留守老人的数据，68.82%的农村留守老人患有至少一种慢性疾病，只有13.97%的农村留守老人确认自己没有患慢性病，另外17.22%的农村留守老人没有体检过，不知道是否患慢性病。从患慢性病数量来看，患1种、2种、3种、4种及以上慢性病的比例分别为49.94%、31.76%、13.29%、5.01%。总的来说，农村老人患慢性病率比较高，医疗保健方面的养老资源需求紧迫。

（3）农村留守老人的家庭储蓄比例较低，拥有自有住房和承包地的比例都很高。较多的经济储备是老年人养老保障的最重要的方面。为此，老年人要做长期的养老规划。首先，养老要靠自己的长期积蓄；其次，青年时期养育子女，以便年老时获得子女赡养照顾；再次，通过投资理财，购买保险，特别是医疗保险；最后，购买房产、土地等固定资产，以便年老时置换固定资产所有权获得收入。[1] 当前农村留守老人的家庭经济资产主要有家庭储蓄、自有住房、承包地等几个方面。在社会保险方面，绝大多数农村留守老人只是参加了最低档次的新农合、新农保，很少购买商业保险。

从流出地农村留守老人数据显示，拥有家庭储蓄的农村留守老人的比例比较低，只有38.26%的老人家庭有结余，34.42%的老人家庭无负债，也无结余，还有27.31%的老人家庭处于负债状态。

农村留守老人的自有住房率很高，几乎所有被调查者都有家庭自有住房，16.22%的农村留守老人拥有两套及以上自有房屋。现在居住的住房面积宽敞，人均住房面积达到57.27平方米。此外，89.47%的农村留守老人家庭拥有承包地，家庭承包地面积的均值为5.036亩，人均承包地面积的均值为1.495亩。如何让农村留守老人拥有的房产、承包地等固定资产保值和增值，为他们带来更多的经济养老资源，应当是今后社会支持与社会政策努力的方向之一。

---

① 杨燕绥：《四方面做好养老规划》，《大众理财顾问》2013年第1期。

2. 老年人自立，全社会支持，共促留守老人自我养老能力的提升

诺曼·龙认为，即使是那些被严重限制了社会空间和个人空间的行动者，也有能力自觉或不自觉地经营他们的生活经验和做出行动。[①]农村留守老人作为社会行动者，在面对生活困难时会发挥自身能动性，形成自己的应对策略。

首先，树立自立养老的观念。自立是一个与依赖、依靠相对应的概念。在传统代际关系"反哺模式"的影响下，我国绝大多数老年人总有一种依赖子女和家庭养老的习惯和期盼。但是，随着我国社会和家庭的变迁，广大老年人要有意识地、主动地从思想上变"依赖养老"为"自立养老"，从主观上减少对子女的期待。自立养老观念是指留守老人不再将养老的全部希望都寄托在子女身上，在思想上、精神上树立起不依赖子女、政府等他者的观念，在行动上养成和形成一种相信自己、依靠自己来完成老年生活中的各项任务的习惯。当然，老年人在客观上无法通过自己和配偶来满足养老需要的情况另当别论。就当前的社会现实来看，要树立这样一种自立养老观念，对于当前受教育程度比较低、经济储蓄量比较少、受传统文化比较深的农村留守老人来说，是一个很大的挑战。必须着眼于长期发展目标，贯彻落实老年教育发展纲要，增强全生命周期的合理规划意识，培育积极的心理品质。

其次，在健康允许下坚持农业劳动，谋求副业收入。农村老人出于多年的劳动习惯、勤俭节约的观念，以及为儿女分担生计压力的责任心，通常是生命不息，劳动不止。调查发现，农村留守老人只要还有劳动能力，一般会坚持耕种土地。即便是身体状况和劳动能力较差的高龄老人，也会种少量菜地以满足日常生活需求。除耕种土地之外，部分留守老人还会通过饲养家禽和牲畜、集市上摆小摊、打零工、捡废品等途径来挣钱贴补家用。在身体健康允许下坚持从事有收入的劳动，一方面可以增加经济收入，另一方面也让老年人有事情

---

① Norman Long, *Development Sociology: Actor Perspectives.* Routledge, London, 2001, pp. 3 – 11.

做，充实老年生活，减少孤独感。

再次，改善与子女的关系，争取子女的支持。在我国养儿防老的传统文化中，代际关系很大程度上处于一种交换和互惠的反哺模式，农村留守老人会维持多种可能的选择、着眼于未来的变迁而进行家庭策略规划、保持与子女之间的强合作关系来进行补偿。一方面留守老人通过照看孙辈、替子女耕种土地、看管子女房屋等方式来加强与子女的合作。另一方面留守老人重构养儿防老的价值观，在理解中寻求心理平衡。他们理解子女外出工作的迫不得已；从子女的成就中获得精神安慰；认识到子女生活也不容易，养老还得靠自己，不到不得已不给子女添麻烦。

最后，在农村社区中积极构建社会关系网络，获取非正式社会支持。在农村社区，亲属、邻里和同辈群体是留守老人关系网络中的主要节点。留守老人在长年的生活中不断地建构和强化已有的社会网络，以应对生活困难。比如，向亲朋好友借钱以应对临时经济短缺；季节性强的农业生产、生活中劳动量大的事情中，与亲朋好友形成互帮互助的机制；通过串门聊天、赶集、走亲戚等方式获得精神关爱。

挖掘农村留守老人的自我养老资源，除上文所述的激发留守老人的自立自强的途径外，还需要全社会为留守老人的自养提供各种鼓励和支持措施。

第一，大力发展农村经济，增加留守老人收入。经济上自立是留守老人自养的根本途径。县、乡镇政府在规划农村经济发展方式时，应当考虑留守老人的生计，为他们增收创造条件和机会。比如，留守老人可以在集市贸易、手工业以及其他副业上贡献力量，因此，需要针对不同年龄段老年人的特点和能力，在相应的行业提供基础设施和优惠政策，如在集市上专门为留守老人建造经济活动区并提供税收等优惠、创办留守老人加工厂等，使广大留守老人老有所为，并在经济活动中获得报酬，增强应对经济困境的能力。[1]

---

[1]　曾富生、朱启臻、徐莉莉：《农村老年人养老应对能力的现状及其提升路径——基于行动应对视角的调查》，《湖北社会科学》2010 年第 11 期。

第二，提高土地收益，加强土地保障功能。土地是农民赖以维持生计的依托。党和国家应当制定长远的土地制度，稳定土地承包关系，使得农民凭借土地承包经营权获得稳定长期的土地收益。留守老人基于土地承包经营权来增强自我养老能力的方式有多种。其一，有劳动能力且有种地意愿的留守老人，可以亲自耕种土地以获得经济收入。其二，留守老人可以将自己名下的承包地转给子女，并名正言顺地要求子女的赡养。其三，留守老人可以将承包地通过土地入股、土地流转等方式获得股息、租金等财产性收入。其四，留守老人还可以有偿转让土地经营承包权，实行"以地换保"和"以地筹保"，提高保障水平。总之，在深化农村综合性改革过程中，在承包地、宅基地、集体建设用地等土地政策的制定上，应充分考虑土地对农村留守老人的养老保障功能，使之有利于老年人作为财产转移的资本而获得更多的养老资源。

第三，在新农村建设过程中，进行合理规划，设计适合老年人生活的居住环境。① 我国农村的住房大多数是自建房，大多数情况下，缺少规划，房屋零星、无序、分散的现象十分严重，导致农村基础设施等公共物品的供给成本很高，不利于留守老人践行自我养老。为此，即要优化设计农村社区的建筑环境，又要优化设计留守老人居住的住房环境。

首先，在新农村建设过程中，要有意识地引导农民集中居住，拉近户与户之间的空间距离。农村老人居住空间的适当集中，一是可以降低道路、供水、供电、通信设施、污水垃圾处理等公共基础设施和服务的供给成本，相应地降低了留守老人的生活成本；二是有利于留守老人之间的交流、往来和互助，使其在情感上获得陪伴和关怀，在照料和劳动上获得保障；三是有利于信息传播，留守老人可以获得便捷的资讯。同时，在新农村建设过程中，要统筹考虑适老化设施配套建设。

---

① 杜云素、钟涨宝、李偲：《集中居住背景下农村空巢老人居家养老模式探析》，《理论导刊》2013 年第 5 期。

其次，为留守老人设计宜居的居住环境。一是要保留农村传统住宅的庭院和堂屋。庭院是一个半封闭半开放的空间，有利于老人的社会活动和交流。堂屋空间的非私密性、功能的多样性是老人"串门""拉家常"的好场所。这都有利于留守老人的社会交往。二是要保存耕种菜园、饲养家禽等生活便利，便于健康老人力所能及地从事劳动，创造收入。三是要突出现代老人居住空间的无障碍设计。比如，地面要有防滑性能，不设门槛；老人的卧室和卫生间相互靠近，卫生间合理设置扶手。居住空间的无障碍设计可以大大提高留守老人，尤其是高龄、残疾老人的生活自理能力。

总之，老年生活环境的宜居化、生活条件的友好化主要还是依托家庭和社区环境的整体改善。更加宜居友好的老年生活环境必将为自理状态预期寿命的延长创造条件。因此，在政府、家庭、社会的推动下，农村社会应当开展大规模、专业性的宜居环境建设行动，以期更可能延长农村留守老人的自理状态预期寿命。

综上所述，深入挖掘农村留守老人的自我养老资源，在一定程度上为解决农村养老问题提供一条新的途径。一方面要教育和倡导老年人自我养老观念；另一方面全社会要努力创造条件，为提高老年人自养以及夫妻互养的能力提供各种物质的、制度的以及舆论的社会化服务。

（二）家庭成员：不可或缺的养老支持力

一般来说，家庭养老可以理解为主要依靠子女或其他亲属提供各种养老资源，以支持和保障老年期生活的养老方式，在我国有着悠久的历史传统，也依旧是当今农村社会最主要的养老方式。"家庭养老"中的"家庭"是指被血缘和婚姻关系联结起来的群体，最主要的是子女媳婿，此外还包括宗族亲属等。

1. 家庭不可能独自完成留守老人的养老任务

在中国传统社会中，家庭是最主要甚至是唯一的养老支持主体。费孝通先生对中国农村家庭养老有过经典阐述，即亲代抚养年幼的子代，子代成家后赡养年老的亲代，形成"反馈模式"，区别于西方社会的"接力模式"。

在我国传统农村社会，以儿子为养老核心和以自我储蓄应对风险的家庭养老机制，即"养儿防老，积谷防饥"长期以来良性运行。在没有儿子的家庭中，老人通过将财产捐献给宗族依靠宗族养老，宗族也是具有内敛性质的、扩大了的家庭组织，因而依靠宗族养老也是家庭养老的一种特殊形式。①

但是，随着工业化和城镇化进程的推进、劳动力转移流动、家庭规模的核心化、小型化，以及传统价值观念的转变，农村留守老人获得家庭养老资源变得越来越困难，家庭难以独自承担留守老人的养老任务。

究其原因主要有：第一，计划生育政策导致生育率下降，家庭规模小型化。人口普查数据显示，1982 年第三次人口普查时，家庭户平均人口为 4.41 人，但到 2010 年第六次人口普查时，家庭户平均人口下降到了 3.10 人。这反映出家庭户平均人口规模正持续缩小，家庭结构趋于核心化和小型化。也由此推论出，提供家庭养老资源的成年子女数量在减少。虽然社会现象中存在子女数多增加家庭矛盾、造成养老相互推诿的现象，但也有定量研究证明，子女数对于老年人家庭供养存在显著关系。② 本篇的数据分析结果也表明，随着儿子数和女儿数的增加，留守老人选择家庭养老的可能性更大。综上所述，家庭规模的小型化、子女数量的减少，弱化了留守家庭养老功能，使留守老人获得家庭养老资源变得更加困难。

第二，农村老年人口的高龄化和失能化，使家庭护理难以担此重任。一般的规律是：随年龄增长（特别是超过 75 岁之后），老年人口的健康状况趋于恶化，患病率、伤残率上升，自理能力下降。据全国老龄办发布的《第四次中国城乡老年人生活状况抽样调查成果》报告，我国处于失能、半失能状态的老年人占全体老人的 18.3%，总数达 4063 万人。这些老年人对生活照料、康复护理、医疗保健等提出

---

① 杨政怡：《替代或互补：群体分异视角下新农保与农村家庭养老的互动机制——来自全国五省的农村调查数据》，《公共管理学报》2016 年第 1 期。
② 郭志刚、张恺悌：《对子女数在老年人家庭供养中作用的再检验》，《人口研究》1996 年第 2 期。

了更高要求，给家庭带来沉重的负担。农村失能老人处境尤其艰难，子女外出打工，农村养老机构匮乏，社会保障水平低，康复服务阙如，家庭所能承担的仅仅是失能老人的生活照料，很多时候也只是最低生活水平的衣食照顾。子女对失能老人的照顾实际处于无专业技能、无时间、无作为的境况。

第三，留守老人与子女居住空间的分离，阻碍了家庭养老资源的获得。结婚的子女和父母分家分居在农村已成为一个普遍的规制，因此，结婚的成年子女和老年父母共同居住的比例本来比较低。对于留守老人来说，其成年子女则是远距离外出打工。仅从方便易得的角度来看，子女住得越远，则对父母的支持越少、情感上越生疏、关系上越淡化，留守老人得到子女的家庭养老资源越困难。同时，儿女进城打工直接导致其和老人的分家、分居和分离，在空间上拉开距离的同时，父子两代在生活方式、价值观上的差异也越来越大。

第四，现代化因素的影响也会削弱家庭养老功能。[1] 一方面，外出务工子女工作压力大、竞争激烈、流动性大、收入水平较低，为应付工作任务已是精疲力竭，更无暇顾及远在外地的留守父母；另一方面，就是社会学家在一些独生子女家庭所观察到的"代际倾斜"现象，一些青年夫妇较重视子女的教育和成长问题，有限的时间、精力和财力都向独子或独女倾斜，产生了"重幼轻老现象"，这种"家庭资源向下流"的现象，在留守老年家庭的子女身上也表现明显，这对留守老人的心理健康和实际的生活质量都产生了负面影响。

在我国传统社会，家庭养老功能能够全面实现，依赖于家庭小农经济经营模式、父权、大家庭或三代主干家庭的居住模式等要件。但是，在当今社会背景下，上述经济社会支持要件已发生显著改变，家庭养老的功能受到来自文化上、经济上和制度上的挑战。

需要强调的是，虽然家庭养老功能受到多方面的挑战，但是，在现代社会甚至相当长的一段时间内，家庭养老依然具有必要性，家庭养老资源是不可或缺的养老资源。

---

[1] 穆光宗：《家庭养老面临的挑战以及社会对策问题》，《中州学刊》1999 年第 1 期。

　　第一，传承传统文化、发挥文化养老优势的必然要求。我国有养儿防老的悠久文化传统，即使在经济社会发展、家庭结构变迁、人口流动加快等诸多社会因素影响下，人们的养老观念在改变，家庭养老功能在急剧弱化，但是，中国老人尤其是农村老人"养儿防老"的观念仍然根深蒂固，绝大多数子女也有赡养父母的道德自觉。这既是对优秀传统文化的传承，也是我国应对人口老龄化挑战的宝贵文化资源。国外的实践经验也表明，社会养老替代不了家庭养老。许多率先进入老龄化社会、社会养老服务比较发达的西方国家陷入沉重的养老金负担，而家庭养老成为走出社会养老困境的曙光。可以说，发挥家庭养老能力已成为国际社会应对人口老龄化挑战的重要路径之一。吸取国外的经验教训，挖掘传统孝文化资源，将会是家庭养老在我国社会现实中正发挥着重要的养老功能，弥补了社会养老的"短板"，增强了国家应对人口老龄化挑战的文化支撑力。①

　　第二，家庭养老资源对满足老年人养老需要具有独特优势。家庭是承载着深厚情感的社会组织，代表着家庭成员间彼此的关爱、责任、义务。家庭制度之所以稳固持久、持续千年，根本之点在于它的情感依赖性。随着社会的发展，某些家庭养老功能随着社会化而外移，如经济保障、医疗保障等部分责任由国家和社会来承担，但是家庭成员对老年人的精神关爱、日常照料、情感交流、应对突发事件、提供及时帮助等方面的作用恐怕是任何组织和他人无法媲美的，它更有益于老人的精神愉悦、自我认同，可以提高生活质量。②

　　第三，积极应对我国人口老龄化挑战的要求。我国人口老龄化发展态势迅猛。自1999年年底60岁及以上人口占10.3%起，老年人口比例一路上升，到2016年年末达到16.7%。预计到2020年，全国60岁以上老年人口将增加到2.55亿人左右，占总人口比例提升到17.8%左右；高龄老年人将增加到2900万人左右，独居和空巢老年

---

　　① 李芳、李志宏：《新型城镇化进程中农村空巢老年人权益的保障策略》，《人口与经济》2014年第5期。
　　② 虞洋波：《我国现行社会养老服务体系下家庭养老支持政策探析》，《嘉兴学院学报》2015年第4期。

人将增加到 1.18 亿人左右，老年抚养比将提高到 28% 左右。事实上，我国是世界上老年人口最多的国家，人口老龄化速度仅次于日本。这种规模大、速度快的人口老龄化态势对我国经济社会各领域发展的冲击是巨大的。首先，可能增加经济可持续发展经济增长潜力下降的风险、实体经济与资本经济失衡的风险和金融系统不稳定的风险的三大风险。其次，可能使社会和谐稳定面临家庭代际矛盾凸显、代际协调发展矛盾复杂和社会管理不适应矛盾突出三大矛盾。最后，统筹解决"三农"问题的压力增大，民生建设领域持续面临养老保障、医疗保障、养老服务的严峻挑战。综观 21 世纪上半叶，我国是典型的"未富先老"和"未备先老"，人口老龄化始终超前于现代化，同"边富边老"的发达国家相比，人口老龄化给我国现代化建设带来沉重的负担，因此，必须要求家庭成员一起来承担养老责任。

总之，在现代社会甚至相当长的一段时间内，家庭养老仍然占据核心地位。相比城镇地区，我国的广大农村地区经济发展水平更低，养老设施更薄弱，家庭养老是一种成本较低、与农村经济发展相适应的制度安排。① 毫无疑问，在当今我国社会背景下，家庭不应当，也不能是承担养老责任的唯一主体，但是，家庭养老资源是农村留守老人不可或缺的养老资源。

2. 农村留守老人家庭养老资源状况

家庭养老资源既包括成年子女提供的养老资源，也包括亲属提供的养老资源。当然，前者是最主要的方面，具有法定意义，后者起着辅助作用。子女提供的养老资源大致可从家庭规模、子女数量、代际支持等方面衡量。流出地农村留守老人数据分析结果显示，当前农村留守老人的家庭养老资源状况及特点如下：

（1）农村留守老人的平均家庭规模为 4.2 人，同吃同住家庭成员数以两人为主，超过四成。调查数据显示，调查地农村留守老人的平均家庭规模为 4.20 人，多于第六次人口普查数据反映的家庭规模

---

① 石宏伟、朱研：《我国农村家庭养老面临的问题及对策》，《农业经济》2008 年第 7 期。

（3.10 人），因为农村家庭户规模比城镇大。留守老人同吃住的家庭成员平均数为 2.72 人，比平均家庭成员数少了 1.48 人，反映出留守老人家庭的外出家庭成员数比较多。从比例分布看，留守老人同吃同住的家庭成员数以两人为主，占农村留守老人的 44.18%。

（2）户口在本区县的健在子女数平均为 2.72 人，住在本村委会的平均健在子女数只有 0.82 人，子女外出流动人数比较多。调查数据显示，当前农村留守老人的平均健在子女数为 3.12 人，其中健在儿子数 1.66 人，健在女儿数 1.46 人。户口在本区县的健在子女数平均为 2.72 人，住在本村委会的健在子女数平均为 0.82 人，子女外出流动人数比较多。代际的居住分离使得很多家庭成员为留守老人提供养老资源造成了诸多现实困难。

（3）农村留守老人能够从子女处获得经济资源和照料资源，代际情感比较亲近。成年子女对老年父母的养老支持主要包括经济供养、生活照料和精神慰藉三个方面。调查数据显示，农村留守老人在 2015 年从子女处获得的经济供养的均值为 3335.00 元（包括各类实物的折合）。81.88% 的农村留守老人认为，自己需要照顾时能够得到子女的及时照顾，认为"不能"的比例仅有 18.12%。子女对父母的精神慰藉从两个指标来测量，一是农村留守老人与子女的联系频次，选择"每周联系 1 次或多次""每月联系 1—2 次""每年联系 1—4 次"和"从不联系"的比例分别为 48.10%、36.04%、13.72% 和 2.14%。二是农村留守老人对子女倾诉心事的频次，选择"经常会""偶然会"和"从不"的比例分别为 35.50%、51.09% 和 13.40%。这些结论表明，现实生活中农村留守老人能够从子女处获得一定量的经济资源和照料资源，代际情感关系比较亲近、融洽。

此外，农村留守老人还可能获得亲属提供的养老资源。当前农村社会中仍然存在较多的家族式集聚居住。居住空间的集聚、血缘关系的连接、尊老孝道文化的传承、家族团结观念的驱动，这些为农村留守老人从亲属处获取扶助资源更具合理性和驱动力。疾病侵袭使留守老人产生的暂时性照料需求，认知水平有限带来的生活劳作障碍，身体机能限制带来的远行不便等诸多日常性需求，均可由具备足够能力的亲属代为满足。此外，在农业生产过程中，邻近居住的青壮年亲属，可以及时为其提供帮助。总之，亲缘性帮助对于农村留守老人而言也是重要的养老资源。

3. 留守家庭养老功能的变革方向

基于上述分析可知，家庭是老年人生活的主要场所，是其最重要的情感和精神寄托。家庭成员给予老年人的生活照料、精神慰藉是任何其他个人和机构难以媲美的。因此，家庭养老资源是不可或缺的养老资源，应当通过政府和社会干预措施予以维持和加强，使之与自我养老、政府社会养老这两个养老支柱互通有无，相得益彰。

我们应认识到，在当今社会背景下，家庭养老扮演着不同于传统社会的角色功能。具体对农村留守家庭来说，应当基于留守家庭代际关系的特殊性来思考其家庭养老功能的发挥。家庭养老是一个由代际间经济、政治、心理、情感等关系构成的系统[①]，这个系统依赖于上代与下代的密切联系纽带来支撑运行。农村留守家庭的代际关系特征是，成年子女与老年父母之间存在居住地分离、经济归属分离，以及心理、情感、生活方式、价值观念等不同程度的分离。客观地说，这种分离是社会进步和现代化转型的必然趋势，回到"父母在，不远游"的传统是不现实的，因此，需要基于一定程度代际分离的现实来变革农村留守老人的家庭养老功能。[②]

基于一定程度代际分离的现实，留守家庭养老功能的变革应当秉承养老功能的社会化外移、网络化互助、多元化支持三种方向。社会化外移是指养老资源的供给责任和部分养老服务的提供责任的适度分离，构建和完善社会化养老服务体系，比如将年老的、生活开始不能自理的父母送去公共养老机构"托老"。网络化互助，是指植根于血亲基础之上家庭、家族关系网络中的养老互助，特别是生活上互相照

---

①　祁峰：《中国养老方式研究》，大连海事大学出版社 2014 年版，第 39—40 页。

②　赵茜：《中国农村社会养老与家庭养老的整合与调适——基于新疆 M 村田野调查的思考》，《西部论坛》2016 年第 5 期。

顾、感情上互相慰藉的"老助老""老靠老"模式。① 多元化支持是指始终坚守家庭成员尤其是子女对老年人的赡养责任，并从道义、法律、政策等多方面给予大力支持。下文主要分析多元化支持这一变革方向。

（1）对留守家庭养老的道德文化支持。孝道文化是五千年中华文明的重要成分。孝道作为一种道德准则，对家庭赡养者具有规范和约束作用，有助于达成老有所养、幼有所怀的和谐状态，是中华民族的传统美德。因此，要大力弘扬孝道文化，宣传孝亲伦理，为留守家庭养老提供道德文化支持。

党的十八大以来，习近平总书记多次在不同场合强调家风建设的重要性，要求"发扬光大中华民族传统家庭美德"。家风，又称"门风"，不仅指某个家庭的风气、风格与风尚，也指一家或一族世代相传的道德准则、处世方法和精神风貌，其中，孝亲观念是家风的重要内容。政府和社会应该在推进家风建设中大力宣传敬老、爱老的良好家风。

宣传教育方面，加强学校道德教育和家庭美德教育，从小培养孝敬父母的意识，使相应的规范内化为家庭成员的自觉行动。加强舆论宣传，广泛开展丰富多彩的道德建设活动，在农村地区进行"孝子星""最美家庭"的评比颁奖，对孝顺父母的子女给予一定的现金奖励或增加其养老金的补贴金额；充分利用传统的（电影、电视、宣传栏等）和现代的（网络、微信、微博）传播方式广泛、深入地传播敬老、爱老的优良家风，强化养老是每个公民的责任意识。总之，因地制宜采取多种举措，最终形成一个"爱老、护老、尊老"良好的社会氛围。

（2）对留守家庭养老的法律支持。赡养父母是子女或其他赡养人的法定义务。我国多项法律对此做了规定。《宪法》第四十九条第三款规定："成年子女有赡养扶助父母的义务。"2015 年修订的《老年

---

① 穆光宗：《当前家庭养老面临的困境及应对》，《人民日报》2014 年 6 月 16 日第 15 版。

人权益保障法》第十四条规定："赡养人应当履行对老年人经济上供养、生活上照料和精神上慰藉的义务，照顾老年人的特殊需要。"而且针对子女与父母分居两地的特殊情况做出了规定。第十五条第二款规定："对生活不能自理的老年人，赡养人应当承担照料责任；不能亲自照料的，可以按照老年人的意愿委托他人或者养老机构等照料。"第十八条第二款规定："与老年人分开居住的家庭成员，应当经常看望或者问候老年人。"第三款规定："用人单位应当按照国家有关规定保障赡养人探亲休假的权利。"第二十七条规定："国家建立健全家庭养老支持政策，鼓励家庭成员与老年人共同生活或者就近居住，为老年人随配偶或者赡养人迁徙提供条件，为家庭成员照料老年人提供帮助。"

上述法律规定，为留守家庭养老提供了较为明确、详细的法律支持。留守老人养老赡养的主体责任仍然是家庭，子女不能因为外出务工等原因而不能履行法定赡养义务。不过，在实际中，有些侵犯老年人权益的事实难以起诉，有些法律规定因缺乏众多政策的支撑而难以落地、执行。因此，国家应该建立和完善家庭养老支持政策，加强对子女尽赡养义务的政策支持。

（3）对留守家庭养老的政策支持。当前，我国政府和社会各界对家庭养老进行政策支持的共识已基本形成。《中国老龄事业发展"十二五"规划纲要》将"老年家庭建设"列为主要任务之一，明确提出了完善家庭养老支持政策，发挥家庭养老的基础作用等具体要求。《"十三五"国家老龄事业发展和养老体系建设规划》进一步明确了"逐步建立支持家庭养老的政策体系，支持成年子女与老年父母共同生活，履行赡养义务和承担照料责任"的具体任务。也已经制定了一些对家庭养老具有支持作用的政策，主要包括：在居住安排方面，为老年人投靠子女落户提供相应的户籍迁移政策；在宜居环境方面，对家庭养老的支持主要体现为无障碍设施改造和建设；在提供生活照护方面，为居住在家的老年人提供公共服务；在对失能老年人照护方面，一些地方做了有益的尝试；在健康管理方面，对家庭养老的支持主要体现在基本公共卫生服务方面；在特殊家庭扶助方面，建立计划生育家庭扶助制度。①

从整体上看，现行的中国家庭养老支持政策数量比较少，实施效果也有限。应该在吸取和借鉴西方发达国家经验教训的基础上，结合中国的具体国情，重视家庭养老的重要作用和地位，进一步建立和完善家庭养老支持政策，修复并强化家庭养老功能。

第一，优化家庭养老支持政策的目标和理念。家庭养老支持政策的目标应当是切实提高家庭发展和养老能力建设，确保居住在家的老年人享受到全方位的支持，确保老年人尽可能长时间地在家养老。②家庭养老支持政策的核心理念是着力维持家庭稳定、促使家庭履行应有的职责、发挥和修复正在弱化的家庭养老功能、为家庭养老提供一个良好的政策环境。③

第二，明确家庭养老支持政策的对象。基于本书对家庭养老含义的理解和界定，家庭养老支持政策对象可分为两个层次：第一层次是留守老人的家庭成员，包括子女、亲属、家族成员。留守老人的子女是家庭养老职责的最主要、最直接的履行者。除此之外，在农村社会，家族、宗族等家庭网络依然存在，而且不断地为留守老人提供各种支持，比如上文所说的"老靠老""老助老"模式。第二层次是为家庭成员提供服务，弥补家庭成员在赡养和照料老年人方面的不足，或直接为居家留守老人提供服务的机构、组织和企业。家庭养老服务支持政策主要围绕这些主体来提供家庭养老服务的支持。

第三，强化家庭养老支持政策的国家责任。家庭养老本身是强调家庭成员对老年人的赡养责任，但是，目前传统的家庭养老功能已经严重弱化，需要国家支持才能得以修复和实现。党和政府的弘扬倡导、强制规范是家庭养老实施并发挥作用的关键因素。只有强化国家责任，才能保证家庭养老支持政策的贯彻实施，才能修复家庭养老功

---

① 董彭滔：《建立健全中国家庭养老支持政策探析》，《老龄科学研究》2014 年第 2 期。
② 同上。
③ 同上。

能，使家庭养老方式得以实际执行，并成为社会普遍的自觉行为。①

第四，丰富支持家庭养老的具体政策。

其一，鼓励子女和父母同住或就近居住的政策支持。就近、便利是子女为父母有效提供各种养老资源的空间条件。因此，鼓励子女和老人同住或就近居住是较好的政策选择。

一方面，鼓励农村留守老人进城，与子女同住或就近居住。在实践中需制定和完善一些具体政策：支持父母在老年后投靠子女落户，降低现有户籍随迁政策的门框，简化手续程序；加快实现养老、医疗等社会保障关系的转移接续和异地结算；对多代同住家庭提供购房优惠，在保障性住房分配制度中对赡养老年人的家庭实行优惠政策；农村子女如果和老年人同住，在新建住房时给予一定优惠；对于子女与老年人同住或就近居住提供照护津贴等经济支持；改革个人所得税制度，按照家庭户平均收入作为所得税征收税基，对于赡养老年人的家庭给予一定额度的宽免税额；流入地的居家养老服务和老年福利尽可能惠及投靠子女的流动老年人。②

另一方面，支持和鼓励外出农民工回乡就业创业。在实践中可以制定和完善如下政策：通过发展县域经济、缩小城乡差距，发展农民经济合作组织和农村产业化等方式促进地方经济发展，使农村劳动力能有就近的就业创业机会；为农民工提供优惠的财政政策和税收优惠政策，降低创业风险和成本，从而鼓励农民工敢于利用资源进行创业；对农民工进行技能培训，为创业提供技术条件；对于切实需要子女媳婿照顾的留守老人，政府和社区要精准开展岗位推荐、岗位培训、方便留守老人的家庭照顾者可以兼顾工作和照顾老人，两不误。

其二，制定以家庭为单位的优惠或补偿性政策。例如，尝试以家庭户为单位的税收优惠措施，尤其要将有养老或育儿需求家庭的经济成本考虑在内；尝试将家庭规模与结构作为公用消费品（水、电、燃

---

① 虞洋波：《我国现行社会养老服务体系下家庭养老支持政策探析》，《嘉兴学院学报》2015 年第 4 期。

② 李芳、李志宏：《新型城镇化进程中农村空巢老年人权益的保障策略》，《人口与经济》2014 年第 5 期。

料等）价格和住房政策的制定依据之一，尤其给予承担养老或育儿责任的家庭更多优惠；尝试在社会保险及医疗保险政策中考虑家庭需求，允许部分保险在家庭成员（主要是配偶）之间适度转移，并向老年家庭（如考虑亲子转移）倾斜；论证将家庭成员所承担的某些长期家庭服务（如失能老年人的长期看护等）纳入社会保险范畴的可行性等。①

其三，宜居住房建造改造的支持政策。为鼓励世代同堂、大家庭相邻而居，彼此照应，政府应当倡导、规划设计"母子型"的房屋结构，便于子女和父母同住；将适老性建筑标准纳入农村房屋建造和改造的要求，争取达到无障碍要求；对留守老人住宅提供改造的服务和补贴。

其四，专业人员和知识技能的支持政策。照顾留守老人，尤其是高龄、失能的老人是一项专业性要求极高的服务。没有专业护理人员队伍的保障，没有对其家庭照顾者专业知识和技能的辅导，真正意义上的护理服务是无从谈起的。因此，政府要发展专业老年人护理人员队伍，保障护理人员权益。另外，政府有责任帮助在家照顾的家庭成员掌握专业知识和技能，建立免费培训制度，对家庭成员按照老年人照护需求进行各类技术培训。

其五，照料补贴支持政策。鼓励和引导农村的中年人或年轻老人照顾自家的老人，政府则给予适当的经济补贴。首先倡导自家人照顾自家的老人，其次再向外扩张去照顾别人家里的老人。

其六，社会组织对家庭养老支持责任。提供养老服务的社会组织利用其专业性、灵活性为照顾留守老人的家庭成员提供各种支持和服务，免除家庭成员的后顾之忧。

其七，企业对家庭养老支持责任。探索建立"照料假"制度；严格执行国家关于职工探亲假期制度；探索将养老义务履行情况纳入职

① 彭希哲、胡湛：《当代中国家庭变迁与家庭政策重构》，《中国社会科学》2015 年第12 期。

工业绩考核中，督促职工履行养老义务。①

（三）政府和社会：不断增强的养老支持力

构建农村留守老人的关爱服务体系同样需要社会养老资源的支持。社会养老资源的供给主体主要包括各级政府、村委会、社会组织和企业。村委会是村民自治组织，同时承担一些政府职能的贯彻执行工作，村委会和各级政府归类为公权力性质的供给主体。社会组织为非营利性的供给主体，企业为营利性的供给主体。面对激增的留守老年人口和多元复杂的关爱服务需求，单独依靠各级政府和村委会提供单边公共服务必然力不从心，这就必须依赖政府、村委会、社会组织、企业等利益相关者共同发力，不断增强养老支持力。

1. 社会养老资源供给的现状

社会提供的养老资源，一方面包括嵌入在社会保险、社会福利、社会救助等社会保障制度、公益慈善捐助捐赠、养老服务设施、医疗服务设施等社会制度网络中的养老资源；另一方面包括嵌入在邻里熟人网络中的养老资源。

流出地农村老年人数据涉及了医疗服务设施的内容。该调查数据显示，农村社区的医疗服务设施覆盖面比较广，农村卫生室、所/医务室的覆盖率达到了91.61%。对于具体的医疗服务，农村留守老人的使用频次排前两位的是看病（72.41%）和开药（69.70%），这反映出已有的医疗服务设施以提供疾病诊疗为主。此外，其他医疗服务的使用频次分别是免费体检（31.33%）、建立健康档案（21.06%）、健康咨询（10.56%）、老年人健康管理（8.22%）、慢性病管理（5.57%）、健康讲座（2.07%）、接种疫苗（0.58%）、康复训练（0.11%）和康复辅具使用（0.02%）。这反映出目前社区医疗服务设施提供的慢性病预防及康复服务相对较少，特别是针对老年人患病率高的慢性病的预防工作力度还远远不够，农村地区的健康预防工作尤为滞后。

---

① 虞洋波：《我国现行社会养老服务体系下家庭养老支持政策探析》，《嘉兴学院学报》2015年第4期。

　　流出地农村老年人数据没有涉及其他政府社会养老资源的内容。中国人民大学组织实施的中国老年社会追踪调查（CLASS）数据反映了农村老年人使用的政府社会养老资源的情况。调查数据显示，在社会保障方面，农村老年人中有70.79%的人领取养老金，但农村社会养老保险金中位数仅为60元，难以满足农村老年人的基本生活需求。8.74%的农村老人纳入"低保"范畴，这对于农村贫困老年人及其家庭成员保证基本生活具有托底的作用。在养老设施方面，农村敬老院的覆盖率仅为10.33%，社区老年活动室覆盖率仅为39.13%，"托老所/老年日间照料中心"的拥有比例仅为4.89%，都远远低于城市养老设施的覆盖率。① 农村养老设施的供应量远远不够。

　　此外，农村乡土社会中的人际交往非常密切，嵌入熟人社会中的养老资源对于留守老年人而言弥足珍贵。农村留守老人在其生活多年的环境中，不断形成自己的交际方式和网络，拥有自己早已熟识的邻里、朋友，可以实现充分的交流沟通，这在很大程度上有助于缓解他们的孤独寂寞感。同时，留守老人对于其所处环境中的休闲娱乐方式也较为适应，通过与相熟的社区成员共同打发闲暇时间，可以进一步丰富其老年生活。此外，当农村留守老人要求时效性的临时突发性帮助需求产生时，就近的同村邻里居民无疑是为其提供帮助的最佳选择。

　　2. 增加社会养老资源的投入，提高有效使用率

　　（1）农村留守老人关爱服务体系中的政府责任。政府有责任和义务根据国家财力和社会发展水平来推进包括农村留守老人在内的社会保障制度建设，这是现代社会服务型政府的职能要求，也是政府保障民生责任的具体体现。当前在世界金融危机影响下，欧美等许多高福利国家深陷债务危机中，由此，在社会福利研究领域出现了"福利恐惧症""社会福利社会责任论""社会福利可替代论"等看法和观点，这是对社会福利事业的误解，亟待重新审视社会福利的重要性与不可

---

　　①　杜鹏等：《中国老年人的养老需求及家庭和社会养老资源现状——基于2014年中国志年社会追踪调查的分析》，《人口研究》2016年第6期。

替代性。① 就养老领域而言，现在，主要议题是要求强化和界定好政府所承担的养老职责。②

农村留守老人关爱服务体系中的政府责任，在总要求上表现为"保基本、兜底线"。"兜底线"责任将在本章第三部分详细论述。这里主要分析政府的"保基本"责任，具体体现在两个层面：一是完善社会保障制度；二是适度增加财政投入。

（2）进一步健全和完善城乡居民基本养老和基本医疗保险制度，积极探索建立长期护理保险制度。老年人主要面临着贫困、疾病和失能三大风险，化解这三大风险的社会保障制度是养老保险、医疗保险和长期照料保险。我国已经建立起了城乡居民养老保障和医疗保障制度，而长期护理保险正在探索中。

2009 年，国务院印发了《关于开展新型农村社会养老保险制度试点的指导意见》，这标志着我国农村社会养老保险制度建设进入了一个新时期。2014 年，国务院再次印发《关于建立统一的城乡居民基本养老保险制度的意见》，把现有的"新农保""城居保"两项制度有机整合，推进了社会养老保障的城乡一体化。统一的城乡居民基本养老保险制度内在地包含了基础养老金制度，农村人口达到 60 岁即可无条件领取最低社会养老金，此外，城乡居民养老保险的缴费标准有 12 个档次，体现多缴多得、多缴多补的机制。总的来说，农村社会养老保险制度的建立是我国社会保障事业的巨大进步，为农村老年人提供了一定程度上的经济保障。但是，还存在覆盖面有待扩大、农村居民对新制度的接受能力有限、基础养老金的比例较大、最低缴纳档次的比例较大等问题。比如，有研究者指出，目前新农保的基础养老金为 60—70 元，而黑龙江省农村老年人在 2015 年每月需有

① 郑功成：《中国社会福利的现状与发展取向》，《中国人民大学学报》2013 年第 2 期。

② 李兵、张航空、陈谊：《基本养老服务制度建设的理论阐释和政策框架》，《人口研究》2015 年第 2 期。

446.97 元，才能保障其基本养老生活，基础养老金只是杯水车薪。①目前，完善农村养老保障制度体系，应是在政府的主导下双管齐下：一方面要努力完善农村社会养老保险制度，逐步提高保障水平，使农村居民获得养老经济保障的基础上，适时拓展保障范围，为老人提供更多的关爱服务保障；另一方面要做到充分的宣传，要选择有信服力的宣贯人员，对有关内容进行全面、通俗易懂、亲民的解释，让农村中老年人了解农村社会养老制度设计的本意和收益。如此，这一制度的实施才能有效，才能充分调动农村居民参保意愿，实现农村社会养老保险制度在农村居民中的全覆盖。

2002 年，中共中央、国务院印发了《关于进一步加强农村卫生工作的决定》，明确提出，各级政府要积极引导农民建立以大病统筹为主的新型农村合作医疗制度。2009 年，中国做出深化医药卫生体制改革的重要战略部署，确立新农合为农村基本医疗保障制度的地位。2016 年，国务院印发了《关于整合城乡居民基本医疗保险制度的意见》，就整合城镇居民基本医疗保险和新型农村合作医疗两项制度，建立统一的城乡居民基本医疗保险制度提出明确要求。总的来说，农村居民基本医疗保险制度在保障农民获得基本卫生服务、缓解农民因病致贫和因病返贫方面发挥了重要的作用。因为老年人生理机能衰退，更容易面临疾病风险，尤其是各种慢性病。因此，医疗保险制度对于老年人应对疾病风险、分担医疗费用负担起到了非常重要的作用。同时，新农合实施中存在的问题也比较多，比如，保障力度有限，农村老人看病贵、负担重的现象仍较普遍，高龄和患病老人尤其医疗费用负担重，报销手续烦琐，农村居民对新农合的接受能力有限等。目前完善农村医疗保障制度体系，各级政府部门的职责主要体现在：有责任强制性推动农村居民基本医疗保障制度建设；建立完善农村老年人医疗补贴制度，依据农村老年人的身体健康状况设立不同等级的医疗补贴或健康补贴标准；建立完善农村大病医疗保险，逐步扩

---

① 王红姝、王冬雪：《欠发达地区农村老年人养老的经济来源探析——以黑龙江省为例》，《改革与战略》2016 年第 6 期。

大覆盖范围；加大基本医疗保险制度的宣传和普及力度，拓宽基本医疗保险制度在农村老人中的覆盖面；简化报销手续，不断提高农村留守老人等特殊人群医疗费用报销比例，降低或减免门诊费用，减轻其医疗负担；有条件的农村地区可专门开办以老年人为服务对象的"老年医院"或"老年门诊"，方便老年人寻医问药；整体推进城乡居民基本保险制度，健全全民医保体系，实现公共医疗服务城乡一体化、普惠化、均等化。

　　长期护理保险主要应对因疾病或意外导致生活自理能力下降或无生活自理能力而需要长期护理的风险，既可以解决老年人的医疗需求、护理需求问题，也可以缓解因护理而产生的高额费用对老人生活带来的冲击。因此，高龄、失能老人更需要长期护理保险的保护。2015 年，"第四次中国城乡老年人生活状况调查"的统计结果显示，中国失能老人约为 4063 万人，占老年人口的 18.3%；高龄老年人口约为 3086 万，占老年人口的 13.9%。虽然比例不大，但是，高龄老人和失能老人的总人数多，而且虽然人口高龄化程度的提高，失能率也会提高，对长期照护提出了庞大的需求，因而，亟须加快建立长期照护服务体系，减轻家庭的照料负担。《"十三五"国家老龄事业发展和养老体系建设规划纲要》提出了探索建立长期护理保险制度的发展目标，指出开展长期护理保险试点的地区要统筹施策，做好长期护理保险与重度残疾人护理补贴、经济困难失能老年人护理补贴等福利性护理补贴项目的整合衔接，提高资源配置效率效益。鼓励商业保险公司开发适销对路的长期护理保险产品和服务，满足老年人多样化、多层次长期护理保障需求。

　　在推进基本养老、医疗、长期照护保险的健全和完善进程中，要统筹考虑人口流动的社会现实，稳步促进这些基本公共服务"随人移动"。比如，积极稳妥地推进基本医保全国联网和异地就医直接结算工作；建立全国统筹的养老保险制度，使得子女在不同地区工作的养老金"钱随人走"。完善这些制度将促进留守父母随子女流迁，外出子女阶段性返乡照顾失能半失能父母，分担和减少他们在流动过程中的代价。

（3）建立和完善老年监护、老年福利制度，补齐养老保障"短板"。老年监护制度的目的是要解决老年人有"人"管的问题，这个"人"就是指监护人。我国的人口老龄化伴随着家庭功能弱化，很多子女不在身边的农村留守老人缺乏依靠。谁来做这些老年人的监护人，这对保障农村留守老人的各项法定权益非常重要。老年监护制度是一种法律上的强制规定。我国的《老年人权益保障法》第二十六条规定："具备完全民事行为能力的老年人，可以在近亲属或者其他与自己关系密切、愿意承担监护责任的个人、组织中协商确定自己的监护人。监护人在老年人丧失或者部分丧失民事行为能力时，依法承担监护责任。老年人未事先确定监护人的，其丧失或者部分丧失民事行为能力时，依照有关法律的规定确定监护人。"监护人必须履行职责，否则就要放弃权利。

老年福利是养老保障的内容之一。我国逐步建立了适度普惠的老年福利制度。农村低收入老年人高龄津贴制度、农村居家养老服务补贴制度、农村计划生育奖励扶助制度、老党员津贴制度等各项面向农村老年人提供的福利制度和政策在有些地区得到了一定的试点和发展。养老服务设施、医疗服务设施也得到了长足的发展。但是，事实上还存在一些缺陷，表现为老年福利制度的实施范围不大、地区差距大、设施缺乏简陋、社会力量发展不足等。政府应承担的责任包括增加农村地区的综合性医院、乡村卫生室和卫生员等的数量，要确保人均医疗养老资源供给到位，还要提升农村地区的社会医疗资源的质量；加快敬老院改革，探索推荐有条件的敬老院实施公建民营，优先保障农村特困供养人员集中供养需求和其他经济困难的孤寡、失能、高龄等留守老年人的服务需求，全面提升敬老院的服务质量；加快推进农村幸福院建设，整合、改造和利用村里现有闲置的校舍、厂房仓库、村委会房舍、"五保村"、村老年协会等现有设施，为农村留守老人提供一个集休闲、娱乐、社交、学习等功能于一室的活动场所，增进老人之间、邻里之间的感情，丰富老年生活。

（4）政府加大财政资金投入，建立与物价联动的农村社会保障资金自然增长调整机制。

第一，合理界定政府在农村社会保障中的责任清单，根据中央和地方政府的事权合理划分支出责任。由于地方政府具有信息优势，可以节约执行成本，因此，作为第一层次；中央政府作为第二层次发挥收入再分配和宏观调控方面的优势，调节地区差异，并侧重对贫困地区和社会救济的支持。

第二，加快农村社会保障财政支出结构性改革，完善转移支付分配体制，结合东部、中部和西部地区的保障需求和政府财力，合理分配农村社会保障各项内容的支出权重。

第三，创新公共服务提供方式，加大政府购买公共服务的力度，同时有针对性地引导留守老人自己出资购买社会化养老服务。

（5）农村留守老人关爱服务体系中的社会责任。改革开放以来，社会资本逐步开始涉足农村养老保障领域，表现为养老服务的提供、养老设施的兴建、社会组织的建立、慈善活动的开展等各个方面，社会力量的介入逐步改变了计划经济时期国家保障的单一格局，形成了国家为主体、社会和个人居补充地位的新格局。农村养老服务机构面向的主要是中低收入的农村老人，要为农村老人提供方便可及、价格合理的养老服务。因此，政府及其相关部门要在土地、资金等各方面提供更多的扶持，鼓励民间资本、爱心人士和民间组织举办面向农村老人的小微型养老机构，就近就便为农村老年人提供入住服务。类似的小型、微型养老机构具备条件的，政府相关部门应该允许和鼓励其登记为社会服务机构（民办非企业单位），国家对民办养老机构的扶持政策，包括享有相应的建设和运营补贴等政策，应该覆盖到这类农村小型和微型养老机构[①]；基层政府、村委会要通过发动并组织志愿者、义工，利用节假日为留守老人提供免费的宣传教育服务、法律法规咨询服务、医疗卫生服务、科学种养服务、养老保健服务、文化艺术传授服务和家政服务等。

---

① 青连斌：《补齐农村养老服务体系建设短板》，《中国党政干部论坛》2016 年第 9 期。

总之，良好的养老状态需要老年人个体性资源、家庭资源、社会资源的良好结合。要充分汇集多元力量，增强三根支柱的支撑力量，满足留守老人在精神关爱、生活照料、医疗保健、劳务帮扶等多方面的关爱服务需求，使其安享晚年。

二　两个场域：合理配置和有效整合关爱服务资源

（一）两个场域：家庭和社区

家庭是农村留守老人生活与活动的第一场所，而社区则是第二场所，两者共同构成了农村留守老人的主要生活和活动"场域"。布迪厄曾指出："场域是一个相对独立自主的社会空间，遵循着自身的逻辑和游戏规则。它是关系性的，是一个关系系统，是各种位置之间存在的客观关系的一个网络。"① 进一步指出，个体惯习与场域规则在不断互动中获得某种实践感，而实践感最终支配个体的行为选择，如此形成人的行为实践逻辑。②

在家庭和社区两大养老场域中，生活着与留守老人生活密切相关的人与物，包括家人、邻里、亲朋好友以及社区养老服务人员、养老机构服务人员及其管理者，还有政府相关部门工作人员、商业服务人员等。这些人不仅关联着养老场域的结构，也承载着场域中的养老文化、规则与资源等。老年个体与其中一些人之间存在互爱互助、相互守望的情感关系，与另一些人之间存在管理与被管理、服务与被服务的关系，与一些制度设施存在使用与被使用的关系，等等，这些关系纵横交错地组成了一个与留守老人养老生活息息相关的关系网络。③

正是因为留守老人与其长久生活的家庭和社区有着息息相关的各

---

① 〔法〕皮埃尔·布迪厄：《实践理性：关于行为理论》，谭立德译，生活·读书·新知三联书店 2007 年版，第 135—136 页。

② 同上。

③ 徐连明：《精神养老研究取向及其实践逻辑分析》，《中州学刊》2016 年第 12 期。

种联系，因此，对于绝大多数留守老人来说，居家养老是他们的意愿和希望。本书第四章分析流出地农村老年人数据，结果显示，只有0.97%的农村老人选择养老机构，而选择自己家和子女家的比例高达96.87%。这与众多实证调查结果相似，大多数中国老年人愿意居家养老，他们或眷恋长期居住的熟悉环境和邻里朋友，或担心别人议论子女不孝等，不愿意到机构去养老。

我国老人居家养老的意愿与欧美日等发达国家的养老发展趋势相一致。有研究者指出，到20世纪90年代以后，发达国家的老年服务都转向以居家养老为基础，"原址安老"（Aging in Place）成为国际共识，其内涵是：尽可能地让老人在习惯居住的家庭和社区中度过晚年，不到万不得已，尽量不要离开自己熟悉的环境，尤其是社会、人文环境。① 原址安老凸显了家庭和社区环境对老年人生活的重要性。

综上所述，对于农村留守老人来说，理想的养老方式是有效挖掘和配置家庭和社区场域内的各种养老资源，立足家庭和社区建立居家社区关爱服务养老体系。具有以下三个方面的基本特征：

1. 重视家庭作为居家社区养老服务平台的重要作用

目前学术界多数学者都认识到，社区作为平台在居家养老服务体系中具有枢纽作用和统合地位②③④，认识到家庭养老的重要作用，但是，没有把家庭也作为居家养老服务的平台加以重视起来。家庭场域中有供给养老资源的多个主体，如老年人自己、配偶、子女、亲属等；也有多种形式的养老资源，如情感资源、照护资源、经济资源等，这些养老资源如果仅仅局限于家庭场域中，是一种浪费，甚至可惜。因此，有必要采取有效的机制，促进家庭和社区两大场域内养老资源的互通共享、功能耦合，从而增加关爱服务资源的供给总量。

2. 增强社区对各类养老资源的承载能力

相对于城市社区，农村社区的人口居住密度低很多，人均居住面

---

① 唐钧：《社区养老究竟是怎么一回事》，《就业与保障》2016 年第 9 期。
② 同上。
③ 李志明：《中国养老服务"供给侧"改革思路——构建"立足社区、服务居家"的综合养老服务体系》，《学术研究》2016 年第 7 期。
④ 穆光宗：《如何构建中国式养老服务体系》，《中国房地产》2015 年第 3 期。

积大很多。也就是说，农村社区对养老资源的承载空间要大很多。农村社区作为平台，既可以给居家服务作为中介性的依托，也可以给农村医院、护理院、村卫生所等医疗机构作为在基层落脚生根的依托，还可以吸引养老机构扎根在社区，然后，在社区空间内有效整合居家养老资源、机构养老资源和医疗卫生资源。

3. 综合性地提供多样化、专业化的关爱服务

立足于家庭和社区两个场域，面向居住在家里或机构中的留守老人，根据留守老人的实际需要，提供生活照料、家政服务、医疗保健、康复护理、精神慰藉、法律服务、紧急援助、文化娱乐、自我发展等服务内容，满足了老年人多层次、多样化的关爱服务需求。

居家社区关爱服务养老体系的理想状态是，立足家庭和社区两大场域，通过采取各种措施促进家庭养老资源、社会养老资源、机构养老资源、医疗卫生资源实现互联互通，有效整合进一个"一条龙"的服务体系，在服务过程中形成"大数据"信息网络，并与保险基金和补贴捐赠等经济资源实现无缝链接，最终形成一个覆盖广、有纵深的"护联网"体系。[①] 这样的"护联网"能够有效地降低农村养老成本，提高关爱服务品质，铺就农村留守老人的品质养老之路。但应该注意的是，这种"护联网"的构建对灵活有效的资源配置方式提出了很高的要求。

（二）两种力量：市场和政府

建立居家社区关爱服务体系，旨在将政府给予养老服务业的政策引导和资金支持、家庭对老年人的基本生活照料与精神陪伴、企业和非营利性社会组织提供的专业养老服务和医疗服务等多种养老资源有效地嵌入居家社区关爱服务框架内。然而，关爱服务资源的供需匹配，既受到不同农村地区的经济发展水平的影响，也受到不同地区老年人思想观念的影响。因此，有效配置和供给关爱服务资源，必须因地制宜、恰当选择、充分发挥市场和政府两种力量在资源配置中的

---

① 唐钧：《"护联网"织就老年服务大网》，《中国人力资源社会保障》2015 年第 8 期。

作用。

1. 发挥市场在配置关爱服务资源中的重要作用

市场配置资源的优越性已成为经济生活中的常识。《"十三五"国家老龄事业发展和养老体系建设规划纲要》中指出："鼓励有条件的地方通过委托管理等方式，将社区养老服务设施无偿或低偿交由专业化的居家社区养老服务项目团队运营。"还提出："加快推进具备向社会提供养老服务条件的公办养老机构转制为企业或开展公建民营。"这些发展措施表达出倚重市场主体，借助市场力量提供养老服务的改革趋势。

我们认为，在经济比较发达的农村地区，关爱服务资源的配置应当充分发挥市场配置资源的优势。政府应该大力培植和扶持综合运营的老年服务运营商，让他们在居家、社区和机构三个层次同时发力，进而形成"自我生存、自我发展"的老年关爱服务产业、事业和市场。理想的政策设计图景是：建立老年服务机构联盟，培育龙头服务机构，在乡镇所在地或人口较多的农村社区设立老年服务供应的"旗舰店"，主要提供失能半失能老人、高龄老人的入住服务；然后用连锁的方式，到基层去承办社区老年服务中心，主要提供"日间照料"，向留守老人提供生活照料、护理康复和文化娱乐等服务；再进一步，龙头服务机构应该以社区老年服务中心为据点，再次向居民家庭延伸，进一步提供留守老人所需的上门服务。[①] 概括地说，就是企业主体在市场调节下建立一个"机构—服务中心—家庭"的联合体，把家庭、政府、社会的养老资源有效整合起来，实现居家社区养老服务产生的"规模效应"，进一步提高供给标准和服务质量。

2. 发挥政府在配置关爱服务资源中的重要作用

经济越发达的地方，市场配置资源的力量越能够发挥出来。而在我国有些农村社区，尤其是中西部农村社区，经济水平欠发达，养老医疗设施基础薄弱。在经济欠发达地区建立居家社区关爱服务体系，

---

① 唐钧：《"护联网"织就老年服务大网》，《中国人力资源社会保障》2015 年第 8 期。

要更加彰显政府配置资源的作用。

第一，在政府财政经费和政策的支持下，以乡镇民政科为业务指导，把敬老院改扩建发展为区域性养老服务中心，负责统筹卫计、民政、社保等政府部门配置在社区内的保障资源，并整合社区内政府、社会、市场等主体的关爱服务资源。一方面，区域性养老服务中心要承担政府兜底的"五保"老人集中供养职能；通过政府购买服务为农村家庭经济困难的失能失智老人、高龄老人等提供低收费或减免收费的入住服务；同时，按照市场定价为其他社会老人提供经营性入住服务。另一方面，区域性养老服务中心要与乡镇范围内的社区养老驿站建立合作机制，并且依托社区养老驿站向居家老人提供所需要的养老服务。

第二，在政府和村集体的支持下，建立"集体建院、集中居住、自我保障、互助服务"的农村互助养老方式。首先，地方政府和村集体依托行政村和较大自然村，充分利用闲置的农家大院、废弃的行政村办公用房和学校用房等，建设互助性养老服务设施，并承担该类服务设施的水、电、暖等日常开支，对基本生活设施和日常用品购置给予补贴。其次，按照子女申请、老人自愿的原则，凡年满60周岁、生活能够自理的独居老人、夫妻同住老人，由其子女与村委会签订协议后免费入住；入住老人的衣食和医疗费用由老人自己或者其子女承担。最后，入住互助养老服务设施的老年人互帮互助，年龄小的老人照顾年龄大的老人，身体好的老人照顾身体较差的老人，老人之间互相帮助，共度晚年。① 互助性养老服务充分发挥老年人的积极性和主体作用，既充分利用农村大量存在的空置房屋资源，又最大限度地降低农村养老服务的人工成本，地方政府和村集体应该提供各种资源支持，鼓励发展。

第三，村委会等乡村建设中的"领导者""组织者"也应在农村留守老年人的养老服务供给过程中发挥其应有作用。村委会等领导班

---

① 青连斌：《补齐农村养老服务体系建设短板》，《中国党政干部论坛》2016年第9期。

子应积极探访留守老年人，关注其现实需求，尽可能地在公务工作开展中对其需求适度予以满足；加强对老年人活动场所设施的建设，组织开展种类多样的老年活动，不断创建老年人闲暇娱乐的平台和空间，丰富老年人的精神文化生活；为养老机构建设提供土地、设备等多方面支持，实现养老资源多元化发展。[①]

当前我国农村地区的区域差异性非常大，居家社区养老服务业又属于微利行业、新生事业。要为农村留守老人构建一个关爱服务体系，既需要政府推动，即政府给政策和资金，买单、补贴或减免，也需要以利润来驱动企业、社会组织、家庭成员等各利益相关主体积极投入关爱服务留守老人的工作中。总之，需要走政府支持、乡村推动、市场运作、福利补贴的福利化、市场化和社会化相结合的连锁经营、综合服务的为老关爱服务道路。

（三）两大支撑：信息系统和人力资源系统

构建农村留守老人关爱服务体系，当然，离不开资金的支持。本章第一节集中论述了关爱服务体系资金支持的三根支柱，这里不再重述。下面就信息库建设、人力资源培育两大支撑系统展开论述。

1. 建立健全居家社区关爱服务体系的信息支撑系统

在居家社区关爱服务实践中普遍存在的一个问题是：关爱服务供给信息和老年人需求信息的互联互通程度较低，不仅造成了部分有效需求得不到及时满足，而且使许多养老服务项目和内容并非老年人真正所需。加上供给和需求的信息都是动态变化的，这就更增加了关爱服务供需两侧高效匹配的困难程度。这就必须充分借助现代信息技术，走"互联网＋"的发展道路。

关键举措是在乡镇一级建立养老服务信息平台，并充分发挥这一养老服务信息平台的协调中枢作用。需要着重做好的工作包括：第一，建立电子化的留守老人信息档案。电子信息档案向上贯通省和县，向下连接行政村和自然村，横向连接民政、公安、卫生计生、人

---

① 吴翠萍、罗丹：《农村留守老年人的养老资源探析》，《老龄科学研究》2015 年第 8 期。

力资源社会保障、扶贫、妇联、残联等部门。通过电子信息档案对留守老人的状况及其关爱服务需求进行动态管理。第二，建立关爱服务供给信息的综合平台。把乡镇范围内通过资格审查的养老资源供给主体，包括家庭养老资源、机构养老资源、社会养老资源、医疗卫生资源都设置在供给信息综合平台上。第三，建立网络呼叫系统，给留守老人配备终端机，方便居家留守老人通过呼叫系统就能及时获得所需要的关爱服务。第四，完善居家社区养老服务数据共享的标准化基础，促进养老服务信息数据开放、使用与互联互通，深化服务主体间的信息共享与业务协同。

在政府支持下建立的养老服务信息平台与资本和互联网紧密结合，最终形成一个将"资金—服务—信息—科技"整合为一体的服务平台。

2. 建立健全居家社区关爱服务体系的人力资源支撑系统

人力资源是第一资源。发展社区居家养老服务，迫切需要解决的是谁来提供养老服务的问题。养老服务行业需要多种人力资源，比如：机构管理者、医生、护士、营养师、康复师、社会工作师、心理咨询师，以及大量的护理人员。具体到农村社区，要着重培育和开发以下几类人力资源：

第一，社会工作人才。社会工作者有其专业优势，可以开展老年心理健康服务，可以指导和培育养老服务类社会组织的运作，还可以指导其他护理人员、志愿者开展养老服务工作。社会工作者在农村居家社区关爱服务工作中能够发挥重要作用，实际上却非常稀少。国家应该重视培养和吸引专门从事养老服务的专业社工人才，创新激励机制，引导社会工作人才服务农村基层社区，提升他们的待遇水平和社会地位。

第二，护理专业人才。社会上对老年护理普遍存在认知误区，认为老年护理主要是生活照顾，不需要专业知识和技能。因此需要改变这种观念。农村社区中有大量的"4050"人员，他们外出打工的可能性降低，会持续留守在农村。一方面，政府应当组织对他们进行短时期的专业培训，经培训合格者发给护理员证。这笔费用最好从政府的职业培训费用中支出。另一方面，对获得护理员证的护理人员进行登记管理，可以为养老机构、养老服务中心提供服务，还可以为农村留守老人提供上门服务。

第三，家庭人力资源。国家建立照料津贴制度，督促家庭成员履行赡养照料老年人的责任和义务；国家采取激励措施，激励家庭成员参与提供居家社区养老服务，为社区内的其他老人提供关爱服务；建立老年人志愿服务机制，倡导低龄、健康的老年人在自养的同时参与志愿服务，促进老年人之间互助养老。①

农村留守老人对关爱服务资源的需求与多元主体的供给之间的匹配关系决定了留守老人居家养老的生活状态。要达到理想的供需匹配状态，关爱服务资源的配置与整合是一个关键因素。在现代信息技术、人力资源的支撑下，通过市场这只"看不见的手"和政府这只"看得见的手"，把政府、家庭成员、养老机构、社会组织和企业等资源供给主体吸引在社区和家庭两大场域内，并有效配置和整合成"一条龙"的服务体系，从而把"高效率、高品质、低价格"的关爱服务递送到有需要的留守老人手中，这是为建立健全农村留守老人关爱服务体系的努力方向。

三　一道防线：构建老年社会救助网

农村留守老人整体上属于社会弱势群体，同时，其群体内部具有多样性和异质性，空巢、丧偶、高龄、贫困、患病、失能的留守老人往往面临更大的养老风险。对于特别弱势的留守老年人口，当通过社会保险、社会福利等制度实施仍难以保障他们基本生活时，就必须充分发挥老年社会救助制度的作用，为特别弱势的留守老年人口构筑起"最后一道防线"。老年社会救助制度应对的是特别弱势留守老人的生

---

① 李志明：《中国养老服务"供给侧"改革思路——构建"立足社区、服务居家"的综合养老服务体系》，《学术研究》2016 年第 7 期。

存危机，维护的是社会底线公平，是农村留守老人关爱服务体系的重要内容。

构建老年社会救助网，精准助力特殊弱势留守老年人口获得基本生活保障，重点是要解决好救助谁、谁来救、怎么救的问题。

（一）救助谁

社会救助的资金最主要来自政府财政，因此，申请者只有在通过科学合理的资格审核之后，才能有资格接受社会救助，并根据申请者的情况评定救助等级。

现行实施的《社会救助暂行办法》（2014）把"家庭经济调查"作为社会救助制度实施的前提条件。第一次提出"应当按照国家统一规划建立社会救助管理信息系统"，要建立"申请和已获得社会救助家庭经济状况信息核对平台"，并通过"户籍管理、税务、社会保险、不动产登记、工商登记、住房公积金管理、车船管理等单位和银行、保险、证券等金融机构，代为查询、核对其家庭收入状况、财产状况"。尤其是以法律的名义郑重提出要求："有关单位和金融机构应当予以配合。"① 也就是说，《社会救助暂行办法》通过严格的家庭经济调查来甄别社会救助的对象，以保证社会救助的对象是真正"有需要的人"。

对于农村留守老人群体中哪些特困老人应当纳入社会救助的对象，也应当遵循《社会救助暂行办法》规定，通过家庭经济调查来甄别。不过在当前我国农村社会，包括留守老人在内的很多农村弱势老人在日常生活中都是采取现金结算的方式，很少在银行开设账户，所以，民政部门很难切实把握社会救助的申请者是否有收入，以及有多少收入。在实践工作中，一方面要因地制宜，创造出手工核对和自动核对等新的工作方式，尽量提高家计调查的效率和效果；另一方面应当建立社会救助管理信息系统，开通信息沟通、交换、核对的平台和渠道，方便当地群众监督。

我们认为，在进行家庭经济调查时，要重点关注失能的留守老年

---

① 唐钧：《当前我国社会救助的现状和前瞻》，《党政研究》2014 年第 4 期。

人。对于失能老人，医疗费用和护理费用是其巨大的生活负担。对于经济困难的失能留守老人，要全部纳入救助保障体系，做到应保尽保。

综上所述，对于老年社会救助对象的甄别，综合采用经济困难和生活自理困难（"双困"）标准，将会让更多"真正有需要的"留守老人获得社会救助。

（二）谁来救

从理论上说，老年社会救助的责任主体包括政府、社会、市场、家庭和个人。科学划分与明确定位各主体在老年社会救助中的责任，是老年社会救助制度可持续发展的基础。

1. 政府是该制度当仁不让的最大责任主体

老年社会救助是政府对收入低于贫困标准因而生活发生困难的老年人施行的现金或者实物的救助。老年社会救助是保障老年人作为公民的社会权利，是政府应尽的责任。在老年社会救助制度中，政府主要承担规则制定、财政拨款、实施与监督的责任。

2. 社会是该制度的重要责任主体

根据《社会救助暂行办法》对社会力量参与社会救助的规定，本书认为，社会主体参与老年社会救助的方式主要有：一是社会主体通过公益捐赠和志愿服务等途径发挥社会机制在救助中的重要作用；二是社会主体承接政府委托、承包、采购的社会救助中的具体服务，为农村特困留守老人提供多种专业服务。此外，各级政府要贯彻落实《社会救助暂行办法》规定的社会力量参与社会救助的优惠政策，使参与老年社会救助的社会主体享受财政补贴、税收优惠、费用减免等政策。

3. 企业既可以直接通过公益慈善而救助特困留守老人，又可以通过缴纳税收充实公共财政而间接承担责任

企业在社会救助中的责任具有道义性和间接性。成年子女负有赡养留守老年父母的法律责任，留守老人自己应该承担更多的自我养老的责任。不过，从社会实际情况来看，特困留守老人的家庭成员和自我救助能力非常弱，否则，也不会陷入特困的生活状态。

总之，一方面要明确和强化各级政府在老年社会救助中的责任，通过社会政策激发社会力量参与老年社会救助；另一方面要积极营造全社会关心、支持和参与老年社会救助的浓厚氛围。

（三）怎么救

在过去的半个多世纪，中国的社会救助制度在发展中形成了以最低生活保障和特困人员供养为核心和基础，以灾害、教育、医疗、住房、就业、计划生育特别扶助、临时救助等专项救助制度为补充和保证的社会救助体系。其中，针对老年人的救助主要包括最低生活保障、特困人员供养、受灾人员救助、医疗救助、住房救助、临时救助。根据前文对当前农村留守老人关爱服务需求状况的分析，我们认为，针对特困留守老人的老年社会救助，应当兼顾物质救助与服务救助、医疗救助与生活救助、常规救助与应急救助相结合。

1. 物质救助与服务救助相结合

对于农村特困留守老人来说，不仅面临物质生活资料的不足，而且面临关爱服务资源的不足。在当前广大的农村地区，不仅人口老龄化程度日益加深，而且少子化现象也非常普遍。留守老人的子女全部或者至少有一个外出务工，远距离居住方式阻碍了关爱服务资源的家庭供给。今后的发展趋势是，为包括留守老人在内的农村老人提供关爱服务的成本会变得愈加昂贵。但是，当前的最低生活保障和特困人员供养等救助方式都是施行现金或者实物的救助，局限于物质层面。因此，老年社会救助应该直面少子老龄化、高龄化、流动性、家庭空巢化等社会变迁带来的新问题，兼顾物质救助与服务救助，以满足特困留守老人的基本生存要求。

2. 医疗救助与生活救助相结合

从社会调查情况看，农村留守老人的经济贫困程度与患疾病情况呈高度正相关。对于农村特困留守老人，不仅面临物质、服务、精神方面的资源不足，而且面临医疗卫生资源的不足。各级政府应当完善城乡医疗救助制度和疾病应急救助制度，资助低保对象、特困人员、建档立卡的贫困留守老人参加基本医疗保险；将低保对象、特困人员、建档立卡的贫困留守老人全部纳入医疗救助范围，以及重特大疾病医疗救助范围，有效地遏制因病致贫、因病返贫；为农村贫困残疾留守老人免费配发居家康复器材和辅助器具，对有康复需求的提供康复训练指导等服务，对符合条件的残疾留守老人发放残疾人补贴。

3. 常规救助与应急救助相结合

《社会救助暂行办法》第一次明确设立了"救急难"的"临时救助制度"，目标是要解决困难群众遭遇的突发性、临时性、紧迫性的急难题，以保障困难群众求助有门、受助及时。与"临时救助"相对应，其他救助内容可以归类为常规救助。

农村地区房屋比较分散，农村留守老人在生活中碰到意外情况的概率比较高，其中独居、高龄、失能半失能的留守老人，发生意外的情况会更加多。因此，老年人应急救助是留守老人社会救助的又一个重要方面。

政府部门要建立一个"信息畅通、职责明确、快速响应、处置有效"的老年人应急救助机制。健全监测评估机制，对独居、失能、贫困、高龄等特殊困难农村留守老人要建档立卡，随时跟踪掌握情况；建立强制报告机制，各级公安、城管、妇联、残联、扶贫、医院和村委员会、农村老年协会等发现留守老人外出流浪乞讨、遭受非法侵害、发生危重病情、严重精神疾患、面临重大困境等情况时要及时向民政部门或老年人户籍（或常住地）所在乡镇人民政府反映，负有强制报告责任的单位和人员未履行报告义务的，其上级机关和有关部门要严肃追责。其他公民、社会组织积极向公安机关报告的，应及时给予表扬和奖励；完善应急处置机制，民政部门或乡镇人民政府接到报告后，要及时了解情况并实施关爱服务救助，对超出自身职权范围的事务，要及时向公安机关或上级部门报告。健全关爱服务机制，乡镇人民政府、村委会要对处于应急需求状况的留守老人给予最大限度的多种救助服务，如果应急救助对象没有纳入社会救助范围，而且符合有关社会救助政策的，民政及其他社会救助部门要及时纳入保障范围。强化监护干预机制，对实施家庭暴力、虐待或遗弃农村留守老人的成年子女或法定赡养人，公安机关应当给予批评教育，必要时予以治安管理处罚，情节恶劣构成犯罪的，依法立案侦查。

　　设计科学、不断完善的老年社会救助制度，能为特困农村留守老年人获得最基本的老年生活水平提供制度上的稳定保障，是特困留守老年人的最后一道生存防线。

　　综上所述，构建农村留守老人的关爱服务体系，是农村养老保障的重要内容，致力于充分调动来自自我、家庭和社会三条主要途径的养老资源，在家庭和社区两个主要场所合理配置、有效整合养老资源，尽力满足农村留守老人的精神关爱、生活照料、医疗保健、劳务帮扶等关爱服务需求，构筑救助底线以抵御深度养老风险，保障基本养老需求，最终使所有留守老人实现老有所养、老有所医、老有所依，增强农村留守老人获得感，抵御养老风险的安全感。三根支柱、两大场域、一道防线是有机统一体，缺一不可，这是适应现实需求的制度创新和实践。

第三篇　老年人的"流"

　　人口快速老龄化和大规模流动是我国当前最显著的人口现象。作为两者交集的流动老人的流动行为和社会融合问题应当引起政府、学界的高度关注及重视。本篇以笔者自主实施调查所获得的数据为基础，重点探讨了我国城市流动老人的主要特征、居留意愿和社会融合三个方面的问题。一是基于数据分析，从社会人口学特征、流动特征、流入地子女特征等方面展示了当前流动老人的多样性和异质性。二是以布迪厄三类资本理论为视角，探讨了经济资本、文化资本、社会资本对老年流动人口居留意愿的影响，并提出改善流动老人生活质量的对策建议。三是阐述了流动老人社会融合概念的内涵与外延，构建了该概念的测量指标体系，并分析了世界金融危机背景下老年人社会排斥的加剧与促进融合的应对之策。

第六章　我国流动老年人口研究

人口老龄化和人口流动是我国 21 世纪以来显著的人口现象。这两种人口变迁过程不仅在深刻地改变不同地区的人口年龄结构和民族构成，而且，作为一个后果，也强烈地影响着国家及各地区从宏观经济管理到微观社区关系等一系列政治议题。人口老龄化和人口流迁的社会人口变化过程，也是老年流动人口规模壮大的社会背景。

总体来看，流动老年人口受全社会关注和重视的程度远远不如其他年龄段流动人口，究其原因主要有：第一，流动老年人口在全部流动人口中所占比例比较低。流动人口的最大群体是以青壮年为主体的劳动年龄人口，其次是流动儿童。长期以来，人口流迁研究多关注的是以青壮年为主体的劳动年龄人口的人口迁移与流动。第二，由于老年人处在生命周期的最后一个阶段，完成了生命早期的教育、生育、就业阶段，其流动迁移很少会给流入（迁入）地的劳动力市场、婚姻市场等造成挤压，从而往往被认为是一个不会造成或存在社会问题的群体而被忽视。第三，流动老年人口主要依附于家庭，强调家庭、子女对老年人的责任，较少地涉及政府及社会层面。

同时，随着人口老龄化程度越来越严重、交通工具日益发达，流动老年人口的规模在逐年增加。据"六普"数据，我国老年流动人口已达 934.2 万。随着老年人口、独生子女家庭的逐年增加以及未来人口流动、城市化的普遍趋势，预计越来越多的老年人会加入到流动群体中。这种大规模的老年人流动不仅影响到老年人口的再分布，而且涉及老年人口的服务需求与资源供给的空间分配，进而成为制定与执行相关老龄政策的现实依据。因此，在人口快速老龄化背景下探索我国老年人口流迁的过程及机制、流动老年人口的特征具有重要的理论和实践意义。

一 文献回顾与数据来源

（一）文献回顾

国内外研究者对老年人的流迁行为、主要特征及其居留意愿问题的关注由来已久并日益加深，产生了较为丰富的研究成果。这里分论域进行观点梳理，并做简要评论。

1. 国外关于老年人口迁移的研究

在国外，没有"人口流动"或"流动人口"的说法，与之相近的说法是"人口迁移"。老年人迁移是很多国家区域人口变化的重要组成部分。学术界关于老年人口的迁移流向、迁移原因、影响因素、影响后果等有比较详细的论述。

（1）老年人迁移流向。第一，社会发展阶段的视角。沃纳斯（Warners，1984）[①] 认为，在城市化快速进展的初期阶段，大部分退休者从城市向农村迁移；随着城乡差距缩小，迁入地的特定环境成为老年人迁移的重要影响因素。近年来，随着社会资本的充实和通信手段的改善，往更远农村地区迁移的老年人正逐渐增多。

第二，迁移空间视角。罗杰斯（Rogers，1992）[②] 关注老年人的迁移量和迁移流的空间类型，提出三个阶段：迁移不活跃的阶段；向特殊地区比较活跃的阶段；不只是往特殊地区的迁移以及为避开热点地区的分散化迁移阶段。认为这种过程在发达国家之间是共有的现象。日本处于第一阶段；意大利处于第二阶段；美国处于从第二阶段向第三阶段的过渡期；英国正处于第三阶段。

---

① Warners, A. M., Law, C. M., The Elderly Population of Great Britain: Locational Trends and Policy Implications. Transactions of the Institute of British Geographers, Vol. 9, No. 11, 1984, pp. 37 – 59.

② Rogers, A., *Introduction: In Elderly Migration and Population Redistribution a Comparative Study.* London: Behaven Press, 1992, pp. 1 – 15.

第三，生命历程视角。有些学者根据不同年龄段的迁移率提出生命迁移图谱，依次可以划分为三种迁移类型：环境指向型迁移，援助指向型迁移，设施指向型迁移。①② 罗杰斯和伍德沃德（Rogers and Woodward，1988）将一生迁移的图谱进行国际比较研究后发现，发达国家的老年人生命路径基本上是相同的。③ 但也有研究表明，这种生命迁移图谱是特定社会经济群体（如美国中产阶级的白种老年人）所特有的，而不为所有老年人所共有。生命路径和迁移的关系因社会背景的不同而有所不同。④

（2）老年人迁移的影响因素。第一，个体特征。美国 1970 年人口普查数据显示，定住者的有配偶率、家长率、就业率、可支配收入、房产权拥有率等都非常高，短距离迁移者中的离别及死别者的比率、女性比率和黑人比率都较高，长距离迁移者的社会保障供给率较低而空调安装率较高。⑤ 也有研究指出，老年迁移者中以收入和教育水准较高、身体健康者居多，并且多为夫妇共同迁移。⑥ 此外，民族、种族、迁移的文化偏好、收入、生活成本成为老年人迁移的重要影响因素。⑦

第二，家庭因素。成年子女的状况是影响老年人迁移行为的重要

---

① Biggar, J. C. , Who Moved Among the Elderly, 1965 – 1970. *Research on Aging*, 1980, Vol. 2, No. 1, pp. 73 – 91.

② Litwar, K. E. , Logino, C. F. , Migration Patterns Among the Elderly：A Development Perspective. *The Gerontologist*, 1987, 25（3）, pp. 266 – 272.

③ Rogers, A. , Woodward, J. , The Sources of Regional Elderly Population Growth：Migration and Aging – in – place. *The Professional Geographer*, 1988, 40（4）, pp. 450 – 459.

④ Warners, A. M. , Residential Mobility Through the Life Course and Proximity of Family Members to Elderly People. New York：United Nations, 1994.

⑤ Biggar, J. C. , Who Moved Among the Elderly, 1965 – 1970. *Research on Aging*, Vol. 2, No. 1, 1980, pp. 73 – 91.

⑥ Hazelrigg, L. E. and Hardy, M. A. , Older Adult Migration to the Sunbelt：Assessing Income and Related Characteristics of Recent Migrants. *Research on Aging*, 1995, 17（2）, pp. 209 – 234.

⑦ Logino, C. F. and Smith, K L. , Black Retirement Migration in the US. *Journal of Gerontology*, Vol. 46, No. 3, 1991, pp. 125 – 132.

因素。年老的老年人更加倾向于向子女靠近。[1] 老年人更倾向于迁移到女儿而非儿子身边，老人健康状况的下降会使选择迁向儿子的概率更为降低，老年人一般会迁往经济状况较好的子女。[2] 不过，当老人的身体状况下降时，家庭人力资源比经济资源对于老人迁移有更大影响。[3] 此外，丧偶会促进美国老人迁移发生。[4]

第三，地域特性。目的地的地域特性和吸引力是引发老年人迁移的重要原因。[5] 低生活成本、较低的人口密度、娱乐设施、就业机会和更好的生活质量被视作强有力的拉力因素。[6] 地域上的种族相似性、地理距离也会影响老年人口的迁移。[7] 还有学者将迁移老年人分为三种类型：娱乐型移民、救助型移民和未与配偶同住的严重伤残型移民。不同类型的老年迁移者的流入地特征迥异。[8]

（3）老年人迁移对迁入地的影响。一方面会改变一个地区的人口结构，加速迁入地老龄化的过程。[9] 另一方面对流入地经济产生影响，具体对不同行业的影响也不一样，如引起服务、零售、建筑业等的增

---

[1] Litwark, E., Logino, C. F., Migration Patterns Among the Elderly: A Development Perspective. *The Gerontologist*, Vol. 25, No. 3, 1987, pp. 266 – 272.

[2] Silverstein, M., Angelelli, J. J., Older Parents' Expectations of Moving Closer to Their Children. *Journal of Gerontology*, Vol. 53, No. 3, 1998, pp. 153 – 163.

[3] Rick S. Zimmerman, David J. Jackson, Charles F. Longino Jr. and Julia E. Bradsher, Interpersonal and Economic Resources as Mediators of the Effects of Health Decline on the Geographic Mobility of the Elderly. *Journal of Aging and Health*, Vol. 5, 1993, pp. 37 – 57.

[4] Albert Chevan, Holding on and Letting Go: Residential Mobility During Widowhood. *Research on Aging*, Vol. 17, No. 3, 1995, pp. 278 – 302.

[5] Litwark, E., Logino, C. F., Migration Patterns Among the Elderly: A Development Perspective [J]. The Gerontologist, Vol. 25, No. 3, 1987, pp. 266 – 272.

[6] Hunt, M. E., Feldt, A. G., Marans, R. W. etc., Retirement Communities: A American original [J]. *Journal of Housing for the Elderly*, 1983, No. 1, pp. 262 – 275.

[7] Newbold, K. Bruce, "Determinants of Elderly Interstate Migration in the United States, 1985 – 1990", Research on Aging, 1996, 18 (4), pp. 451 – 476.

[8] William H. Walters, Place Characteristics and Later – Life Migration. *Research On Aging*, 2002, 24 (2), pp. 243 – 277.

[9] Rogerson, Peter A., Geographic Perspectives on Elderly Population Growth. *Growth and Change*, 1996, pp. 75 – 95. Section 7. 1.

长，而对医疗业影响较小。[①]

此外，老年人迁移涉及的理论模型包括生命周期理论模型、迁移决策模型、地点身份模型及推拉模型等。[②][③]

总的来看，国外有关流动老年人口的研究比国内要深入，成果要丰富，对本书研究有很好的借鉴意义，但是，国外老年人的经济状况、思想观念、文化背景等都与本国老年人有很大差异。因此，要做到食洋而化，基于本国国情借鉴国外经验。

2. 国内关于老年流动人口的研究

当前绝大部分关于流动和迁移的文献都着眼于年轻人尤其是劳动年龄人口，多从经济角度来探讨其流迁的行为特征。而研究老年人口流迁的文献非常少。综合现有文献的研究结论，可以归纳出当前学术界对老年人口流迁的研究集中于人口学特征、流向、动因、影响因素等方面。

（1）老年流动人口的人口学特征。周皓基于 1995 年北京市 1% 人口抽样数据的研究表明：省际流迁老人以迁入到家庭户为主，以女性老年人的流迁为主，以非户籍流动为主，以户主的父母或岳父母等"被抚养类关系"为主，受教育程度普遍较低，但高于北京市老年人口，男性高于女性。[④] 孟向京和姜向群的研究指出，老年迁移者多为低龄老年人，自身文化素质较高，大多有较高的离退休收入。[⑤]

（2）老年人的流动方向。中国老年人的迁移主要围绕子女展开，迁到子女身边除享受天伦之乐外，更主要是帮子女照看孩子料理家务。[⑥] 在地域上，张纯元基于 1987 年 1% 人口抽样调查数据分析得

① Glasgow, Nina L. and Richard J. Reeder, Economic and Fiscal Implications of Nonmetropolitan Retirement Migration. *Journal of Applied Gerontology* 1990, 9 (4), pp. 433 – 51.

② Golant, Stephen, "Deciding Where to Live: The Emerging Residential Settlement Patterns of Retired Americans". *Generations*, 2002, 26 (2), pp. 66 – 93.

③ Cutchin, M. P., Deweyan Integration: Moving Beyond Place Attachment in Elderly Migration Theory. *International Journal of Aging and Human Development*, 2001, 52 (1), pp. 29 – 44.

④ 周皓：《省际人口迁移中的老年人口》，《中国人口科学》2002 年第 5 期。

⑤ 孟向京等：《北京市流动老年人口特征及成因分析》，《人口研究》2004 年第 6 期。

⑥ 孟向京等：《北京市流动老年人口特征及成因分析》，《人口研究》2004 年第 6 期。

出，由县迁入到市和镇的比例最高，分别为 26.4% 和 23.1%，此外，不同的年龄组的流向又有一定的区别。① 随着时间的推移，流向有所变化，有研究基于"五普"数据分析得出，从市到市的流迁比例最大，其次为从镇到市，再次为从乡到市。②

（3）老年人的流动动因。众多研究指出，与子女团聚、照料家务是老年人口流动的最主要动因，体现出与劳动力流迁人口动因明显不同的非经济型特性，以家庭团聚为主的迁移动因也反映了靠近子女的迁移流向。③ 不过，也有些研究指出，流入北京的老年人口的动因中，除了家庭原因外，还有务工经商、开会考察、驻京联络、退休返回原籍等原因。④⑤

（4）老年人流动的影响因素。与子女团聚、为子女照料家务是老人流动的首要动因。⑥ 老人自身因素、子女经济状况、与老人关系、流入地环境因素、户主迁移状况及户籍状况、是否有小孩等是影响老人流动的重要因素。⑦

综上所述，现有文献对流迁老年人的人口学特征、流动方向、原因及影响因素等问题进行了研究。但是，流动老人群体还没有引起学术界较高的关注，相比劳动力、儿童等流动群体，文献材料都比较少。此外，目前关于流动老人的调查研究样本量很少，对流动老人的居留意愿的实证研究非常少。

（二）数据来源

本章采用的数据是笔者自主实施调查所获得的数据。本次调查于 2013 年 8 月在浙江省 4 个城市展开，调查对象为 60 周岁及以上、非

① 张纯元：《中国老年人口研究》，北京大学出版社 1991 年版。
② 姜向群等：《中国老年人口流迁状况及城乡人口老龄化比较》，第五次全国人口普查科学讨论会论文集，2003 年。
③ 齐明珠：《中国老年人口省际迁移特征及动因研究》，博士学位论文，北京大学，2002 年。
④ 邹兰春：《北京的流动人口》，中国人口出版社 1996 年版。
⑤ 孟向京等：《北京市流动老年人口特征及成因分析》，《人口研究》2004 年第 6 期。
⑥ 姜向群等：《中国老年人口流迁状况及城乡人口老龄化比较》，第五次全国人口普查科学讨论会论文集，2003 年。
⑦ 孟向京：《北京市流动老年人口特征及成因分析》，《人口研究》2004 年第 6 期。

迁移户口、在流入地居住 6 个月以上的跨县市或同一县市从农村流动到城市的老年人。^① 抽样方法采取分层整群抽样。首先，在全省按东、中、西、北四个区域抽取 4 个城市（杭州市、宁波市、金华市、衢州市）。其次，分层随机抽取市辖区、街道、社区；最后，在社区层面采取整群抽样，进行入户调查，获得有效样本 423 名。

一般来说，按照流动老人的户籍性质（农业户口和非农业户口）和流入地性质（农村和城镇），可以把流动老人分为四种类型：乡城流动老人（农村老人流动到城镇）、城城流动老人（城镇老人流动到城镇）、城乡流动老人（城镇老人流动到农村）、乡乡流动老人（农村老人流动到农村）。笔者自主调查的地点选择城市市辖区的社区内进行，调查所获得的样本都是乡城流动老人和城城流动老人，统称为城市流动老人，即居住生活在城市的流动老人。因此，本章的流动老人特指城市流动老人。

二　流动老人的主要特征

改革开放以来，老年人口因多种原因而流动的数量急剧增大，成为不容忽视的一个特殊群体。这一群体从不同的地方流出，分布在全国各个地方，其内部差异性非常明显。本书结合自主进行的实证调查数据以及相关研究文献，拟从社会人口学特征、流动特征、流入地子女特征方面展示流动老人的多样性，以期对他们有一个更加细致具体的认识。

（一）社会人口学特征

1. 流动老人具有一定的性别选择性，但这种选择性比较弱

性别与人口的流动有着密切的关系。对于青壮年劳动力来说，男

① 一般来说，区县市内的流动对老年人的生活适应没有多大影响，但是我们在访谈中发现，同一县市内从农村到城市的流动对老年人的生活还是有非常重要的影响。因此，本书的调研对象既包括跨省流动、跨地级市流动、跨县（市）流动的老年人，也包括在同一县、市中从农村流动到城市的老年人。由于本书的调查地点为城市的市辖区，所以排除了从城市流动到农村的老年人。本书所分析的数据均来自此次调查。

性具有流动性别优势，即男性人口比女性人口更容易流动。对于老年人来说，性别的选择性同样具有影响。不过，具体是哪一方具有优势，不同学者因使用不同的数据而产生不同的观点。本篇的数据分析显示，男性流动老人占47.16%，略低于女性流动老人（52.84%）。孙霞通过数据分析也发现，外省流入北京市的老年人口，女性比例高于男性。① 此外，齐明珠利用1990年人口普查1%数据分析老年人口省际迁移的特征②，徐渊利用"六普"数据分析流动老人的迁移特征③，都得出男性流动老人略高于女性的结论。这些结论有差异，但是，反映的一个共同特点，就是流动老人的性别选择性大大弱于青壮年劳动力。

从分年龄的性别来看（见表6-1），60—69岁年龄组，女性流动老人要多于男性流动老人，而70岁及以上年龄组，男性流动老人多于女性流动老人。这样的观察值似乎可以用流动原因来解释。从分流动原因的性别来看，因帮助子女而流动的女性老人占56.38%，高于同一原因的男性老人约12.76个百分点。这是因为，越是年龄较轻、女性流动老人在照顾子女、孙辈生活方面具有优势。

表6-1　　　　分年龄、流动原因的流动老人的性别分布　　单位:%、人

	男性	女性	样本量
年龄			
60—69岁	44.33	55.67	300
70岁及以上	54.10	45.90*	122
流动原因			
帮助子女	43.62	56.38	243

① 孙霞:《北京市流动老年人口社会融入问题研究》，硕士学位论文，中国人民大学，2010年。

② 齐明珠:《中国老年人口省际迁移特征及动因研究》，博士学位论文，北京大学，2002年。

③ 徐渊:《中国老年流动人口状况——基于"六普"的数据分析》，博士学位论文，中国社会科学院研究生院，2014年。

续表

	男性	女性	样本量
接受子女帮助	44.44	55.56	72
工作	63.64	36.36 +	55
喜欢流入地	48.28	51.72	29
总计	46.87	53.13	399

注：在此表和其他表格中，我们对组间差异做了显著性检测，斜体字为参照组，+ 表示 $p < 0.10$，* 表示 $p < 0.05$。因缺失值，样本量有变化。因为四舍五入，百分比总和有时不等于100%。

2. 流动老人具有较强的年龄选择性，且与流动原因显著相关

人口流动具有年龄选择性，这种特性不仅体现在劳动力流动人口群体中，也体现在流动老人群体中。从流动老人的年龄分布来看（见图6-1），随着年龄的逐步增大，流动老人的比例逐步下降。高龄流动老人与低龄流动老人的比例差别特别大。60—64 岁和65—69 岁两个年龄组的流动老人占总流动老人的71.09%，比例远高于其他年龄组。

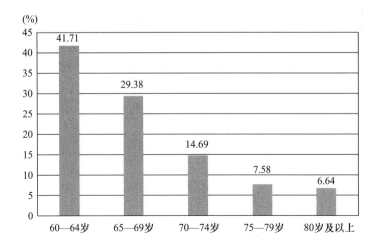

图6-1　流动老人的年龄分布

从流动老人的年龄集中趋势来看（见表6-2），流动老人的平均年龄为67岁，年龄中位数为65。分性别来看，徐渊利用"六普"数据分析发现，流动老人的平均年龄为68岁，年龄中位数为72岁，高于老年总人口的平均年龄（70岁）和年龄中位数（75岁）。[①]

从分流动原因的年龄来看，60—69岁年龄组选择"帮助子女"和"工作"的比例远远超过其他两个选项；70岁及以上年龄组选择"接受子女帮助"和"喜欢流入地"的比例远远超过其他两个选项。这可以理解为，上述两个年龄组流动的原因有很大区别，低龄老人因为身体状况相对较好，更倾向于帮助子女和寻找工作而流动，而高龄老人因为身体状况下降，更倾向于获得子女帮助和追求生活舒适而流动。

表6-2　　　　　　分流动原因的流动老人的年龄分布及

年龄的中位数、均值　　　　　　　　单位:%、人

	60—69 岁	70 岁及以上	样本量
流动原因			
帮助子女	83.54	16.46	243
接受子女帮助	41.67	58.33 ***	72
工作	83.64	16.36	55
喜欢流入地	48.28	51.72 ***	29
总计	73.43	26.57	399
流动老人年龄中位数	64	76	65（总）
流动老人年龄均值	64	74	67（总）

注：在此表和其他表格中，我们对组间差异做了显著性检测，斜体字为参照组，***表示 p < 0.001。因缺失值，样本量有变化。因为四舍五入，百分比总和有时不等于100%。

——————————

[①] 徐渊：《中国老年流动人口状况——基于"六普"的数据分析》，博士学位论文，中国社会科学院研究生院，2014年。

上述分析表明，低龄老人流动发生的概率要大一些，而高龄老人的流动率要低一些。这一观点基本上与现有的关于流动老人研究的观点是一致的。①②③ 而且，低龄老人流动主要是为了帮助子女，高龄老人流动主要是为了得到子女帮助。这说明，高龄老人由于身体状况的下降，更加寻求子女的帮助，而流动到子女居住地。这个发现支持了Litwak（1985）的理论④：当老年人需要长期照料的时候（有时甚至是在此之前），非合住的成年子女倾向于鼓励他们的老年父母迁移到他们的居住地。

3. 大多数流动老人有配偶，无配偶者更可能因寻求子女帮助而流动

受访流动老人多数为有配偶，其中67.85%的受访者有配偶并住在一起，而8.98%的受访者有配偶但没有一起住。没有一起住的原因有多种，如老人有多个子女，夫妻需要分开去子女家提供帮助。或者一方需要留守在老家。此外，还有23.17%的受访者没有配偶，包括了离异、丧偶的受访者，因为这两类样本量少，且有共同的特点即没有配偶，所以把他们归为一类。

从分流动原因的婚姻状况来看（见表6-3），有配偶流动老人⑤选择"帮助子女"的比例要高出无配偶流动老人的58.84个百分点。而前者选择"接受子女帮助"的比例要高于后者16.66个百分点。这个比例差距也是非常大的。在"工作"和"喜欢流入地"选项上，有配偶流动老人的比例都要高很多。

---

① 孟向京、姜向群、宋健：《北京市流动老年人口特征及成因分析》，《人口研究》2004年第6期。

② 姜向群、侯佳伟、朱渝：《中国老年人口流迁状况及城乡人口老龄化比较：第五次全国人口普查科学讨论会》，2003年（五普抽样数据）。

③ 齐明珠：《中国老年人口省际迁移特征及动因研究》，博士学位论文，北京大学，2002年。

④ Litwak, E., *Helping the Elderly: The Complementary Roles of Informal Networks and formal Systems*. New York: The Guilford Press, 1985.

⑤ 因为有配偶却分开住的受访者的样本量太少，我们把婚姻状况变量重新编码为两类：有配偶流动老人和无配偶流动老人。

表6-3   分流动原因的流动老人的婚姻状况分布   单位:%、人

流动原因	有配偶	无配偶	样本量
帮助子女	79.42	20.58	243
接受子女帮助	58.33	41.67***	72
工作	80.36	19.64	56
喜欢流入地	86.21	13.79	29
总计	76.25	23.75	400

注:在此表和其他表格中,我们对组间差异作了显著性检测,斜体字为参照组, ***表示 p<0.001。因缺失值,样本量有变化。因为四舍五入,百分比总和有时不等于100%。

上述分析说明,大多数流动老人有配偶。这一结论与孟向京等[1]、孙霞[2]的研究结论一致。与齐明珠的研究结论不同。她利用相关数据分析得出,有配偶老年人迁移率最低,离婚老年人迁移率最高,丧偶者和未婚者的迁移率居于中间。研究结论不同,可能有两个原因:一是本篇的研究结论支持了靠近子女是老年人流动的最重要的原因。并且对靠近子女的目的做了更细致的区分,因帮助子女而靠近,还是因接受帮助而靠近,这两者是有着不同意义的。二是本篇使用的数据是小样本的,局部地域范围的。

上述分流动原因的分析,与齐明珠的研究假设并不矛盾。她的研究假设是:有配偶老年人对子女的依赖性最小,因此欲靠近子女而发生的迁移率大大降低。上文的数据显示,无配偶的流动老人选择"接受子女帮助"的比例要低于有配偶的受访者16.66个百分点。这也说明,无配偶老年人因为失去了配偶这一重要的依赖者,故更倾向于与子女合住而求帮助。

4. 受教育程度对老年人流动率的影响比较复杂,呈倒"U"形

图6-2显示,流动老人的受教育程度呈倒"U"形分布。未上过

---

[1] 孟向京、姜向群、宋健:《北京市流动老年人口特征及成因分析》,《人口研究》2004 第6期。

[2] 孙霞:《北京市流动老年人口社会融入问题研究》,硕士学位论文,中国人民大学,2010年。

学的流动老人占 21.75%，小学程度的流动老人的流动率明显上升，成为流动率最高的组（35.93%）。此后，随着受教育程度的提高，流动率逐步降低。

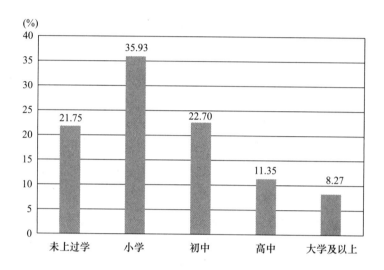

图 6 - 2　流动老人受教育程度的构成特点

徐颖利用"六普"数据分析迁移老人的教育程度，未上过学、小学、初中、高中、大学及以上的比例分别为 18.1%、42.2%、23.8%、10.0%、5.9%。[①] 与本书的研究结论相似。齐明珠的研究结论是老人迁移率随着教育程度的提高而单调递增。[②] 可能是因为所使用的数据不同。孟向京等的研究结论指出，被调查流动老人的文化程度要高于北京市流动老人的受教育程度。[③] 总体来看，现在的老年人的受教育程度不高，以初中及以下文化程度为主，这与他们年轻求学时的我国社会背景有关，那时候教育资源缺乏，大学教育更加稀少。

[①] 刘颖：《中国老年人口迁移特征与影响的实证研究》，硕士毕业论文，首都经济贸易大学，2014 年。

[②] 齐明珠：《中国老年人口省际迁移特征及动因研究》，博士学位论文，北京大学，2002 年。

[③] 孟向京、姜向群、宋健：《北京市流动老年人口特征及成因分析》，《人口研究》2004 年第 6 期。

5. 城城流动老人教育水平远高于乡城流动老人，乡城流动老人因工作而流动的可能性大于城城流动老人

我国城乡二元经济结构的特征非常明显。城镇与乡村的区别对于老年人的生活方式、社会保障、社会经济地位等都有非常明显的影响。因此，户口性质也成为观察流动老人的一个视角。

表6－4的数据展示了教育程度、流动原因与流动老人的户口性质的相关关系。表6－4显示，53.88%的流动老人是农业户口，46.12%的流动老人是非农业户口。老年人城城流动的比例略高于乡城流动的比例。这与有些研究结论类似。齐明珠的研究指出，城市老人省际迁移率远远高于常住地为镇或农村的老人。① 孟向京等的研究指出，北京市被调查流动老年人口81.8%为非农业户口，农业户口人口为18.2%。②

表6－4　　分教育程度、流动原因的流动老人的户口性质分布 单位:%、人

	农业户口	非农业户口	样本量
教育程度			
未上过学	79.35	20.65	92
小学	56.45	33.55*	152
初中	42.11	57.89***	95
高中	16.67	83.33***	48
大学及以上	2.86	97.14***	35
流动原因			
帮助子女	51.65	48.35	242
接受子女帮助	47.22	52.78	72
工作	71.43	28.57**	56
喜欢流入地	55.17	44.83	29
总计	53.88	46.12	399

注：在此表和其他表格中，我们对组间差异做了显著性检测，斜体字为参照组，*表示 p<0.05，**表示 p<0.01，***表示 p<0.001。因缺失值，样本量有变化。因为四舍五入，百分比总和有时不等于100%。

---

① 齐明珠：《中国老年人口省际迁移特征及动因研究》，博士学位论文，北京大学，2002年。
② 孟向京、姜向群、宋健：《北京市流动老年人口特征及成因分析》，《人口研究》2004年第6期。

教育程度与流动老人的户口性质显著相关。随着教育程度提高，乡城流动老人的比例逐步下降，而城城流动老人的比例逐步上升。也就是说，城城流动老人的教育水平远远高于乡城流动老人。这是很容易理解的。在我国，农村的教育状况一直都比城镇要差一些。

从分流动原因的流动老人户口性质来看，乡城流动老人选择"工作"选项的比例最高（71.43%），远高于其他选项。而城城流动老人选择"工作"选项的比例最低（28.57%），远低于其他选项。这从一个侧面反映了城镇流动老人的经济状况要比农村流动老人好一些。

6. 大多数流动老人身体健康，健康的老人更可能因帮助子女和工作的原因而流动

表 6-5 的数据显示了流动老人健康程度的构成特点。流动老人选择"良好""一般"和"不好"的比例分别为 50.38%、40.10% 和 9.52%。选择前两项的比例高达 90%。可见，流动老人的身体状况是比较好的。刘颖利用"六普"数据分析发现，迁移老人身体状况要好于非迁移老人，其健康和基本健康的比例高达 90%。[①] 其结论与本书基本一致。

从分户口性质的流动老人的健康状况来看，乡城流动老人选择"不好"的比例高出非农业户口 7.03 个百分点，选择"一般"的比例低于非农业户口 7.78 个百分点。这反映了乡城流动老人的身体健康状况比城城流动老人要差一些。

从分流动原因的流动老人的健康状况来看，身体良好的流动老人选择"帮助子女"（55.56%）和"工作"（53.57%）的比例要远远高于另外两个流动原因。而身体"不好"的流动老人选择"接受子女帮助"（19.72%）和"喜欢流入地"（13.79%）又高于另外两个流动原因。这反映出流动原因与身体状况显著相关，身体良好，才能

---

① 刘颖：《中国老年人口迁移特征与影响的实证研究》，硕士学位论文，首都经济贸易大学，2014 年。

帮助子女，也才能再继续工作。身体不好，才更倾向于接受子女帮助，或追求生活舒适。

表6-5　　分户口性质、流动原因的流动老人的健康状况分布 单位:%、人

	不好	一般	良好	样本量
户口性质				
农业户口	13.06	36.94**	50.00*	222
城镇户口	6.03	44.72***	49.25***	199
流动原因				
帮助子女	7.00	37.45	55.56	243
接受子女帮助	19.72	43.66*	36.62***	71
工作	5.36	41.07	53.57	56
喜欢流入地	13.79	51.72	34.48+	29
总计	9.52	40.10	50.38	399

注:在此表和其他表格中，我们对组间差异做了显著性检测，斜体字为参照组，+表示 $p<0.10$，*表示 $p<0.05$，**表示 $p<0.01$，***表示 $p<0.001$。因缺失值，样本量有变化。因为四舍五入，百分比总和有时不等于100%。

7. 大多数流动老人自评经济状况比较好，有配偶、城镇户口以及教育程度越高者，自评经济状况更好

表6-6展示了婚姻状况、教育程度、户口性质与流动老人自评经济状况的相关关系。总体来看，自评经济状况为"富裕""一般"和"困难"的受访者比例分别为24.32%、62.65%和13.02%。考虑到中国老人有谦虚、藏富的传统，所以说，流动老人的经济状况总体应该是比较好的。这不难理解，城市的生活成本一般比农村要高很多，老年人又难找工作，经济困难的老年人流动率要低很多，只有少数贫困老年人在城市找工作。

表6-6　　　分婚姻状况、教育程度、户口性质的流动老人的

自评经济状况分布　　　　　单位:%、人

	困难	一般	富裕	样本量
婚姻状况				
有配偶	9.97	63.67	26.37	311
无配偶	22.92	59.38 **	17.71 ***	96
教育程度				
未上过学	25.00	57.95	17.05	88
小学	14.38	67.81 *	17.81	146
初中	8.70	64.13 *	27.17 **	92
高中	2.17	58.70 *	39.13 **	46
大学及以上	2.86	54.29 *	42.86 **	35
户口性质				
农业户口	19.43	67.77	12.80	211
城镇户口	6.15	56.92 **	36.92 ***	195
总计	13.02	62.65	24.32	407

注:在此表和其他表格中,我们对组间差异做了显著性检测,斜体字为参照组,＊表示 p<0.05,＊＊表示 p<0.01,＊＊＊表示 p<0.001。因缺失值,样本量有变化。因为四舍五入,百分比总和有时不等于100%。

婚姻状况对流动老人的自评经济状况有显著影响。有配偶流动老人选择"富裕"的比例（26.37%）超过无配偶流动老人8.66个百分点,而选择"困难"的比例（9.97%）低于无配偶流动老人12.95个百分点。可以看出,有配偶流动老人经济状况更好,因为两个人的收入总要多于一个人的收入。

教育程度对流动老人的自评经济状况有显著影响。随着教育程度提升,受访者选择"困难"的比例逐步下降,而选择"富裕"的比例逐步上升。可以看出,教育程度越高的人经济状况更好。这不难理解,人力资本、文化资本越丰富,收入越高,经济状况越好。

户口性质对流动老人的自评经济状况有显著影响。城镇户口的流动老人的自评经济状况要好于农业户口的流动老人。我国城乡二元经

济结构明显，农村的经济发展、农村人口的经济状况都不如城镇。

（二）流动特征

1. 受子女吸引是老年人流动的最主要原因，经济原因有所增加

对流动原因的分析有助于了解老年人做出流动行为背后的决策机理，有助于进一步把握老年人流动的规律。因此，流动原因成为研究流动人口包括老年流动人口的一个重要因素。"五普""六普"数据中都有流动人口迁移原因的信息。"五普"数据中的流动原因分为务工经商、工作调动、学习培训、随迁家属、投亲靠友、拆迁搬家、分配录用、婚姻嫁娶和其他。"六普"数据中的流动原因做了稍许调整，去掉了分配录用，增加了寄挂户口。齐明珠利用 1990 年的"四普"数据分析得出，亲友吸引[①]是老年人省际迁移的最主要原因，占60%。工作学习原因占 29%。[②] 孟向京等利用北京市 2000 年人口普查数据分析得出，2/3 的省际流迁老年人口迁移原因是投亲靠友或随迁家属，务工经商的比例仅占 15%。[③] 孙霞利用 2005 年 1% 的人口抽样调查数据分析得出，老人流动原因以投亲靠友为主，所占比例达到63.2%，其次是务工经商，占 11.3%。徐渊利用"六普"数据分析也表明，老年人的流动以非经济原因[④]为主，占 65.6%，经济原因占18.19%，其他原因占 16.21%。[⑤]

本篇所用数据是自主调查所获得，流动原因的选项有：帮助子女、接受子女帮助、务工经商、喜欢流入地、退休退职返回原籍、婚

[①]　齐明珠把人口普查中的九类迁移动因进行归类：投亲靠友、随迁家属、婚姻嫁娶归为亲友吸引，务工经商、工作调动、学习培训、分配录用归为工作原因，退休退职归为其他类。

[②]　齐明珠：《中国老年人口省际迁移特征及动因研究》，博士学位论文，北京大学，2002 年，第 37 页。

[③]　孟向京、姜向群、宋健：《北京市流动老年人口特征及成因分析》，《人口研究》2004 年第 6 期。

[④]　徐渊把人口普查中的九类迁移动因进行归类：务工经商、工作调动、学习培训归为经济原因，投亲靠友、随迁家属、婚姻嫁娶、寄挂户口、拆迁搬家归为非经济原因，其他原因归为其他。

[⑤]　徐渊：《中国老年流动人口状况——基于"六普"的数据分析》，博士学位论文，中国社会科学院研究生院，2014 年。

姻嫁娶、投奔亲戚、其他。数据分析显示，老年人的流动原因主要集中在前四项，列为重点分析的流动原因。后面四项的样本量非常少，总共为 8 个样本，重新编码为缺失值。

从图 6-3 来看，60.75% 的受访者因帮助子女而流动，是最主要的流动原因。18% 的受访者因接受子女帮助而流动。可见，有78.75% 的受访者是因为子女而流动，这一结论佐证了亲友吸引或者说非经济原因确实是老年人流动主因的观点。此外，14% 的受访者因为工作原因而流动，可见，经济原因也是老年人流动的重要原因，说明这一代的老年人仍然是劳动力市场中的一支不可忽视的力量。他们既有经济上增加收入的要求，又有老有所为、继续实现人生价值的需要。还有 7.25% 的流动老人的流动原因是喜欢流入地，属于追求高品质生活型的流动老人。

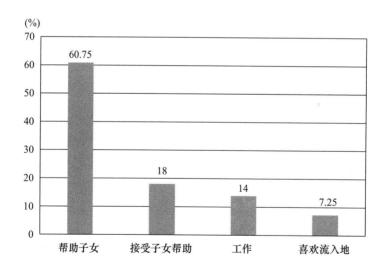

图 6-3 流动老人的流动原因分布

此外，如上文所述，性别、年龄、婚姻状况、户口性质、健康状况与流动原因都显著相关。女性流动老人略多于男性流动老人；低龄流动老人、身体健康的流动老人因为"帮助子女"或"工作"而流动的可能性要高于高龄、身体不好的流动老人；高龄、身体不好的流动老人因为"接受子女帮助"和"喜欢流入地"而流动的可能性要高于低龄、身体健康的老人。有配偶流动老人因为"帮助子女"而流动的可能性要高出无配偶者。而无配偶老人选择"接受子女帮助"的比例要高于有配偶老人。农业户口的流动老人更可能因"工作"而流动。

2. 老年人流动以省内流动为主，受户口性质的影响显著

流迁距离是人口流迁研究的一个重要因素。经典的人口迁移理论一般认为迁移会随着距离的增加而呈现递减规律。[①] 老年人的流动是否也受此规律支配？本篇把跨越行政省的地域界线作为衡量老年人流动距离的尺度，分为省内流动和跨省流动。

表6-7展示了分户口性质的流动老人的流动距离分布。总体来看，省内流动的老人占62.86%，跨省流动的老人占37.14%。这表明老年人的流动以省内流动为主，这与劳动年龄人口的流动一样。分户口性质来看，农业户口老人发生省内流动的可能性要高于城镇户口的老人，而城镇户口的老人发生跨省流动的可能性要高于农业户口的老人。一般来说，省际在地域文化、社会保障制度、老龄社会政策等方面相异性更大，因而，跨省流动相比省内流动对老年人生活的影响会更大。

表6-7　　　　　分户口性质的流动老人的流动距离分布　　　单位:%、人

	省内流动	跨省流动	样本量
户口性质			
农业户口	68.02	31.98	222
城镇户口	57.07	42.93 *	198
总计	62.86	37.14	420

注：在此表和其他表格中，我们对组间差异做了显著性检测，斜体字为参照组，＊表示$p < 0.05$。因缺失值，样本量有变化。因为四舍五入，百分比总和有时不等于100%。

---

① Lee, Everett S., "A Theory of Migration". *Demography*, 1966, Vol. 3, No. 1, pp. 47 -57.

3. 多数老年人在流入地的居住时间为五年以上，低龄、帮助子女的流动老人居住时间相对要短一些

流迁时间也是人口流迁研究的一个重要因素。一般来说，在流入地流迁时间越长，流动人口在流入地的社会资本越丰富，社会融合程度越好。本篇数据分析显示（见图 6 - 4），66.10% 的流动老人在流入地已经居住 5 年及以上。

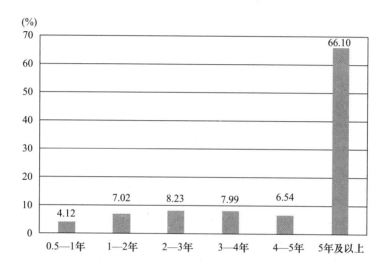

图 6 - 4　流动老人在流入地的居住时间分布

表 6 - 8 展示了分年龄、流动原因的流动老人的流动时间分布。年龄对流动老人的流动时间具有显著影响，低龄流动老人居住 5 年以下的比例为 41.36%，超出高龄流动老人达 25.98 个百分点。高龄流动老人居住 5 年以上的比例，远远超过低龄流动老人。在访谈中我们注意到，受访者中有一部分人是从中年时期就来到流入地工作、生活，只是没有把户口迁到流入地。这可能是高龄老人在流入地居住时间更长的重要原因。

流动原因对流动老人的流动时间也具有显著影响。因帮助子女而流动的老人选择"5 年以下"选项的比例高达 42.44%，远远超过因其他原因而流动的老人。在访谈中我们注意到，那些因帮助子女而流

动的老人，大部分是低龄老人，主要是来照顾小孙孙、小孙女，等到孙子女上学了，不需要照顾时，他们中很多人表示愿意回到老家。在"5年及以上"选项上，占比由高到低的流动原因分别是：喜欢流入地、接受子女帮助、工作、帮助子女。这可以说明追求生活的舒适、寻求帮助的流动老人更可能在流入地长久居住下来。

表6-8　　　　分年龄、流动原因的流动老人的流动时间分布　单位:%、人

	5年以下	5年及以上	样本量
年龄			
60—69 岁	41.36	58.64	295
70 岁及以上	15.38	84.62 ***	117
流动原因			
帮助子女	42.44	57.56	238
接受子女帮助	27.54	72.46 *	69
工作	29.09	70.91 +	55
喜欢流入地	13.79	86.21 **	29
总计	33.90	66.10	413

注：在此表和其他表格中，我们对组间差异做了显著性检测，斜体字为参照组，+ 表示 $p < 0.10$，＊表示 $p < 0.05$，＊＊表示 $p < 0.01$，＊＊＊表示 $p < 0.001$。因缺失值，样本量有变化。因为四舍五入，百分比总和有时不等于100%。

（三）流入地子女特征

大多数的流动老人是"被带动"的流动群体，是因为子女流迁在先，后追随子女而流动。因此，流入地子女的各方面情况对流动老人的生活质量影响非常大，这种影响力甚至要超过在流出地或者其他地方居住的子女。本篇基于实证调查数据以及相关研究成果，分析流入地子女的家庭经济状况、与流动老人的聊天次数、生活方式的和谐

度、流动老人对代际关系的评价①等的情况。

1. 流入地子女的经济状况比较好，低龄、教育程度高、城镇户口、自身富裕、流动时间长的流动老人，其流入地子女经济状况相对更好

图 6-5 展示了流动老人在流入地子女的经济状况。② 接近一半的流入地子女的经济状况为"一般"，33.72% 的受访者选择"比较富裕"，13.49% 的受访者选择"非常富裕"，选择"非常贫困"和"比较贫困"的受访者很少。从数据分析看，流入地子女的经济状况总体上表现为中等偏好。从我们入户访谈观察到的情况看，流入地子女的实际经济状况可能比数据显示还要好一些。一方面可能是流动老人对子女的真实经济状况不了解；另一方面也可能是老年人有谦虚、藏富的倾向。孟向京等对北京市流动老人的调查分析也得出了相似的结论。流动老人子女的经济状况都比较好，近一半的人月收入在 4000 元以上，月收入不足 1000 元的只有 7.4%。③ 流动老人在流入地子女的经济状况比较好，这不难理解。老年人流动是需要成本的，或者由老人自己，或者由子女，或者是两者共同来承担这种流动成本。如果流入地子女的经济太贫困的话，老年人也不会跟随子女而流动。

---

① 问卷调查中，我们收集到了流动老人所有子女及其配偶（如果有配偶）的家庭经济状况、与流动老人的聊天次数、生活方式的和谐度、流动老人对代际关系的评价四个方面的信息。后期数据处理中，我们对原始数据进行了处理。把流动老人子女的居住位置归为三种类型：第一，流入地子女，包括同住在一个房屋和住在同一个城市两种情况。第二，流出地子女，即住在老家的子女。第三，其他地方子女。我们假设流入地子女的社会经济情况对流动老人的生活质量更具影响力，所以，对流入地子女在上述四个方面的信息进行重新录入。对于流入地有多个子女的情况，以其中一个子女代表。遴选作为代表的子女的步骤是：第一步，选取经济状况最好的子女作为代表。第二步，如果多个子女经济状况一样好，则选取代际关系评价最高的子女作为代表。第三步，如果多个子女的经济状况、代际关系评价一样，则选取聊天频次最高的子女作为代表。编码过程中，经过上述三个步骤，都能遴选出代表子女。

② 如果流动老人在流入地有多个子女，选取经济状况最好的子女作为代表。

③ 孟向京、姜向群、宋健：《北京市流动老年人口特征及成因分析》，《人口研究》2004 年第 6 期。

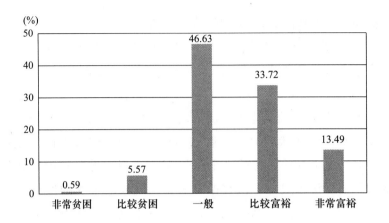

图6-5 流动老人在流入地子女的经济状况

　　表6-9展示了年龄、教育程度、户口性质、健康状况、流动老人经济状况、流动时间等流动老人个体特征与其流入地子女经济状况①的相关关系。

表6-9　　　　　分年龄、教育程度等流动老人经济状况分布　　单位:%、人

	不富裕	富裕	样本量
年龄			
60—69 岁	59.18	40.82	245
70 岁及以上	36.46	63.54 ***	96
教育程度			
未上过学	56.76	43.24	74
小学	59.68	40.32	124
初中	51.32	48.68	76
高中	39.02	60.98 +	41
大学及以上	34.62	65.38 +	26
户口性质			

---

　　① 在进行相关分析时,我们把流入地子女经济状况这一变量重新编码为二分类变量,把"一般""比较贫困"和"非常贫困"归类为"不富裕","比较富裕"和"非常富裕"归类为"富裕"。

续表

	不富裕	富裕	样本量
农业户口	65.93	34.07	182
城镇户口	37.74	62.26 ***	159
流动老人经济状况			
不富裕	65.35	34.65	254
富裕	13.41	86.59 ***	82
流动时间			
5 年以下	61.82	38.18	110
5 年及以上	48.43	51.57 *	223
总计	52.79	47.21	341

注：在此表和其他表格中，我们对组间差异做了显著性检测，斜体字为参照组，＋表示 $p < 0.10$，＊表示 $p < 0.05$，＊＊＊表示 $p < 0.001$。因缺失值，样本量有变化。因为四舍五入，百分比总和有时不等于100%。

流动老人的年龄与其流入地子女的经济状况显著相关。低龄流动老人在流入地的子女，经济"不富裕"的比例远远高于高龄流动老人在流入地的子女，在"富裕"选项上刚好相反。这可能是，低龄流动老人，其子女一般在三四十岁左右，组建家庭时间不久，又抚育小孩，正是家庭开支较大的时期；而高龄流动老人的子女在流入地工作时间长，自己的子女已经长大或工作了，家庭负担轻，因而经济状况更好。

流动老人的教育程度对其流入地子女的经济状况有一定影响。流动老人的教育程度越高，其流入地子女更可能是"富裕"的经济状况。这其中可能存在文化资本的代际传承。父母的教育程度越高，其子女教育程度高的可能性越大。子女的教育程度越高，获得更高收入的可能性越大。

流动老人的户口性质与其流入地子女的经济状况显著相关。农业户口的流动老人，其流入地子女的经济状况为"不富裕"的比例远远高于城镇户口的流动老人的流入地子女。结合入户访谈了解的情况，这可能是因为，农业户口的流动老人，其流入地子女也很可能是流动人口，从事个体户、在企业打工等职业，收入相对不稳定、比较低。老人跟随子女流动而来，有两个主要原因：一个是照顾孙辈，操持家务；另一个是工作，和流入地子女一样。

流动老人自身的经济状况与其流入地子女的经济状况显著相关。自身不富裕的流动老人，其流入地子女不富裕的可能性远远高于自身富裕的流动老人的子女。这不难理解。在调研地有句俗话"苦竹根上生苦笋"，很形象地反映了老年父母与其子女经济状况的相关性。

流动老人的流动时间与其流入地子女的经济状况显著相关。流动老人的流动时间越短，其流入地子女经济状况不富裕的可能性更高。其原因与年龄变量相似。流动时间越短的流动老人，往往自身是低龄，子女也相对比较年轻。

2. 流动老人对代际关系的评价非常高

图6-6展示了流动老人对子女和子女配偶的代际关系的评分。可以看出，流动老人对子女和子女配偶的评分是非常高的。对子女评分的平均数为4.55分，中位数为5分。对子女配偶评分的平均数为4.49分，中位数也是5分。流动老人对子女配偶的评价略低于子女的评价，差距很小。基于中国传统文化，能够理解这种差距。

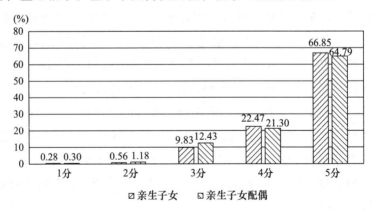

图6-6 流动老人对子女和子女配偶的代际关系评分

在入户调查的过程中，调查员明显感觉到流动老人对与流入地子女的代际关系的评价很高。主要原因可能是：第一，如果流动老人与子女的关系真到了水火不相容的地步，老人估计也就返回老家了。老年人"留"了下来，表明代际关系还过得去。第二，受访的流动老人大部分帮助子女照顾孙辈，操持家务，是子女家庭的贡献者，大部分子女对老年人的付出是心存感激的。第三，传统孝道文化的积极影响。大多数老年人有养儿防老的意愿，大多数子女也有赡养父母的道德自觉，这种孝道文化的维系使双方在生活中都有所克制，相互倚靠。

3. 流动老人与流入地子女的聊天频次很高

老年人与子女及其配偶的聊天说话是老年人精神慰藉的重要内容。老年人的流动，导致原来长久居住地的部分邻里社会关系的断裂，加之流动老人在流入地重建社会关系比较困难，因此，精神孤独是很多流动老人共同面临的难题。老年人与子女及其他家庭成员的联系交往成为缓解流动老人精神孤独的重要方式。

图6-7展示了流动老人与流入地子女及其配偶的聊天频次。可以看出，流动老人与子女及其配偶的聊天频次是非常高的。一方面是因为流动老人与子女的代际关系良好，上文已有阐述；另一方面是这里的流入地子女包括与流动老人同住一套房子女和同住一个城市的子女，其中同住一套房的子女比例很大。同住一个屋檐下，聊天频次自然非常多。此外，流动老人与子女配偶的聊天频次略低于与子女的聊天频次，差距很小。基于中国传统文化，能够理解这种差距。

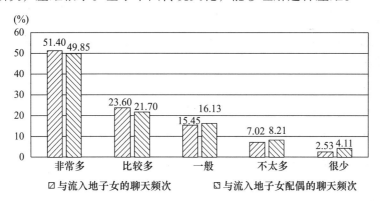

图6-7　流动老人与流入地子女及其配偶的聊天频次

（四）主要结论

结合自主问卷调查收集的数据，以及现有相关研究文献，本节从社会人口学特征、流动特征、流入地子女特征方面阐述了流动老人这一群体内部的多样性。具体研究结论有：

第一，性别对老年人口的流动有一定影响。不过，不同学者因使用不同的数据而产生不同的观点，有些观点认为，男性老人比女性老人更容易流动。而有些观点则相反。这些观点的共同特点是，流动老人的性别选择性大大弱于青壮年劳动力。

第二，年龄对老年人口的流动影响显著。随着年龄的逐步增大，老年人的流动性逐步降低。按流动原因分组，低龄老人更倾向于帮助子女和寻找工作而流动，而高龄老人更倾向于获得子女帮助和追求生活舒适而流动。其中的主要原因很可能是因为身体状况的不同。

第三，大多数的流动老人有配偶，虽然有小部分的流动老人因多种原因没有和配偶同住。无配偶者更可能因寻求子女帮助而流动。

第四，现在的老年人的受教育程度总的说来不高，以初中及以下文化程度为主。受教育程度对老年人流动率的影响呈倒"U"形。

第五，城镇老人的流动率高于农村老人。城城流动老人的教育水平远远高于乡城流动老人。乡城流动老人最可能因寻找工作而流动，城城流动老人最不可能因寻找工作而流动。

第六，流动老人的身体状况总体来看比较好。城镇户口流动老人的身体状况要比农业户口流动老人好一些。身体良好的流动老人更可能因帮助子女和工作而流动，身体不好的流动老人更可能因寻求子女帮助和追求生活舒适而流动。

第七，流动老人的经济状况总体上比较好。有配偶、城镇户口以及教育程度越高的流动老人，经济状况相对更好。

第八，帮助子女是当前老年人流动的最主要原因，排第二位的是寻求子女帮助。这两类原因都与子女相关，但是含义有本质的区别。此外，流动老人也表现出追求经济增收和生活舒适的倾向。

第九，老年人流动以省内流动为主，农业户口老人更可能进行省内流动，而城镇户口老人更可能进行跨省流动。

第十，超过六成的老年人在流入地的居住时间为 5 年及以上，低龄流动老人、因帮助子女而流动的老人，其居住时间更可能在 5 年以下。

第十一，流动老人在流入地的子女的经济状况比较好，代际关系比较和谐，流动老人与流入地子女的聊天交往比较多，这些积极特征有助于保证老年人在流入地拥有较高的生活质量。

三　流动老人的居留意愿

老年人口的整个流动过程分为两个阶段：一是最初的流动决策，也就是做出流动行为的决策；二是其后的居留决策，也就是在城市是否继续居留的决策。最终一部分流动老人选择留在城市，另一部分则返回家乡或者产生再次流动行为。对居留决策这一中间环节的研究尤为重要，可以深入了解流动老人在城市的滞留规律，进一步把握我国老年人口流迁的全过程。

迄今已有一些研究对我国老年人口的流迁行为予以关注。姜向群等的研究发现，老年人流迁活动主要发生在低龄群组中，流迁原因排前三位的是拆迁搬家、投亲靠友和随迁家属。[①] 齐明珠的研究指出，成年子女的吸引是老年人的主要迁移原因。[②] 周皓的研究发现，省际流迁老人呈现以流迁到家庭户、女性、非户籍流动为主等社会人口特征，户主为外省流入人口、户主户口不在本地的人口更容易连带产生老年人的迁入或流入。[③] 孟向京等认为，决定我国大城市老年人口流动的因素归结为老年人的个人因素、流出地因素、流入地因素、流动收益与代价[④]，但没有利用相关数据验证这一观点。张晓娟对历年广州市有关统计数据的分析发现，家庭因素与城市因素在老年人口迁移中起主要作用。[⑤] 刘颖的分析发现，年龄、性别、教育程度、婚姻状

①　姜向群等：《中国老年人口流迁状况及城乡人口老龄化比较》，第五次全国人口普查科学讨论会论文集，2003 年，第 916—928 页。

②　齐明珠：《老年人口迁移、保障的理论与实证分析》，中国人口出版社 2004 年版，第 47—48 页。

③　周皓：《省际人口迁移中的老年人口》，《中国人口科学》2002 年第 2 期。

④　孟向京等：《北京市流动老年人口特征及成因分析》，《人口研究》2004 年第 6 期。

⑤　张晓娟：《广州市老龄化空间分布与老年人口迁移研究》，博士学位论文，中山大学，2007 年。

况、身体健康状况、居住地类型、民族等因素对老年人的迁移具有影响。[①] 这些研究对老年人口的流迁行为进行了有价值的探索。

总的来看，现有的相关研究还相当薄弱，绝大多数文献都以劳动力流动人口尤其是农民工为研究对象；而且上述研究仅就流迁过程最初阶段的流迁行为进行研究，注重人口学意义上的影响因素，对后续居留决策以及社会、文化和经济资本的影响尚无系统考察。基于此，本篇在自主调查数据以及现有文献基础上探讨我国流动老人的居留意愿及其影响因素，以期探索老年人在流入地的沉淀规律，从整体上把握老年人流迁的过程机制。

（一）研究设计

1. 核心概念及操作化

为界定流动老人，需要先界定流动人口。现在学术界对于流动人口的界定观点不一。本章把离开户籍地半年以上、跨越县市行政单位的人口视为流动人口。

流动老人是本章的核心概念之一。本章将流动老人界定为 60 周岁及以上、没有迁移户口、在流入地城市居住 6 个月以上的跨县市或同一县市从农村流动到城市的老年人。根据流动距离，流动老人可分为跨省流动老人、跨地级市流动老人、跨县（市）流动老人和同县市的乡城流动老人四种类型。由于调查地点为城市的市辖区，所以，排除了从城市流动到农村的老年人。

居留意愿是本章的又一个核心概念。本章将居留意愿界定为城市外来老年人口进入城市并在该地生活一段时期后对未来迁居安排的愿望和想法。居留意愿包含定居意向、移居意向和随环境条件的改变而发生变化的不确定意向三个方面。其中，定居意向指的是流动老人打算在流入地城市中长久居住下去的意向。移居意向指的是流动老人打算不久后离开现居的城市迁往其他地方居住生活的意向。不确定意向指的是流动老人根据将来生活条件的变化再做出定居或移居的决策。

---

① 刘颖：《中国老年人口迁移特征与影响的实证研究》，硕士学位论文，首都经济贸易大学，2014 年。

2. 研究数据

对流动老人居留意愿进行实证研究的数据依然是作者自主实施调查所获得的数据。这份数据包括流动老人的社会人口特征、经济资本、文化资本、社会资本、居留意愿及其成年子女情况等丰富信息。数据虽然仅仅来自浙江省的调查，且样本量不太大，所幸的是，数据分析结论与现有相关文献的研究结论没有明显冲突的地方，这表明，本章所采用数据的质量比较高。

3. 分析框架

布迪厄（Bourdieu）的理论成果在欧洲学术界有很高的影响力，他把经济资本、文化资本、社会资本结合在一起，探索优势阶层代际传递的机制。① 布迪厄认为，经济资本可以迅即、直接地转换成金钱，以私人产权的制度形式存在；文化资本通常以教育质量的制度形式存在，在一定条件下可以转换为经济资本；社会资本则由社会义务（"联系"）所构成，以高贵身份的制度形式存在，在一定条件下也可以转换成经济或文化资本（参见 Granovetter，1973；Coleman，1998；Lin，Ensel and Vaughm，1981；Lin，2001；Li，2015）。②③④⑤⑥⑦

布迪厄关于三类资本的理论观点，能够帮助我们从经济资本、文化资本、社会资本的综合角度研究流动老人居留意愿的影响因素。分

① Li，Y.，*Social Capital*，*Social Exclusion and Wellbeing*，*Public Health*：*Social Context and Action*. London：Sage，2007，pp. 60 – 75.

② Bourdieu，P.，"The Forms of Capital"，in John G. Richardson（ed.）*Handbook of Theory and Research for the Sociology of Education*，New York：Greenwood，1986，pp. 241 – 58.

③ Granovetter，M. S.，"The Strength of Weak Ties". *American Journal of Sociology*，1973，Vol. 78，No. 6，pp. 1360 – 1380.

④ Coleman，J. S.，"Social Capital in the Creation of Human Capital". *American Journal of Sociology*，Vol. 94，1988，pp. 95 – 120.

⑤ Lin，N.，Ensel，W. M. and Vaughn，J. C.，"Social Resources and the Strength of Ties：Structural Factors in Occupational Attainment". *American Sociological Review*，1981，Vol. 46，No. 4，pp. 393 – 405.

⑥ Lin，N.，*Social Capital*，Cambridge：Cambridge University Press，2001.

⑦ Li，Y.，Social Capital in Sociological Research：Conceptual Rigour and Empirical Application，in Li，Y.（ed.）*The Handbook of Research Methods and Applications on Social Capital*，Cheltenham：Edward Elgar Publishing，2015，pp. 1 – 20.

析框架如图 6 - 8 所示。许多学者使用不同的指标来测量文化资本、经济资本和社会资本，进而证明三类资本对流动人口的居留意愿发挥了影响作用①②③，但是，与老年流动人口居留意愿的关系尚未得到实证证明。本书假设这种影响关系存在，如图 6 - 8 中的箭头②所示。现有研究还显示，社会人口特征对流动人口的居留意愿发挥了影响作用④⑤，本书假设其与流动老人的居留意愿也具有影响关系，如图 6 - 8 中的箭头①所示。同时，本书拟对社会人口特征、三类资本与流动老人居留意愿进行回归分析，如图 6 - 8 中的箭头③所示。

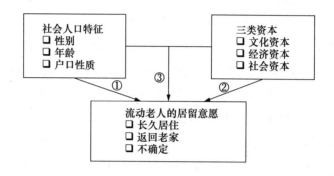

图 6 - 8　流动老人居留意愿影响因素的分析框架

4. 变量说明

自变量方面，以性别、年龄、户口性质为社会人口特征变量，受教育程度为文化资本变量，住得最近的成年子女经济状况、家乡财产状况为经济资本变量，流入地居住时间、现居社区参与、现居社区好

①　王春兰、丁金宏：《流动人口城市居留意愿的影响因素分析》，《南方人口》2007 年第 1 期。

②　段志刚、熊萍：《农民工留城意愿影响因素分析——基于我国七省市的实证研究》，《西部论坛》2010 年第 5 期。

③　任远、戴星翼：《外来人口长期居留倾向的 Logit 模型分析》，《南方人口》2003 年第 4 期。

④　李强：《影响中国城乡流动人口的推力与拉力因素分析》，《中国社会科学》2003 年第 1 期。

⑤　余晓敏、潘毅：《消费社会与"新生代打工妹"主体性再造》，《社会学研究》2008 年第 3 期。

朋友数为社会资本变量。① 其中，性别分类为男性和女性，户口性质分类为农村户口和城市户口，住得最近子女的经济状况分类为不好和好，流入地居住时间分类为 5 年以下和 5 年及以上，现居社区好朋友数量分类为 2 个以下和 3 个以上，均为虚拟变量。年龄、受教育程度、家乡财产状况、社区参与等变量在相关分析时作为分类变量，在模型分析时作为连续变量。因变量是流动老人的居留意愿，在相关分析和多项式 Logit 回归分析时，选项分为"长久居住""返回家乡"和"不确定"。在进行二元 Logistic 回归分析时，将"不确定"选项重新编码为缺失值，选项分为"长久居住"和"返回家乡"。

（二）分析与讨论

按照图 6 - 8 所示，我们首先分析社会人口特征、三类资本与流动老人居留意愿的关系，然后建立回归模型进行多变量分析以揭示不同自变量对流动老人居留意愿的影响力。

1. 社会人口特征与流动老人的居留意愿

表 6 - 10 中的数据展示了社会人口特征与流动老人居留意愿的相关关系。表 6 - 10 显示，有 420 个受访者做出居留意愿的选择，其中，49.5% 的被访者选择长久居住，25.7% 的被访者选择返回家乡，24.8% 的被访者选择不确定。

表 6 - 10　　　　不同社会人口特征的流动老人居留意愿的分布　单位:%、人

	长久居住	返回家乡	不确定	样本量
性别				
男性	51.8	26.4	21.8	197
女性	47.8	25.2	27.0	222
年龄				
60—64 岁	40.0	30.3	30.0	175

---

① 这些变量的定义目前学术界没有完全一致的看法。例如，户口性质也可以作为制度因素，教育程度也作为社会分层变量、文化资本变量。这里不对变量的使用展开讨论，仅仅在常规意义上使用这些变量。

续表

	长久居住	返回家乡	不确定	样本量
65—69 岁	43.6	29.0	27.4	124
70 岁及以上	70.0***	15.8	14.2	120
户口性质				
农村	43.2	33.3	23.4	222
城市	56.9	17.3**	25.9	197
总计	49.5	25.7	24.8	420

注：在此表和其他表格中，我们对组间差异作了显著性检测，斜体字为参照组，** 表示 $p < 0.01$，*** 表示 $p < 0.001$。因缺失值，样本量有变化。因为四舍五入，百分比总和有时不等于100%。

　　性别差异对流动老人的居留意愿没有显著影响，男性（51.8%）选择"长久居住"的比例略高于女性（47.8%），在"不确定"选项上相反，而在"返回家乡"选项上，男女比例基本相当。年龄是影响流动老人居留意愿的关键因素。流动老人选择"长久居住"的比例随年龄的增大而递增（40.0%、43.6%、70.0%），选择"不确定"的比例随年龄的增大而递减（30.0%、27.4%、14.2%），70 岁及以上的流动老人选择"返回家乡"的比例最低，为 15.8%。这种分布与已有的流动人口居留意愿的研究结果不一致。[1][2] 户口性质对流动老人的居留意愿的显著影响表现在两方面：城市户口的流动老人比农村户口的流动老人更倾向于选择"长久居住"；而农村户口的流动老人比城市户口的流动老人更倾向于选择"返回家乡"。他们在"不确定"选项上比例相当。这一结论与流动人口居留意愿的大多数研究结

---

[1]　王春兰、丁金宏：《流动人口城市居留意愿的影响因素分析》，《南方人口》2007 年第 1 期。

[2]　王二红、冯长春：《外来务工人员留城意愿影响因素研究——基于重庆市的实证分析》，《城市发展研究》2013 年第 1 期。

果一致。①

2. 文化资本与流动老人的居留意愿

在关于流动人口居留意愿影响因素的研究中，受教育程度是一个重要的影响因素。受教育程度是人力资本的重要表征之一，"对布迪厄而言，被某些人视为人力资本的教育或培训，都可以被另一些人视为文化资本"。② 表6-11 展示了受教育程度与流动老人居留意愿之间的关系。受教育程度对流动老人居留意愿具有显著影响。随着受教育程度提高，流动老人选择"长久居住"的比例随之递增，而选择"返回家乡"的比例随之递减。具有高中和大学以上学历的流动老人选择"长久居住"的比例高达60%以上，比其他受教育群体要高出约20个百分点，而选择"返回家乡"的比例比其他受教育群体要低约20个百分点。这种分布与流动人口居留意愿的大多数研究结果一致。③④

表6-11　　　不同受教育程度的流动老人居留意愿的分布　　单位:%、人

受教育程度	长久居住	返回家乡	不确定	样本量
未上过小学	42.4	31.5	26.1	92
小学	45.7	33.8	20.5	151
初中	48.4	19.0[+]	32.6	95
高中	63.8	14.9	21.3	47
大学及以上	68.6	8.6	22.9	35
总计	49.5	25.7	24.8	420

注：在此表和其他表格中，我们对组间差异做了显著性检测，斜体字为参照组，+表示 $p<0.10$。因缺失值，样本量有变化。因为四舍五入，百分比总和有时不等于100%。

① 朱宇：《户籍制度改革与流动人口在流入地的居留意愿及其制约机制》，《南方人口》2004 年第3 期。
② 林南：《社会资本：关于社会结构与行动的理论》，上海人民出版社2005 年版。
③ 王二红、冯长春：《外来务工人员留城意愿影响因素研究——基于重庆市的实证分析》，《城市发展研究》2013 年第1 期。
④ 孟兆敏、吴瑞君：《城市流动人口居留意愿研究——基于上海、苏州等地的调查分析》，《人口与发展》2011 年第3 期。

3. 经济资本与流动老人的居留意愿

古典经济学理论认为，迁移是迁移者为了追求比原住地更高的比较经济效益，而返迁的重要原因之一是因为在迁入地的工资没有达到期望的要求。因此，收入水平被众多研究者认为是影响流动人口居留意愿的重要因素。①② 本书的研究对象是流动老人，从流动原因来看，选择"帮助成年子女""接受子女照顾""工作"和"其他"的比例分别是 57.5%、17.0%、13.2% 和 12.3%。可见，超过七成的老年人的流动与其子女有关，这一结论与现有研究结果是一致的。③④ 基于生活成本的考虑，以及流动老人可能有多个子女，本书使用住得最近子女的经济状况作为变量。此外，家乡住房、承包地以及单位福利也是现有研究中分析流动人口尤其是农民工的居留意愿或户口迁移意愿的重要影响因素⑤⑥，一般作为流出地的推力因素或制度因素，而本书视它为老年人的经济资本。

表 6-12 展示了经济资本的两个变量与流动老人居留意愿之间的相关关系。与流动老人住得最近的子女的经济状况对流动老人居留意愿具有显著影响。住得最近子女经济状况好的流动老人比住得最近子女经济状况不好的群体选择"长久居住"的比例要高出 19 个多百分点，而后者比前者选择"不确定"的比例要高出约 14 个百分点。家乡财产状况对流动老人居留意愿也具有显著影响。随着家乡财产数目减少，选择"长久居住"的比例递增，选择"返回家乡"和"不确定"的比例递减。相比其他群体，家乡没有财产的流动老人选择"长久居住"的比例最高（77.8%），选择"返回家乡"和"不确定"的

---

① 申秋红：《流动人口居留意愿影响因素分析——基于全国六城市的调查》，《经济研究导刊》2012 年第 2 期。

② 肖昕如、丁金宏：《基于 Logit 模型的上海市流动人口居返意愿研究》，《南京人口管理干部学院学报》2009 年第 3 期，

③ 周皓：《省际人口迁移中的老年人口》，《中国人口科学》2002 年第 2 期。

④ 孟向京等：《北京市流动老年人口特征及成因分析》，《人口研究》2004 年第 6 期。

⑤ 李强：《影响中国城乡流动人口的推力与拉力因素分析》，《中国社会科学》2003 年第 1 期。

⑥ 胡陈冲等：《流动人口的户籍迁移意愿及其影响因素分析——基于一项在福建省的问卷调查》，《人口与发展》2011 年第 3 期。

比例最低，分别为8.3%和13.9%。也就是说，家乡没有财产的流动老人更倾向于选择"长久居住"，而有财产的流动老人更倾向于选择"返回家乡"或者"不确定"。

表6-12　　　**不同经济资本的流动老人居留意愿的分布**　　单位:%、人

	长久居住	返回家乡	不确定	样本量
住得最近子女经济状况				
不好	40.8	29.1	30.2	179
好	59.4***	24.4	16.3	160
家乡财产状况				
没有	77.8	8.3	13.9	36
1项	66.4	10.3	23.3	116
2项及以上	38.4**	34.7	26.9	268
总计	49.5	25.7	24.8	420

注：在此表和其他表格中，我们对组间差异做了显著性检测，斜体字为参照组，**表示p<0.01，***表示p<0.001。因缺失值，样本量有变化。因为四舍五入，百分比总和有时不等于100%。

（4）社会资本与流动老人的居留意愿。在国外人口迁移和移民适应研究中，社会资本理论得到广泛的应用。如波茨（Portes，1995）曾指出，迁移的每一个环节（决定是否迁移、向何处迁移、如何适应当地生活等）都与迁移人口的社会资本密不可分。[1] 国内学者在流动人口居留意愿影响因素的研究中也把社会资本作为重要因素，不过测

---

[1] Portes, A., Economic Sociology and the Sociology of Immigration: A Conceptual Overview, in Portes, A. (ed.) *The Economic Sociology of Immigration: Essays on Networks, Ethnicity and Enterpreneurship*, New York: Russell Sage Foundation, 1995, pp. 12 – 15.

量社会资本的指标则各不相同。①② 本书使用居住时间、好朋友数量、社区参与作为流动老人在流入地社会资本的测量指标。流动老人的交友数目及与邻居接触程度，反映流动老人在流入地社会关系的强、弱；社区参与的类型数量则反映流动老人的社区活动参与程度。

表 6 - 13 显示，属于社会资本的三个变量对流动老人的居留意愿均具有显著影响。居住 5 年及以上的流动老人比 5 年以下的流动老人选择"长久居住"的比例约高 29 个百分点，选择"返回家乡"的比例低 19.7 个百分点。有 3 个以上好朋友的流动老人比其他流动老人选择"长久居住"的比例高 16.9 个百分点，选择"返回家乡"的比例低 11.7 个百分点。随着参加社区活动的增加，选择"长久居住"的比例递增，选择"返回家乡"的比例递减。

表 6 - 13　　　不同社会资本的流动老人居留意愿的分布　　　单位:%

	长久居住	返回家乡	不确定	样本量
居住时间				
5 年以下	30.2	38.9	30.9	139
5 年及以上	59.1 ***	19.2	21.7	281
社区参与				
没有或1 项	39.0	33.6	27.4	241
2—3 项	58.1 *	21.0	21.0	124
4 项以上	75.9 *	1.9 *	22.2	54
好朋友数				
2 个以下	43.0	30.2	26.7	258
3 个以上	59.9 *	18.5	21.6	162
总计	49.5	25.7	24.8	420

注：在此表和其他表格中，我们对组间差异做了显著性检测，斜体字为参照组，* 表示 $p < 0.05$，*** 表示 $p < 0.001$。因缺失值，样本量有变化。因为四舍五入，百分比总和有时不等于100%。

---

① 任远、戴星翼：《外来人口长期居留倾向的 Logit 模型分析》，《南方人口》2003 年第 4 期。

② 肖昕如、丁金宏：《基于 Logit 模型的上海市流动人口居返意愿研究》，《南京人口管理干部学院学报》2009 年第 3 期。

5. 流动老人居留意愿的回归分析

上文分别论述了社会人口特征、三类资本与流动老人居留意愿的相关关系。然而，有些自变量之间相互影响①，为了分析各因素影响的净效应，本书建立了4个多变量的回归模型，展示了社会人口特征、三类资本影响流动老人居留意愿的平均边际效应（见表6-14）。② 模型1仅把性别、年龄和户口性质3个社会人口特征作为自变量；模型2加入了受教育程度作为自变量；模型3再加入了住得最近子女经济状况和家乡财产状况两个自变量；最后在模型4中，又加入了居住时间、好朋友数量和社区参与3个自变量。表6-14还报告了模型的拟合度比较。随着模型由简单到复杂，各自变量对因变量影响的系数发生了改变。

表6-14显示，当仅仅以社会人口特征为自变量时（模型1），年龄和户口性质对流动老人居留意愿具有显著的正向影响。年龄每增加1岁，流动老人选择"长久居住"的可能性提高1.7%，也就是说，随着年龄的增大，流动老人越倾向于长久居住。这一结论与大多数流动人口居留意愿的研究结论相反③，但却在情理之中。因为大多数老年人是被子女带动而来到流入地，越是接近晚年，老人越加感受到儿孙陪伴、天伦之乐的珍贵，也越需要从子辈孙辈那里获得生活照料和情感慰藉。此外，城镇户口的流动老人比农村户口的流动老人选择"长久居住"的可能性提高18%。我国城乡老年人群体在经济状况、生活方式等诸多方面的差别非常大，乡城流动的老年人相比城城流动的老年人更难适应流入地的生活，因而在居留意愿上产生显著的差别。性别没有通过显著性检验，可能是因为大多数流动老人退出了

---

① 例如，受教育程度与社区参与相互影响，数据分析显示，没有受过正规教育的流动老人中有76.1%没有参加任何社区活动，其比例超过其他教育群体达20多个百分点。

② 此处使用二元Logistic回归模型，流动老人居留意愿有两个选项："长久居住"和"返回家乡"。"不确定"选项重新编码为缺失值。同时，本书也进行了多项式Logit模型分析，分析结果作为附表6-15，置于本文末尾。这样处理的目的是更直接地分析"长久居住"和"返回家乡"不同选择背后的影响因素，以便更清晰地展示老年人的流动机制。

③ 王二红、冯长春：《外来务工人员留城意愿影响因素研究——基于重庆市的实证分析》，《城市发展研究》2013年第1期。

劳动力市场，主要生活于家庭和社区中，性别的不同对他们居留意愿影响不大。

表 6-14　不同因素对流动老人选择长久居住而不是返回家乡的
影响（平均边际效应）

	模型 1		模型 2		模型 3		模型 4	
	dy/dx	s.e	dy/dx	s.e	dy/dx	s.e	dy/dx	s.e
女性	0.018	(0.051)	0.041	(0.051)	0.042	(0.053)	0.039	(0.050)
年龄	0.017***	(0.004)	0.017***	(0.004)	0.012**	(0.004)	0.010*	(0.004)
城市户口	0.180***	(0.049)	0.097+	(0.058)	0.009	(0.064)	0.005	(0.063)
受教育程度			0.071**	(0.026)	0.090**	(0.027)	0.070**	(0.026)
住得最近子女经济状况					0.038	(0.055)	0.026	(0.051)
家乡财产状况					-0.265***	(0.047)	-0.219***	(0.046)
居住时间							0.193***	(0.049)
社区参与							0.142***	(0.042)
好朋友数目							0.034	(0.053)
常数项	0.005***	(0.007)	0.002***	(0.003)	0.052	(0.095)	-0.002**	(0.004)
模型拟合度比较			7.33ᵃ***		94.90ᵇ***		29.42ᶜ***	
样本量	316		316		259		258	

注：a 指模型 2 与模型 1 的卡方值比较；b 指模型 3 与模型 2 的卡方值比较；c 指模型 4 与模型 3 的卡方值比较。+ 表示 $p < 0.10$，* 表示 $p < 0.05$，** 表示 $p < 0.01$，*** 表示 $p < 0.001$。

模型 2 在控制性别、年龄和户口的基础上考察受教育程度对流动老人的居留意愿，发现流动老人的教育程度具有显著的正向影响。受教育程度每提高一个层次，流动老人选择"长久居住"的可能性提高 7.1%。这一发现也验证了流动人口居留意愿研究中的结论。[1][2][3] 比

① 孟兆敏、吴瑞君：《城市流动人口居留意愿研究——基于上海、苏州等地的调查分析》，《人口与发展》2011 年第 3 期。
② 申秋红：《流动人口居留意愿影响因素分析——基于全国六城市的调查》，《经济研究导刊》2012 年第 2 期。
③ 肖昕如、丁金宏：《基于 Logit 模型的上海市流动人口居返意愿研究》，《南京人口管理干部学院学报》2009 年第 3 期。

较两模型中的系数，年龄的影响系数没有改变，户口性质的影响系数减少了约一半（从 0.180 降到 0.097）。也就是说，控制受教育程度导致户口性质的影响力降低了，因为一般来说，城市户口流动老人的受教育程度远远高于农村户口的流动老人。在同样教育程度下，城市户口流动老人依然比农村户口的流动老人更倾向于在流入地与子女长期居住在一起，或许因为农村户口的流动老人在老家有更浓厚的邻里亲友关系。

模型 3 在控制上述自变量的基础上，进一步考察住得最近子女经济状况及家乡财产状况对流动老人居留意愿的影响，其中，家乡财产状况的影响方向为负向。也就是说，家乡财产越多，流动老人选择"返回家乡"的可能性越大。这一结论与大多数流动人口居留意愿的研究结论相符。[1][2][3] 因为家乡财产越多，流动老人的牵挂越大，当然，越倾向于返回家乡。住得最近子女经济状况没有通过显著性检验，与模型 3 两维分析的结论不同。比较三个模型，我们发现户口性质不再具有显著性影响，年龄、受教育程度表现出了稳定的影响作用和一致的影响方向，且影响系数变化不大，家乡财产的影响最大。

模型 4 在控制年龄、受教育程度、家乡财产状况等经济、文化资本的同时，进一步考察居住时间、社区参与及好友数目等社会资本的作用。我们发现，居住时间和社区参与对流动老人居留意愿具有显著的积极影响。居住 5 年及以上的流动老人比 5 年以下的流动老人选择"长久居住"的概率高 19.3%；社区参与活动越多，流动老人选择"长久居住"的可能性越高。这些结论与大多数流动人口居留意愿的

---

① 李强：《影响中国城乡流动人口的推力与拉力因素分析》，《中国社会科学》2003 年第 1 期。

② 胡陈冲等：《流动人口的户籍迁移意愿及其影响因素分析——基于一项在福建省的问卷调查》，《人口与发展》2011 年第 3 期。

③ 郭星华、王嘉思：《新生代农民工：生活在城市的推拉之间》，《中国农业大学学报》2011 年第 3 期。

研究结论相符。①② 居住时间越长，社区参与越多，说明流动老人在流入地的社会资本越多，获得的社会支持也越多，社会适应性越强。与模型4的两维分析结论不同，在其他因素相同的情况下，在流入地城市的"好友数目"对流动老人的居留意愿没有显著效果，一种可能是因为居返抉择是流动老人与其子女共同商议的家庭选择，"好友"类社会资本的解释力在模型中被其他变量稀释掉了。另一种可能是在迁入地善于结交朋友的流动老人在老家也应该是交友能手，因而朋友数目并非居留意愿的重要考量。比较四个模型，我们发现，变化最大的是户口性质，由高度显著的18%变为微不足道的0.5%，说明其他因素对流动老人的居留意愿所产生的影响更为重要，同时说明随着近年推行的户籍改革，户口性质的作用已今非昔比。其次是家乡财产状况，其影响系数降低了4.6个百分点，说明社会资本的影响稀释了它的作用。随着居住时间的增加，对当地社区的了解和融入，家乡财产影响力逐渐降低。

（三）结论与建议

本书使用2013年在浙江省进行的问卷调查数据，采用多种统计方法探讨了流动老人居留意愿的影响因素。研究结果表明，第一，流动老年人口在居留意愿上存在多样化选择。有约1/4的流动老人对自身的居留决策尚未明确。在具有明确决策意识的流动老人中，年龄大、教育程度高、无家乡财产、居住时间5年以上、积极参与社区活动的流动老人相对倾向于选择长久居住；而年龄不太大、教育程度低、家乡财产多、居住时间短、不太参与社区活动的流动老人相对倾向于选择返回家乡。第二，文化资本、经济资本、社会资本确能影响流动老人的居留意愿。从影响系数来看，各因素的影响力依次是家乡财产状况、居住时间、社区参与、受教育程度、年龄。三类资本的影响力均超过了社会人口特征。第三，家乡财产状况反映流动老人在流

---

① 仟远、戴星翼：《外来人口长期居留倾向的 Logit 模型分析》，《南方人口》2003 年第 4 期。

② 孟兆敏、吴瑞君：《城市流动人口居留意愿研究——基于上海、苏州等地的调查分析》，《人口与发展》2011 年第 3 期。

入地的情况，居住时间和社区参与反映流动老人在流出地的情况，可见，流动老人的居留意愿同时受到流出地和流入地情况的影响。

老年流动人口也叫"老漂"。老了，还要漂，大多数因子女而漂，或为照顾子女孙辈，或为老能有所依（子女）。这种"漂"在当前我国面临"老龄化"和"少子化"冲击的背景下具有重要的社会意义。他们弥补了目前社会养老育幼服务、基本公共服务的短板，延续了我国家庭养老育幼的优秀文化传统，增强了国家应对人口老龄化和少子化挑战的文化支撑力。因此，国家应当制定相应政策和措施来减少甚至分担老年人在流动过程中的代价。①

"整合的社会服务"是近十多年来欧美国家寻求应对传统社会服务的碎片化、利益冲突等挑战而着重研究和探索的重要议题之一。实践证明，整合的社会服务可以提高社会服务的递送效益和管理水平，使服务对象、服务提供者，乃至整个社会、国家受益。② 在我国，流动老人面临困难的最主要根源是老龄服务的脱节和碎片化、地区部门的利益冲突，导致社会福利"两地"（流出地与流入地）不沾边，医疗报销养老金领取"两地"不衔接等诸多麻烦。破解这些问题，可以借鉴欧美国家"整合的社会服务"的经验，以系统的视角看待流动老人复杂多样的需要，创新社会治理方式，运用一系列的方式方法，促进跨地区、跨组织、跨部门之间建立合作伙伴关系，为流动老人提供整合的养老服务。具体策略有以下几点：

首先，建立流出地与流入地的相关组织、部门的合作伙伴关系。流动老人在流出地已经拥有与其身份相适应的社会保障、地区性福利津贴，当前最迫切的是，如何让他们在流入地更加便捷地享有这些利益，为此，国家政策应当促进原有的医疗保险、养老保险、地区性福利津贴等的"移动"。在这一层次，中央政府拥有在全国进行顶层设计、统筹布局的政治资源，并可制定以下政策纲要：第一，制定连贯、长期的国家政策，切忌短期行为主导国家政策。丹麦、北爱尔兰

---

① 孟向京：《北京市流动老年人口特征及成因分析》，《人口研究》2004 年第 6 期。
② 李兵：《整合的社会服务：理论阐释和战略抉择》，《社科纵横》2014 年第 4 期。

的整合性社会服务发展的经验证明了这一点。① 第二，优先促进跨地区、跨组织、跨部门之间建立合作伙伴关系，而不是结构重组。里德（Reed，2005）指出，就英格兰国民医疗服务改革来说，伙伴关系，而不是结构重组，成为现代医疗和社会护理政策的一个关键原则。② 这一措施消除了整合的结构障碍，在当前我国各地区社会保障、社会福利水平不同，统筹层次各异的国情背景下更具有可行性。第三，制定法律法规、配备经费来支持合作伙伴关系的建立。把建立伙伴关系作为法定责任置于法律法规中，赋予相关组织和部门一定的权力，并配备专项经费予以支持。第四，对于流动老人在流出地还有固定财产等权益的情况，如房产、承包地等，中央及各级地方政府应当依法确保流动老人的权益不受损害，以减轻流动老人对老家的牵挂，安心融入流入地生活。

其次，流入地政府以社区为平台，整合跨部门资源，培育流动老人的经济资本、文化资本和社会资本。社区既是流动老人除家庭之外最重要的生活场所，又是资源富集地。为此，流入地政府应当把流动老人纳入社区管理和服务的范围，以社区为平台，积极为流动老人培育资本。第一，有计划、有步骤地让流动老人享有流入地的基本公共服务和养老服务。随着2013年新修订的《老年人权益保障法》的实施，流动老人基本能享有流入地的老年人优待服务。但是，其他基本公共服务、公办社区养老和机构养老服务都只面向本地户籍的老年人。流动老人要自费享有甚至没有机会享有，这是阻碍流动老人在流入地长久居住的重要原因。让流动老人分享流入地的基本公共服务和养老服务，可以大大提高流动老人在流入地生活的经济能力，也是全社会对他们所做贡献的承认。第二，积极引导，热情帮助流动老人参加社区组织和各项活动。一方面可以邀请流动老人参加到各种文化、教育、娱乐、健身等社区活动中，增加他们与社区居民的互往；另一

---

① Reed, J. et al. , A Literature Review to Explore Integrated Care for Older People. *International Journal of Integrated Care*, 2005, Vol. 14, No. 5, pp. 1 - 8.

② Ibid. .

方面可以专门针对流动老人组织特殊的老年活动，如建立"老漂族联谊会"，开展结对帮扶。流动老人参与社区生活越广，其积累的文化资本、社会资本也越多，越能适应流入地生活，舒心长住。

此外，建立老年流动人口的动态监测和管理信息系统对于为流动老人提供整合的养老服务极为重要。国家卫生计生委主导的流动人口动态监测调查在 2015 年首次把老年流动人口纳入调查范围，这是可喜的举措。建议全国老龄办主导的城乡老年人生活状况调查，以及其他涉老的大规模调查能包括更多的老年流动人口的信息，这将有利于老年流动人口大数据的建立，为引导老年人口有序流动、合理分布以及提供整合的养老服务打好动态可靠的数据基础。

表 6-15 呈现了社会人口特征、三类资本与流动老人居留意愿的多项式 Logistic 回归分析结果，以"不确定"为参照组，"长久居住"和"返回家乡"两组分别与参照组相比较。从"长久居住"与"不确定"两组的比较来看，控制模型中其他变量的基础上，年龄大、农村户口的流动老人更可能选择"长久居住"。属于经济资本的两个变量也显著地影响流动老人的居留意愿，住得最近子女经济状况越好、家乡财产数目越少的流动老人更可能选择"长久居住"。属于社会资本的三个变量也显著地影响流动老人的居留意愿，居住时间越长的、社区参与活动越多的、好朋友数目越多的流动老人更可能选择"长久居住"。从"返回家乡"与"不确定"两组的比较来看，我们发现，除性别、户口性质、经济资本变量外，其他变量的影响都不显著。值得注意的是，从系数大小来看，经济资本的两个变量的系数是非常大的。家乡财产数目每增加一个单位，流动老人选择"返回家乡"的比例提高了 88.9%。住得最近子女经济状况好的流动老人比不好的流动老人选择"返回家乡"的比例提高了 117.3%。此外，我们注意到，受教育程度越高，流动老人更可能选择"长久居住"，也更可能选择"不确定"，但是，在两个比较组的影响都不显著。这说明在控制其他变量的基础上，文化资本对流动老人居留意愿的影响降低了。

表 6-15 流动老人居留意愿的多项式 Logistic 回归分析结果

	长久居住 v 不确定		返回家乡 v 不确定	
	rrr	s. e	rrr	s. e
女性	0.667	(0.213)	0.514 +	(0.175)
年龄	1.092 **	(0.031)	1.028	(0.033)
城市户口	0.470 *	(0.173)	0.456 *	(0.179)
受教育程度	1.262	(0.193)	0.782	(0.131)
住得最近子女经济状况	2.503 **	(0.813)	2.173 *	(0.765)
家乡财产状况	0.474 **	(0.120)	1.889 +	(0.674)
居住时间	1.935 *	(0.644)	0.611	(0.204)
社区参与	1.806 *	(0.442)	0.812	(0.247)
好朋友数目	1.883 +	(0.631)	1.366	(0.504)
常数项	0.001 **	(0.003)	0.400	(0.941)
伪判定系数（Pseudo R^2）	0.1779			
样本量	338			

注：+表示 $p < 0.10$，*表示 $p < 0.05$，**表示 $p < 0.01$。

第七章　流动老人的社会融合

老年人居住地的改变意味着抛弃原来带给他们生活意义的社会文化背景，进入新的社会文化环境中。特别当流入地与流出地非常不同时，流动的过程会带来生活的断裂、文化的冲击、思想的困惑和较强的心理压力。因为它切断了个人与熟悉的社交网络和机构的关系，这些支撑了老年人大部分的生命历程。可以说，流动行为引发的各种社会文化因素，与衰老等生理因素相结合，可能会引起老年人适应流入地生活的层层壁垒。为提高流动老人的生活质量，重建社交网络，培养归属感，增强权力感等促进其社会融合的举措是不可缺少的组成部分。本章主要探讨老年人的社会排斥与融合、流动老人社会融合的概念与测量，以及全球性金融危机背景下关注老年人包括流动老人社会融合问题的重要性和紧迫性。

一　老年人：从排斥到融合

（一）社会排斥与社会融合

1. 社会排斥

社会排斥的思想可以追溯到 20 世纪 60 年代发生在法国的政治辩论，到 20 世纪 80 年代欧洲经济进入衰退时期社会排斥概念被广泛使用。[1] 英国保守党政府质疑把贫困作为欧盟的责任，欧盟委员会使用

---

① Silver, H. , "Social Exclusion and Social Solidarit: Three Paradigms", *International Labour Review*, Vol. 133, No. 5 – 6, 1994, pp. 531 – 578.

社会排斥概念替代“贫困”。[1] 贫困一般指物质资源的缺乏，而社会排斥是一个包含更全面、复杂的社会劣势的概念。[2] 这一概念的价值在于，它把人们的注意力从狭隘的物质资源方面转移到老年人所需要的一系列活动、关系和资源上，拥有这些，老年人才能获得一定程度的社会参与和权利。[3] 到20世纪末和21世纪初，“社会排斥的概念成为主要全球政府机构的词汇，成为与公正相关的各种改革的修辞”。[4] 自2000年以来，欧盟将消除社会排斥作为一个社会政策目标，要求欧盟成员国在提交“国家战略报告”时说明，各国在“社会保护”和“社会融合”方面致力于消除排斥风险、帮助脆弱的人所做的努力[5]。

　　社会排斥作为一个新概念，起初缺乏明确的定义，内涵模糊。不过，西尔弗（Silver，1994）认为，这种模糊性也有优势：“这一表述是如此的令人回味、模糊、多面性、富有弹性，以致它可以用许多不同的方式来定义……它可以服务于各种政治目的。”[6]

　　1997年英国政府从实践工作的视角来定义社会排斥：描述人们或地区遭受如失业、低技能、低收入、高犯罪率、住房条件差、健康差和家庭破裂等相关问题的综合影响下发生的情况。[7]

　　在“欧盟2020战略”中，社会排斥被定义为个人社会边缘化、

① Atkinson, A. B., "Social Exclusion, Povert and Unemployment", in A. B. Atkinson and J. Hills, eds., *Exclusion*, *Employment and Opportunity*. CASE Paper 4, Centre for Analysis of Social Exclusion, London: London School of Economics, 1998, pp. 1 – 20.

② Silver, H., "The Process of Social Exclusion: The Dynamics of an Evolving Concept", Chronic Poverty Research Centre, *Working Paper* 95, October 2007, p. 18.

③ Room, G. ed., *Beyond the Threshold: The Measurement and Analysis of Social Exclusion*. Bristol: Policy Press, 1995.

④ O'Brien, M. and Penna, S., "Social Exclusion in Europe: Some Conceptual Issues". *International Journal of Social Welfare*, Vol. 17, No. 1, 2008, p. 1.

⑤ European Commission, Joint Report on Social Protection and Social Inclusion 2008: "Social Inclusion, Pensions, Healthcare and Long – term Care". Brussels: European Commission, 2008.

⑥ Silver, H., "Social Exclusion and Social Solidarit: Three Paradigms". *International Labour Review*, Vol. 133, No. 5 – 6, 1994, p. 536.

⑦ Social Exclusion Unit, *Preventing Social Exclusion*. London: Stationery Office, 2001, p. 11.

由于贫穷而无法完全参与到社会中，缺乏基本技能和机会的一个过程，是歧视和结构性不平等的结果。这一排斥过程使得个体与劳动力市场、充足的收入、教育和培训机会、获得社会支持和服务的机会保持了相当距离。[①]

有些研究者从个人和团体脱离社会主要机构的视角来定义社会排斥。比如，艾伦·沃尔克和卡罗尔·沃尔克（Alan Walker and Carol Walker，1997）认为，社会排斥是指个人"完全或部分地从任何社会的、经济的、政治的和文化的系统中被拒之门外的动态过程，这种情况决定了一个人社会融合的状况"。[②] 西尔弗（Silver，2007）把社会排斥作为逐步的社会断裂的多元过程，把群体和个人从社会关系和制度中分离出来，阻止其充分参与到正常的社会活动中。[③]

伯查特等（Burchardt et al.，1999）认为，满足以下条件的个人被认为遭受社会排斥：第一，他（或她）居住在这个社区；第二，他（或她）不能参加正常的公民活动；第三，他（或她）想要参与，但是因非本人控制因素而不能参与社区活动。[④]

莱维塔斯等（Levitas et al.，2007）以社会排斥来代表"缺乏或者不许可得到的资源、权利、商品和服务，以及无法参加大多数人都能参加的正常关系和活动。[⑤]

阿特金森（Atkinson，1998）概括了社会排斥的三个特征：第一，社会排斥是一个相对的概念。在一定意义上，判断一个人或群体被排

① European Commission，Joint Report on Social Inclusion 2004，"Directorate General for Employment and Social Affairs"，Unit E. 2. Luxembourg：Office for Official Publications of the European Communities，2004.

② Walker，A. and Walker，C. eds.，*Britain Divided：The Growth of Social Exclusion in the 1980s and 1990s.* London：Child Poverty Action Group，1997，p. 8.

③ Silver，H.，"The Process of Social Exclusion：The Dynamics of an Evolving Concept"，Chronic Poverty Research Centre，*Working Paper* 95，October 2007，p. 15.

④ Burchardt，T.，Le Grand，J. and Piachaud，D.，"Social Exclusion in Britain 1991 – 1995". *Social Policy and Administration*，Vol. 33，No. 3，1999，p. 229.

⑤ Levitas，R.，Pantazis，C.，Fahmy，E.，Gordon，D.，Lloyd，E. and Patsios，D.，The Multi – dimensional Analysis of Social Exclusion. London：Social Exclusion Unit，Cabinet Office. 2007，p. 25.

斥，是把他们的状态与他们生活环境的正常状态进行对比。第二，代理机构的概念对于理解多种排斥概念很重要。排斥意味着与一个或多个代理机构的行为。个人和群体不仅是被排斥，而且他们选择自我主动排斥。第三，社会排斥被认为是一个动态的过程。对于个人和群体来说，随着时间的推移，有可能在排斥和不排斥中反复变化。因此，评价社会排斥不是单纯看个人或群体的现在情况，而要采取生命历程和代际视角。[①]

　　如何测量社会排斥是学者们关注的另一个重要问题。如上所述，社会排斥概念由贫穷概念延伸而来，内涵扩大了很多，但是贫困（即物质资源缺乏）仍是衡量社会排斥的一个重要维度。巴拉和拉佩尔（Bhalla and Lapeyre，1997）指出，社会排斥与收入密切相关，足够的收入水平是满足人类基本需求的必要条件，但是，并不是有了它，就能够充分满足人们的基本需要。[②] 汤森（Townsend，1979）的研究指出，排斥于社会参与之外与贫困直接相关。[③] 鲍曼（Bauman，1998）也强调了这一观点：贫困意味着被排除在任何"正常生活"之外。[④]

　　有些学者强调社会排斥的多元性。伯格曼（Berghman，1997）认为，社会排斥是公民权利在四个关键社会系统中没有得到实现，包括民主和法制系统、劳动力市场、福利系统、家庭和社区系统，这些系统的受阻都可能导致社会排斥的产生。[⑤] 伯查特等（1999）指出，社会排斥可能发生在五类社会活动中，它们是：生产活动（具有经济价值和社会价值的活动）；消费活动（个体具有消费大众商品和服务的

---

　　① Atkinson, A. B. , "Social Exclusion, Povert and Unemployment", in A. B. Atkinson and J. Hills, eds. , *Exclusion*, *Employment and Opportunity*. CASEpaper 4 , Centre for Analysis of Social Exclusion, London: London School of Economics, 1998 , p. 7f.

　　② Bhalla, A. and Lapeyre, F. , "Social Exclusion: Towards an Analytical and Operational Framework". *Development and Change*, Vol. 28 , 1997 , pp. 413 – 433.

　　③ Townsend, P. , *Poverty in the United Kingdom*. Harmondsworth: Penguin, 1979.

　　④ Bauman, Z. , *Work, Consumerism and the New Poor*. Buckingham: Open University Press, 1998.

　　⑤ Berghman, J. , "The Resurgence of Poverty and the Struggle Against Exclusion: A New Challenge for Social Security?". *International Social Security Review*, Vol. 50 , No. 1 , 1997 , pp. 3 – 23.

能力）；储蓄活动（包括储蓄的积累、养老金权利、财产所有权）；政治活动（通过集体努力，以改善周围或更广泛的环境条件）；社交活动（参与家人或朋友的社会交往，成为某一文化团体或社区的一员）。[1] 戈登等（Gordon et al. ，2000）提出，社会排斥与贫困、劳动力市场、服务、和社会关系有关。[2] 奥格（Ogg，2005）界定了社会排斥的五个维度：与朋友和亲戚有规律地见面；参加社会活动；自评的身体健康和心理健康；自评的收入；居住地的质量。[3]

有些学者把社会排斥与居住空间联系起来。Perri 6（1997）指出，社会排斥与机会的地理分化越来越相关，以致通常非常小的区域，如居住小区、市区的里面或外面，就可以把人们与周围的生活切断。[4] 曼德尼波等（Madanipour et al. ，1998）强调社会排斥的多维性与空间表现形式的联系。他认为，社会排斥涉及参与决策和政治过程、获得就业和物质资源、融合到共同文化过程等方面。把这些结合在一起，就形成了社会排斥的独特形式，呈现出特定地区的空间分布。[5]

综上所述，从理论层面看，欧洲学者对社会排斥的研究成果十分丰富，从欧盟采取的行动来看，在一般层面消除社会排斥和在特殊层面消除城市社会排斥也已经置于欧盟和各成员国的优先政策。但是，社会排斥的概念，缺乏一个明确的定义。因此，如何测量它也没有达成共识。有关社会排斥的一些研究主要是采用特定的指标、定量研究方法，但是没有形成关于社会排斥的统一的定义和测量方法。[6]

---

① Burchardt, T. , Le Grand, J. and Piachaud, D. , "Social Exclusion in Britain 1991 – 1995". *Social Policy and Administration*, Vol. 33, No. 3, 1999, p. 229.

② Gordon, D. , Adelman, L. , Ashworth, K. et al. , *Poverty and Social Exclusion in Britain.* York: Joseph Rowntree Foundation, 2000, p. 54f.

③ Ogg, J. , "Social Exclusion and Insecurity Among Older Europeans: The Influence of Welfare Regimes". *Ageing & Society*, Vol. 25, No. 1, 2005, pp. 69 – 90.

④ Perri 6, "Social Exclusion: Time to be Optimistic". *Demos Collection*, Vol. 12, 1997, pp. 3 – 9.

⑤ Madanipour, A. , Cars, G. and Allen, J. eds. , *Social Exclusion in European Cities: Processes, Experiences, and Responses.* London: Jessica Kingsley, 1998, p. 22.

⑥ European Commission, Community Involvement in Urban Regeneration: Added Value and Changing Values. Luxembourg: Office for Official Publications of the European Communities, 1997.

2. 社会融合

研究者在阐述社会排斥的含义时，另一个概念"社会融合"（Social Inclusion）悄然出现。事实上，有些研究者致力于使用各种术语来描述他们认为的社会排斥的反义词。例如，前面引用了的艾伦·沃尔克和卡罗尔·沃尔克（1997）的社会排斥定义就指出，个人遭受社会排斥的动态过程也是决定其"社会融合"的过程。[①]

杰德·博德曼等（Jed Boardman et al.，2009）认为，社会排斥和社会融入是一对具有道德和政治内涵的概念，尤其关系到人民的公民权、正义和人权问题。社会排斥是指个体在一定程度上没有能力或者无法参与经济、社会和文化生活当中的关键领域，个体的行为受到约束，而并不是可以由他们自己进行行为选择。社会融入就是通过社会的帮助使那些资源缺乏、有需求、有困难、不能够顺利进行社会参与的群体恢复其自由的公民权、公正分配的正义和人权，消除社会对他们的歧视。[②]

戴利和西尔弗（Daly and Silver，2008）也注意到了政策重点的变化，至少在政策范围内，"社会融合"是一个更受欢迎的术语。因为：第一，"社会融合"概念听起来是"积极的"，而不是"消极的"。它宣告一个目标，而不是描述一个问题。第二，融合是排斥的隐含的反义词，但实际上可能意味着完全不同的东西。融合注重的是所谓的"机会"和社会的开放性，强调把外面的人包容进来，而排斥揭示出社会的排斥机制，它潜在表达了崩溃、失序和不连贯的含义。[③]

本章研究提出"社会融合"，而非"社会排斥"的概念，也是看重"社会融合"表达了一个有价值的目标，在关键社会群体正遭受日益不平等、排斥和边缘化的社会应该不断追求的宝贵目标。同时，在

① Walker, A. and Walker, C. eds., *Britain Divided: The Growth of Social Exclusion in the 1980s and 1990s.* London: Child Poverty Action Group, 1997, p. 8.

② Boardman, J., Currie, A., Killaspy, H. and Mezey, G., *Social Inclusion and Mental Health.* Royal College of Psychiatrists, June 2009.

③ Daly, M. and Silver, H., "Social Exclusion and Social Capital: A Comparison and Critique". *Theory and Society*, Vol. 37, No. 6, 2008, p. 551.

具体研究中，我们并没有把社会排斥和社会融合截然分开，借鉴和吸收了大量有关社会排斥的研究成果。

（二）老年人社会排斥

迄今为止，大多数围绕社会融合和排斥的研究都集中在劳动力人口、儿童及其家庭，而相对忽视老年人的需要。英国关于社会排斥的公共政策显然侧重于面向年轻人和失业者融入劳动力市场。[①] 学术研究也更加关注年轻人群。比如，伦敦经济学院（LSE）的社会排斥研究中心（CASE）对儿童贫困进行了一系列研究，但直接涉及老年人社会排斥的研究非常有限。原因之一是缺少关于老年人贫困和社会排斥的数据。[②] 有些研究探讨劳动力人口的移民状态、对劳动力市场的依附、工作技能欠缺等增加他们遭受物质资源排斥风险的因素[③]；探讨城市贫困社区居民的持续贫困。[④] 尽管有少数研究探讨了老年人的社会排斥与融合问题[⑤⑥⑦⑧⑨]，但是，总的来说，这方面研究仍然非常少。

---

① Office, T. S., *Opportunity for All: Tackling Poverty and Social Exclusion*. Stationery Office, 1999.

② Howarth, C., Kenway, P., Palmer, G. and Miorelli, R., *Monitoring Poverty and Social Exclusion 1999*. York: Joseph Rowntree Foundation, York Publishing Service, 1999.

③ Stewart, M., Reutter, L., Makwarimba, E., Veenstra, G., Love, R. and Raphael, D., "Left out: Perspectives on Social Exclusion and Inclusion Across Income Groups". *Health Sociology Review*, Vol. 17, No. 1, 2008, pp. 78 - 94.

④ Scharf, T., Phillipson, C., Smith, A. E. and Kingston, P., *Growing Older in Sociall Deprived Areas: Social Exclusion in Later Life*. London: Help the Aged, 2002.

⑤ Scharf, T., Phillipson, C., Kingston, P. and Smith, A. E., "Social Exclusion and Ageing", *Education and Ageing*, Vol. 16, No. 3, 2000, pp. 303 - 320.

⑥ Scharf, T., Phillipson, C. and Smith, A. E., "Social Exclusion of Older People in Deprived Urban Communities of England". *European Journal of Ageing*, Vol. 2, No. 2, 2005, pp. 76 - 87.

⑦ Craig, G., "Citizenship, Exclusion and Older People". *Journal of Social Policy*, Vol. 33, No. 1, 2004, pp. 95 - 114.

⑧ Barnes, M., Blom, A., Cox, K., Lessof, C. and Walker, A., *The Social Exclusion of Older People: Evidence from the First Wave of the English Longitudinal Study of Ageing* (ELSA). Final Report. London: Office of the Deputy Prime Minister, 2006.

⑨ Moffatt, S. and Glasgow, N., "How Useful is the Concept of Social Exclusion when Applied to Rural Older People in the United Kingdom and the United States?". *Regional Studies*, Vol. 43, No. 10, 2009, pp. 1291 - 1303.

探讨老年人社会排斥，需要注意这样三个关键问题：第一，必须区别生命历程中晚年时期与早年时期社会排斥的不同。第二，在社会排斥的维度上，老年人社会排斥更多地与衰老和晚年生活相联系。第三，探讨和揭示老年人社会排斥的主要驱动原因。进一步重点关注，潜在的社会政策如何应对老年人的社会排斥，采取措施促进老龄化社会的融合。

1. 老年人社会排斥的独特性

如上所述，阿特金森（1998）概括的社会排斥的三个特征，可以帮助我们把握从老年社会学视角分析老年人社会排斥的特征和重点。

第一，如果社会排除是一个相对的概念，那么一个关键的问题是把老年人跟哪些人群比较。是与"社会中具有正常关系和活动的大多数人"[①] 比较？还是与其他老年人比较？或者与相同出生队列的老年人比较？当我们去了解老年人对自己物质资源和社会资源的看法时，这个对照群体显得尤为重要，因为一些关于老年人的研究结论显示，老年人往往对他们的不利状况轻描淡写。[②]

第二，关于老年人代理机构的本质和排斥与融合的关系有待进一步探讨。在老年社会学争论中，有相当多的关注集中在"结构化依赖"问题[③]，认为部分老年人缺少代理机构，而很少关注老年人倾向于把自己排斥在主流社会之外。

第三，关于社会排斥的动态性，人们开始关注把老年人从不利处境中解脱出来的问题，比如通过老年人自己的行为，或者通过某种形式的政府干预。显而易见的是，相比年轻人，老年人一旦遭受社会排

---

① Levitas, R., Pantazis, C., Fahmy, E., Gordon, D., Lloyd, E. and Patsios, D., *The Multi - dimensional Analysis of Social Exclusion.* London: Social Exclusion Unit, Cabinet Office. 2007, p. 25.

② Scharf, T., Bratlam, B., Hislop, J., Bernard, M., Dunning, A. and Sim, J., *Necessities of Life: Older People's Experiences of Poverty.* London: Help the Aged, 2006.

③ Townsend, P., "The Structured Dependency of the Elderly: The Creation of Policy in the Twentieth Century". *Ageing and Society*, Vol. 1, No. 1, 1981, pp. 5 - 28.

斥，很少有人有能力摆脱这种处境。① 它甚至可能会恶化。同样，在之前社区中或多或少遭受社会排斥的居民，无论是自愿的或不自愿的，很难摆脱社会排斥的处境，更别说在迁移之后的新环境中，更难打破这种新的社会排斥。

2. 老年人社会排斥的维度

老年人社会排斥体现在多个方面，这涉及关于排斥维度的探讨。许多研究者提出了与老年人生活特别相关的排斥的因素，包括社会关系的断裂、获得公共服务的限制、持续的贫困、无能力参与公民活动。②③④ 其中，萨夫（Scharf）等的研究非常有代表性。

萨夫等（2001）⑤ 认为，物质资源理所当然是老年人社会排斥的重要维度，此外，还有三个重要维度：

（1）老年人的参与和融合。衡量老年人嵌入社会网络中，以及老年人在居住社区贡献或获得社会资本的程度。这里的参与和融合，特指劳动力市场外的参与和融合，涵盖了老年人广泛的社会关系和角色。重点是老年人获得不同形式社会资本的程度，例如，公民参与、人际信任、社会支持网、互惠关系。然而，需要注意的是，在生命历程的不同阶段，支持人们社会融合的社会网络和社会资本的结构有差异。例如，"弱关系"的融合对于失业者寻找工作非常重要，然而，对于老年人来说，"强关系"的融合更重要。⑥ 在产生人际信任方面，老年人很可能认为"松散的关系"（如对邻居说"你好"）比"密切

① Office of the Deputy Prime Minister, *A Sure Start to Later Life：Ending Inequalities for Older People：A Social Exclusion Unit Final Report*, Office of the Deputy Prime Minister, 2006.

② Evandrou, M., "Social Inequalities in Later Life：The Socio – economic Position of Older People From Ethnic Minority Groups in Britain". *Population Trends*, Vol. 101, 2000, pp. 11 – 18.

③ Phillipson, C., Bernard, M., Phillips, J. and Ogg, J., *Family and Community Life of Older People.* London：Routledge, 2001.

④ Arber, S., "Gender, Marital Status, and Ageing：Liking Material, Health, and Social Resources". *Journal of Aging Studies*, Vol. 18, No. 1, 2004, pp. 91 – 109.

⑤ Scharf, T., Phillipson, C., Kingston, P. and Smith, A. E., "Social Exclusion and Older People：Exploring the Connections". *Education and Ageing*, Vol. 16, No. 3, 2001, pp. 303 – 320.

⑥ Perri 6, "Social Exclusion：Time to be Optimistic". *Demos Collection*, Vol. 12, 1997, pp. 3 – 9.

的关系"更加重要。①

（2）空间隔离。空间隔离是老年人社会排斥的一个关键维度。曼德尼波（1998）指出："空间在城市社会的融合或隔离中发挥重要的作用。它是社会关系的一种表现形式，而且影响和塑造了这些社会关系的几何图形。这使研究社会排斥不得不考虑空间隔离和排斥。因此，社会融合或排斥确实是一种社会空间现象。"②

讨论老年人社会排斥的空间因素至少有两个悖论。

第一个是差异性。城市本就异质性强。然而，渴望相似性是老年人的显著特征。例如，卡特尔和埃文斯（Cattell and Evans，1999）的研究表明，生活在伦敦东部两个家的老年人从他们相似的两个家中获得他们身份认同的重要内容。③ 这种渴望相似的愿望是可以理解的：一方面，老年人拥有受到相似观念保护的感觉；另一方面，老年人被拥有相似历史的人包围。然而，在大多数城市，"千篇一律"的渴望可能很难实现。

第二个是特定城市社区的边缘化可能会提高一些居民对他们社区的认同感。马库斯（Marcuse，1996）指出，社区不仅是安全感的来源，更是社会支持网的基础，因为它一直是身份、他（她）是谁，属于哪里等观念认同的来源。④ 森内特（Sennett，1999）提出，现代资本主义的一个意想不到的结果是，它凸显了地方的价值，唤起了对社区的渴望。因此，社会排斥的空间隔离来源于人们彼此间熟悉的依恋被城市，乃至全球化所破坏。某些城市社区快速变化的一个显著结果是，老年人对当地社区认同感的破坏。⑤

---

① Phillipson, C., Bernard, M., Phillips, J. and Ogg, J., *Family and Community Life of Older People.* London: Routledge, 2000.

② Madanipour, A., Cars, G. and Allen, J. eds., *Social Exclusion in European Cities: Processes, Experiences, and Responses.* London: Jessica Kingsley, 1998, p. 81.

③ Cattell, V. and Evans, M., *Neighbourhood Images in East London: Social Capital and Social Networks on Two East London Estates.* York: Joseph Rowntree Foundation, 1999.

④ Marcuse, P., "Space and Race in the Post – Fordist City", in E. Mingione, ed., *Urban Poverty and the Underclass: A reader.* Oxford: Blackwell, 1996.

⑤ Sennett, R., *The Corrosion of Character: The Personal Consequences of Work in the New Capitalism.* New York: Norton, 1999.

空间隔离有三种不同的形式。其一，心理空间隔离。表现出对特定地方或事情的害怕和看法，比如对犯罪的担忧。对于一些老年人，其结果就是避免进入特定的地点或场景。其二，叙事空间隔离。是指老年人表达他们对居住社区共享的理解和历史的程度。其三，经济空间隔离。表现出不同群体占据经济空间的方式。老年人和年轻人占据不同的空间。①

（3）制度脱离。关注点在于服务和机构从边缘化地区退出，居住在贫困社区的居民（包括老年人）有可能与制度脱离。而且，私人和公共部门机构的撤退会导致贫困地区的孤立，又进一步导致当地居民在市场上的权力受限。② 这反过来又引发了居民的各种生活困难。总之，获得基本卫生和社会保健服务、公共交通服务的受限，体现了老年人从关键的公共和私营部门机构受到排斥的维度。

后来，萨夫等（2005）在吸取大量研究结果的基础上，发展了老年人社会排斥的维度。他们认为，有五个维度反映了老年人的特殊情况。第一，物质资源排斥，确定收入和物质保障在决定个人和群体参与社会能力中发挥了中心作用；第二，社会关系排斥，反映老年人融入到家人、朋友和邻居的有意义关系中的能力的重要性；第三，公民活动排斥，认可个人参与到更广泛的公民社会和决策过程的需要，并且反过来影响自己生活；第四，基本服务排斥，对于个人独立生活的能力，在家庭或家外获得服务的机会具有关键作用；第五，邻居关系排斥，反映直接居住环境对个人自我感觉，以及他们生活质量具有影响作用。③

此外，英国副首相办公室（ODPM）的报告从七个方面来测量社

① Scharf, T., Phillipson, C., Kingston, P. and Smith, A. E., "Social Exclusion and Older People: Exploring the Connections". *Education and Ageing*, Vol. 16, No. 3, 2001, pp. 303 – 320.

② Bowring, F., "Social Exclusion: Limitations of the Debate". *Critical Social Policy*, Vol. 20, 2000, pp. 307 – 330.

③ Scharf, T., Phillipson, C. and Smith, A. E., "Social Exclusion of Older People in Deprived Urban Communities of England". *European Journal of Ageing*, Vol. 2, No. 2, 2005, pp. 76 – 87.

会排斥：①社会关系，如与家人、朋友和邻居接触；②文化活动，如去电影院或剧院；③公民活动，如成为地方利益集团的成员、社区内的志愿服务和选举；④获得基本服务，如医疗服务；⑤社区排斥，如安全感；⑥金融产品，如金融资源；⑦物质消费，如负担得起的所有支出。①

我国研究者周怡倩（2010）探讨了独居老人的社会排斥，指出独居老人社会排斥包括经济排斥风险、生活照顾排斥风险与社会生活排斥风险三类。经济排斥风险主要是指其收入保障缺乏的风险以及由此引起的参与消费活动的能力缺失。生活照顾排斥风险是相应于独居老人作为老人应该享受到生活照顾的权利而言。社会生活排斥风险则突出强调独居老人的社会交往状况及其精神健康。②

3. 老年人社会排斥的驱动因素

在人口老龄化程度不断加深的同时，当前的社会、经济和人口发展趋势都在显著地提高老年人遭受社会主要机构和资源排斥的风险。始于2008年世界金融危机的经济衰退及其后果从根本上改变了西方国家讨论人口老龄化问题的背景。许多西方国家正谋求改变把社会成员养老作为政府的社会义务的政策，转而强调个人对自身老龄化风险承担责任。③ 在非西方国家和地区，一些刚刚实施的社会政策，如非缴费型养老金、社会医疗保健项目，也受到经济下行的负面影响。个人、家庭和社区应对日益增长的个人风险的能力也受到离婚和再婚率高、家庭规模变小、单身、少子化等社会变化的挑战。人口流动不仅改变很多国家的文化结构，而且导致两地家庭数量的越来越多。④ 总

---

① Office of the Deputy Prime Minister, *A Sure Start to Later Life*: *Ending Inequalities for Older People*: *A Social Exclusion Unit Final Report*, Office of the Deputy Prime Minister, 2006.

② 周怡倩：《城市独居老人的社会排斥问题研究》，硕士学位论文，复旦大学，2010年，第12页。

③ Baars, J., Dannefer, D., Phillipson, C. and Walker, A. eds., *Aging*, *Globalization and Inequality*: *The New Critical Gerontology*, *Amityville*. New York: Baywood Press, 2006.

④ Baldassar, L., "Transnational Families and Aged Care: The Mobility of Care and the Migrancy of Ageing". *Journal of Ethnic and Migration Studies*, Vol. 33, No. 2, 2007, pp. 275 – 297.

之，这些社会变迁和挑战显著地提高了老年人遭受社会排斥的风险，而且，潜在地消解了国家制定和实施消除这些风险的政策的能力。老年人遭受的社会排斥反过来又威胁社会成员的生活质量，降低社会凝聚力。

具体来说，老年人社会排斥的驱动因素存在于宏观、中观、微观三个层面：

第一，在国家乃至国际层面存在的结构性驱动因素。例如，年龄歧视、年龄刻板印象、年龄偏见、社会价值观的嬗变，促使老年人边缘化的观念和行为，使晚年生活产生结构性依赖的许多社会和经济政策，这些因素都可能导致老年人遭受社会排斥。

第二，老年人生活环境层面的驱动因素。首先，城市化和家庭代际之间的分离，城市和农村社区本质的不断变化，使老年人居家养老的生活环境变得陌生，从而遭受社区排斥。其次，居住社区的特征，包括地理位置，附近交通，基本的基础设施和设备，房屋的布局和周边的设计，以及社区的经济基础。如果社区的设施和条件不够好，不仅会直接影响个体居民，而且会生产许多相似的弱势群体聚集在一起，从而引起或扩大社区排斥的范围。[1] 更糟糕的是，不断遭受社会排斥会促使人们产生无能为力和疏离的感觉。自我排斥、自我疏离，高犯罪率和家庭问题等现象普遍存在。[2] 还有，居住社区的分化。处于社会阶层底部的贫困的人们居住在极不受欢迎的地理位置，社区条件也非常不好；而那些富裕的人有更大的可能性选择居住在充满希望的、体面的地方。[3] 这种分化过程部分是由市场驱动的，同时，公共政策也发挥了部分作用。这种居住隔离的现象会减少受排斥的老年人与其他群体的交往。

第三，个体层面的驱动因素。首先，与年龄相关的特征。老年人可能会因为健康、社会关系减少等原因受到某些损失或限制。这些变

---

① Agulnik, P., *Understanding Social Exclusion*. U. K.：Oxford University Press，2002.

② Chow, W. N., "Moving Into New Towns：The Costs of Social Adaptation". *The Asian Journal of Public Administration*，Vol. 9，No. 2，1987，pp. 132 – 142.

③ Agulnik, P., *Understanding Social Exclusion*，U. K.：Oxford University Press，2002.

化可能会发生在生命过程中的所有阶段，但在生命晚年时期，这些变化会显得更加突出，例如，慢性残疾状况的影响，独居老人的日益增长的需求。其次，积累起来的劣势。这些可能起源于某些出生队列人口随着时间的推移变得更加不平等，尤其是老年居民。例如，社会经济地位背景低的人，在早年接受的教育水平低，这又导致他们退休金比较少，全方位获取社区资源的认识有限，这些都是长期积累的后果。此外，迁移行为。老年人一般对他们的居住地有比较强的依赖感，外部条件改变，如迁移搬家很容易让他们变得弱势，提高他们对社区的不安全感。①

（三）老年移民社会排斥

1. 移民社会排斥

从全球化视野来看，国际移民正在改变全世界老年人的人口特征和大多数社会的种族构成②，使欧盟变成了事实上的移民区域。③ 因此，沃尼斯等（Warnes et al.，2004）认为，对于国际移民的研究，与对衰老、老年人、人口老龄化等问题的研究一样重要。④

迁移意味着离开了原来带给人们生活意义的社会文化背景。因此，迁移研究者常常提醒，决策者和实践者需要意识到迁移过程会给移民、他们的家庭和流入地社会造成的挑战。毕竟，迁移过程——特别是当流入地与流出地非常不同时——会带来文化冲击，由于在流入地接受同化的要求⑤，以及角色丢失带来的潜在紧张，移民会产生困

---

① Scharf, T., Phillipson, C., Smith, A. E., *Multiple Exclusion and Quality of Life Amongst Excluded Older People in Disadvantaged Neighbourhoods*, Office of the Deputy Prime Minister, Social Exclusion Unit, 2005.

② Castles, S. and Miller, M. J., *The Age of Migration: International Population Movements in the Modern World.* London: McMillan, 1998.

③ Muus, P., "International Migration and the European Union: Trends and Consequences". *European Journal of Criminal Policy and Research*, Vol. 9, No. 1, 2001, pp. 31 – 49.

④ Warnes, A. M., Friedrich, K., Dellaher, L. and Torres, S., "The Diversity and Welfare of Older Migrants in Europe". *Ageing and Society*, Vol. 24, No. 3, 2004, pp. 307 – 326.

⑤ Berry, J. W., "Acculturation as Varieties of Adaptation", in A. M. Padilla, ed., *Acculturation: Theory, Models and Some New Findings.* Colorado: Westview Press, 1980.

惑、心理压力大的感觉。① 这个过程也意味着一个人生活在多种文化之中。移民往往处于多元的，有时是矛盾的文化价值观和态度中。正因为如此，迁移行为可能潜在地增加社会排斥的风险。

迁移所带来的排斥风险与移民的社会特征有紧密联系。具体来说，对应伯查特（1999）提出的五类活动②，移民的社会特征不仅可能提高生产、消费和储蓄活动中受到社会排斥的风险，而且就政治活动而言，移民从事政治活动的程度依流入国家给予他们的公民权利的情况而定。况且，个人行使公民权利也不一定保证能够带给他们好处。移民往往缺乏足够的社会资源帮助他们完全行使公民权利。③ 与此相类似，移民参与社会活动的程度，与流入国主流社会的接受程度，以及移民适应主流社会规范和价值的程度是相应的。成功的适应需要经常与流入国社会成员接触。有研究者指出，"种族不平等的一个重要原因在于地理和社会隔离，种族界限使得一个人获得技能的机会取决于同族群体中其他人获得的技能"。④ 总之，影响移民社会排斥的原因，不仅来自社会文化权力差异，也来自他们可获得的社会资源。

2. 老年移民社会排斥

老年移民兼具老年和移民背景两种特征。相对于一般移民，老年移民处于生命历程的老年阶段。相对于一般老年人，老年移民的生命历程具有断裂、不连续的特点。许多老年社会学家的理论假设是，一个好的晚年生活要有一种连续性的生活经历。⑤ 为此，菲利普森（Phillipson，2002）提出了不连续的类型，老年移民经历蕴含着中年和晚年生活的调整，因此，需要重新思考和评估老年学中把生命历程

---

① Evans, T., "Introduction: Migration and Health". *International Migration Review*, Vol. 21, No. 3, 1987, pp. v–xiv.

② Burchardt, T., Le Grand, J. and Piachaud, D., "Social Exclusion in Britain 1991–1995". *Social Policy and Administration*, Vol. 33, No. 3, 1999, p. 229.

③ Valtonen, K., "Immigration Integration in the Welfare State: Social Work's Growing Arena". *European Journal of Social Work*, Vol. 4, No. 3, 2001, pp. 247–262.

④ ①Loury, G. C., "Social Exclusion and The Ethnic Groups: The Challenge to Economics", Annual World Bank Conference on Development Economics, Washington, 1999, p. 234.

⑤ Torres, S., "Understandings of Successful Aging in the Context of Migration: The Case of Iranian Immigrants to Sweden". *Aging and Society*, Vol. 19, No. 1, 2001, pp. 33–51.

假设为线性发展的理论模型。①

老年移民内部具有高度异质性，根据迁移发生在生命历程的不同阶段，沃尼斯等（2004）把老年移民分为两个类型：一类是在年轻时迁移，到老了仍是移民；另一类是老年了才迁移。前一种类型的老年移民，其迁移原因主要有政治或宗教迫害（难民）、寻求工作机会（如劳动力移民）。后一种类型的老年移民，其迁移决策动机主要有寻找更舒适的生活，如更好的退休条件；或者家庭团聚。②

此外，考虑到老年移民的来源国，流出国和流入国之间的文化关系，沃尼斯等（2004）进一步把欧洲老年移民分为四种类型：欧洲国际劳工移民（EILM）、非欧洲劳工移民（NELM）、家庭倾向的国际退休移民（FIRM）和追求舒适的国际退休移民（AIRM）。③ 这种分类方式提高了人们对劳工移民和追求舒适的退休移民的认识，这两类老年移民的规模在欧洲增长非常快。另外，这些不同类型的老年移民，因为其社会文化背景的不同，他们的照护期望和需要也不同；因为其在不同的生命历程阶段进行迁移，他们的社会支持网也不同。

如上文所述，移民往往处于多元的，有时是矛盾的文化价值观和态度中。这潜在地提高了移民遭受社会排斥的风险。然而，正因如此，迁移的生命历程的独特性对于理解衰老和老年化是非常有价值的信息资源。④ 同时，也使得对社会排斥的老年学理解更复杂化，不仅老年作为个体的社会特征，与他们潜在的社会排斥或融合密切相关，而且，老年人具有的其他社会特征（如社会阶层、性别和民族）也是如此。

研究表明，相比寻求舒适的退休移民，欧洲国际劳工移民和非欧

① Phillipson, C. R., "Transnational Communities, Migration and Changing Identities in Later Life", Paper to 34th European Behaviour and Social Science Research Section, Symposium on Ageing and Diversity, Bergen, Norway, 29 – 32 August, 2002.

② Warnes, A. M., Friedrich, K., Kellaher, L. and Torres, S., "The Diversity and Welfare of Older Migrants in Europe", *Aging and Society*, Vol. 24, No. 3, 2004, pp. 307 – 326.

③ Warnes, A. M., Friedrich, K., Kellaher, L. and Torres, S., "The Diversity and Welfare of Older Migrants in Europe". *Aging and Society*, Vol. 24, No. 3, 2004, pp. 307 – 326.

④ Torres, S., "Making Sense of the Construct of Successful Aging: The Migrant Experience", in S. – O. Daatland and S. Biggs, eds., *Aging and Diversity: Multiple Pathways and Cultural Migrations.* Bristol: Policy Press, 2004.

洲国际劳工移民更可能具有教育程度低、农村背景、语言技能差、间断的就业经历和不完整的居住历史等特征。因为通过国际劳工迁移带来的迁移生活被看作是潜在地赋予了在年老时享有福利的合法资格。[1]进一步比较这两类国际劳工移民，沃尼斯（2004）指出，那些工作在低成本的餐厅和餐饮业的中国裔老人是西欧最脆弱的老年群体之一。这些老人不仅有相对脆弱的家庭资源，而且过着相当隔离的生活。[2] 总的来说，这两类老年移民群体（EILM 和 NELM）都生活在很差的条件下，遭受社会排斥的风险最大。

相比之下，追求舒适的国际退休移民一般具有比较富裕、教育水平高、良好的财务管理技能等特点。[3] 寻求舒适和家庭团聚的国际退休移民可以获得社会福利的合法资格。这些特征使他们遭受社会排斥的风险要小很多，甚至有些老年移民几乎没有遭受社会排斥。对于这些类型的老年移民，社会排斥的风险可能来源于"欧盟法律的二级立法规定"。例如，这些类型的老年移民虽然具有欧盟成员国的公民权，他们仍然不具有申请低保补助的权利。换句话说，追求舒适和家庭团聚的老年移民获得的福利水平不仅是受欧盟公民的公民权和福利政策所影响，而且与他们的迁移历史、社会法律地位、过去的就业情况、定居的欧盟国家有密切关系。[4][5][6] 对于那些从非欧盟国家迁移来的老年移民，他们受限的福利水平也是其排斥风险的驱动因素。

还有其他一些驱动因素可能提高老年移民遭受社会排斥的风险。

[1] Dwyer, P. and Papadimitriou, D. , "The Social Security Rights of Older International Migrants in the European Union". *Journal of Ethnic and Migration Studies*, Vol. 32, No. 8, 2006, pp. 1301 – 1319.

[2] Warnes, A. M. , Friedrich, K. , Kellaher, L. and Torres, S. , "The Diversity and Welfare of Older Migrants in Europe". *Aging and Society*, Vol. 24, No. 3, 2004, pp. 307 – 326.

[3] Warnes, A. M. , King, R. , Williams, A. M. and Patterson, G. , "The Well – being of British Expatriate Retirees in Southern Europt". *Aging and Society*, Vol. 19, No. 6, 1999, pp. 717 – 740.

[4] Dwyer, P. , "Movements to Some Purpose? An Exploration of International Retirement Migration in the European Union". *Education and Ageing*, Vol. 15, No. 3, 2000, pp. 353 – 377.

[5] Dwyer, P. , "Retired EU Migrants, Healthcare Rights and European Social Citizenship". *Journal of Social Welfare and Family Law*, Vol. 2, No. 3, 2001, pp. 311 – 327.

[6] Ackers, L. and Dwyer, P. , "Fixed Laws, Fluid Lives: The Citizenship Status of Post – retirement Migrants in the European Union". *Aging and Society*, Vol. 24, No. 3, 2004, pp. 451 – 475.

有美国研究者指出，相当多的老年移民依靠社会福利生活。①②③④ 这种状态也有可能带来社会排斥。这里还涉及福利资格获取的问题。J. L. 安吉尔和 R. J. 安吉尔（J. L. Angel，and R. J. Angel，1992）指出："迁移可能严重影响老年人的幸福，因为它切断了个人与熟悉的社交网络和机构的关系，而这些曾支撑了他或她的整个生命历程……相比年轻移民，老年移民更少有时间来重建他们的社交网络。因此，他们的网络可能是永久地中断了。"⑤ 这只是众多原因之一。

总之，当讨论老年移民的社会排斥风险时，应当注意几个观点：首先，老年移民社会排斥的潜在原因有很多，不仅需要考虑人们不同的迁移动机和社会法律地位（如迁移劳动者、政治避难者、难民或学生），而且要考虑他们的社会经济特征。其次，对于一些老年移民，其迁移的生活过程可能带给他们社会排斥，但是，对于另外一些老年移民来说则可能没有。再者，老年移民的社会排斥不是表现在物质资源方面，而是表现在多个方面。

二 流动老人社会融合的概念和指标体系建构

本部分就流动老人社会融合的概念、维度及指标分别进行厘清和建构，置于当前我国国情背景之下。可以说，本部分的议题兼具老年、流动、中国国情三种特征。因此，要对流动老人社会融合的概

① Hu, W. - Y., "Eldery Immigrants in Welfare". *Journal of Human Resources*, Vol. 33, No. 3, 1998, pp. 711 - 741.

② Binstock, R. H. and Jean - Baptiste, R., "Elderly Immigrants and the Sage of Welfare Reform". *Journal of immigrant Health*, Vol. 1, No. 1, 1999, pp. 31 - 40.

③ Angel, J. L., "Devolution and the Social Welfare of Elderly Immigrants: Who Will Bear the Burden?". *Public Administration Review*, Vol. 63, No. 1, 2003, pp. 79 - 89.

④ Yoo, G., "Shaping Public Perceptions of Immigrants on Welfare: The Role of Editorial Pages of Major US Newspapers". *International Journal of Sociology and Social Policy*, Vol. 21, No. 7, 2001, pp. 47 - 62.

⑤ Angel, J. L. and Angel, R. J., "Age at Migration, Social Connections, and Well - being among Elderly Hispanics". *Journal of Aging and Health*, Vol. 4, No. 4, 1992, pp. 480 - 499.

念、维度及指标进行更为准确的把握，很有必要借鉴、吸收欧美研究者对老年人、老年移民的社会排斥和融合的研究成果，也有必要参考我国劳动力流动人口（包括农民工）、流动儿童社会融合等相关研究成果，当然更重要的是需要依据流动老人所处的特定时空背景、特定生命历程阶段来进行理论抽象。

（一）定义界定

1. 老年和流动：流动老人社会融合的障碍因素

流动老人兼具老年和流动两种特征。相对于一般流动人口，流动老人处于生命历程的老年阶段。相对于一般老年人，流动老人的生命历程具有断裂性、不连续性。这种双重特征把老年社会学和流动人口两种研究视角交织在一条轨道上，对于理解流动老人的衰老过程、流动行为、社会排斥和融合都是非常有价值的信息资源。

一方面，老年社会学视角强调衰老作为主要特征带来社会排斥或融合风险的增大。在老年社会学研究中，衰老、脱离、社会排斥、社会融合等概念具有密切联系。社会融合作为一个社会政策概念起源于欧洲学者对社会排斥的研究。[1] 两个概念的侧重点不同，社会融合注重机会和社会的开放性，强调把外面的人包容进来，而排斥揭示出社会的排斥机制，潜在地表达了崩溃、失序和不连贯的含义；社会融合宣告一个目标，而排斥描述一个问题。[2] 不过，有些研究者经常把这两个概念联系起来使用。如鲁姆（Room，1995）曾指出，社会排斥概念把人们的注意力吸引到老年人所需要的一系列活动、关系和资源上，拥有这些，老年人才能一定程度地参与社会，融入社会，否则，就被全部或部分地排除在社会系统之外。[3] 艾伦·沃克和卡罗尔·沃克（1997）使用"社会融合"来描述社会排斥的反面情况，指出个

① 嘎日达、黄匡时：《西方社会融合概念探析及其启发》，《国外社会科学》2009 年第 2 期。

② Daly, M. and Silver, H., "Social Exclusion and Social Capital: A Comparison and Critique". *Theory and Society*, Vol 37, No. 6, 2008, P. 551.

③ Room, G. ed., *Beyond the Threshold: The Measurement and Analysis of Social Exclusion.* Bristol: Policy Press, 1995.

人遭受社会排斥的动态过程也是决定其社会融合的过程。[①] 此外，社会脱离理论认为，随着年龄的增长，老年人的能力、活动力和社会角色会等不可避免地下降或丧失，逐步从社会主流生活中撤离。虽然这一理论受到诸多批判和质疑，但是也具有其合理性，揭示了人的衰老但是它揭示了人的衰老与社会脱离、社会排斥或融合之间具有高度相关关系。[②] 托雷斯（Torres，2012）也指出，社会脱离理论对社会排斥概念的建构有重要影响。比如，社会脱离现象可以被认为是长期遭受排斥的潜在后果。[③] 上述分析表明，随着年龄的增长、衰老程度的加深，老年人遭受社会排斥或融合困难的风险会增大。相比其他年龄组人群，老年人面临的社会排斥或融合困难更多地与衰老、晚年生活相关，体现在生产、消费、储蓄等关键领域也与其他年龄组不同。第一，衰老过程与生产活动密切相关。在一定意义上，衰老导致了退休，绝大多数老年人退出了正式的经济有偿工作。第二，老年人生产活动的下降会带来消费活动的下降，尤其是那些在早年生活时无法通过储蓄活动积累足够的财富的老年人。第三，伴随着退出劳动力市场，老年人的储蓄活动本身也不可避免地下降。

　　另一方面，流动人口研究视角强调生命历程的不连续性带来社会排斥或融合风险的增大。个体的流迁行为意味着切断了个人与熟悉的、曾带给他们生活意义的社交网络和机构的关系。这种离开熟悉环境进入陌生环境的行为一般会导致社会排斥风险的提高。相比年轻的流动人口，流动老人拥有更少的时间和资源来重建他们的社交网络，因而网络中断可能是永久性的。所以，流动老人更可能遭受社会排斥，更难实现在流入地的社会融合。影响流动老人社会融合的原因：

　　第一，流迁过程，特别是当流入地与流出地具有显著差异时，会

---

① Walker, A. and Walker, C., eds., *Britain Divided: The Growth of Social Exclusion in the 1980s and 1990s*. London: Child Poverty Action Group, 1997: 8.

② 江娅：《老年社会工作的理论基础》，《中国青年政治学院学报》1998 年第 2 期。

③ Torres, S., "International migration: Patterns and Implications for Exclusion in Old Age". In T. scharf and N. Keating, eds., *From Exclusion to Inclusion in Old Age*. Bristol: The Policy Press, 2012, p. 35.

带来文化压力和冲击。一方面由于在流入地接受同化的要求，以及角色丢失带来的潜在紧张，流动老人会产生心理困惑，心理压力增大。另一方面流动老人往往生活在多元、甚至有时是矛盾的文化价值观和态度中。正因为如此，流迁行为可能潜在地增加社会融合的难度。流动行为所引发的各种社会文化因素的改变，潜在地增加社会融合的难度。

第二，流动老人可获得的各类资源受到限制。一是流动老人获得流出地的资源受限。比如，流出地的老年福利待遇存在全部或部分损失，不能享受流出地的医疗保险，或者需要支付额外的成本才能享受。二是流动老人获得流入地的资源也受限。比如，流动老人几乎没有纳入到流入地的社会保障、老年福利、公共服务等制度覆盖的范围内。除老年人优待在很多省市面向流动老人外，其他基本公共服务、公办社区养老和机构养老服务等都只面向本地户籍的老年人，流动老人要自费享有甚至没有机会享有。

第三，流动老人的性别、年龄、民族、经济状况、子女状况、健康状况等社会人口特征与他们潜在的社会排斥或融合密切相关。比如，那些富裕的、受教育程度高的、健康的、寻求生活享受的流动老人，比相反特征的流动老人，遭受社会排斥的风险要低得多，更容易实现与流入地的融合。

2. 流动老人社会融合的含义与特征

衰老和流动经历的交织使得流动老人面临的社会排斥或融合问题更加复杂，也使得流动老人社会融合的内涵拥有更独特的信息。流动老人社会融合是指流动老人在流入地通过自我应对，尤其是社会支持等途径，消减遭受社会排斥的风险，建立起与其生活空间的良好互动关系，从而满足各种老年生活基本需要，实现生活质量提高的状态。其主要特征表现在：

（1）流动老人社会融合发生在生命历程的晚年阶段。这是不同年龄流动群体社会融合内容差异的根源。对于流动老人来说，衰老的生理过程不可避免地会带来独立生活能力、健康状况的逐步下降，伴随着心理、情感、社会和物质资源的消耗，形成一个加速丧失的过程。

加之，流动行为所带来的过去和现在生命历程的不连续、生活环境的改变。所有这些因素会造成老年人适应流入地生活的层层壁垒，潜在地增加社会融合的难度。

（2）流动老人社会融合的目标指向提高生活质量。绝大多数的流动老人退出了劳动力市场，他们的流动更多地意味着生活空间的转变，而不是社会职业、社会地位的流动。因而，流动老人社会融合的内容更多地与衰老、晚年生活相联系。其社会融合的目标指向充分满足流动老人在流入地的物质、照料、精神、医疗保健等基本生活需求，提高他们的生活质量。这里应该注意流动老人原来的生活水平，如果老年人流动之后生活质量提高了，那么，尽管他们仍处于较低的水平，也应该认为是逐步实现了社会融合目标。

（3）流动老人社会融合以流入和流出两地的本地老年人为参照群体。正如阿特金森（1998）指出，社会排斥是一个相对概念。[①]与之相关联的社会融合概念也是如此。那么，一个关键的问题是把流动老人跟什么人群比较。是与流入地的主流社会或中产阶级比较？与流入地或流出地的本地老年人比较？或者与相同出生队列的老年人比较？从国内外一些关于老年人的调查和研究来看，同时以流入地本地老年人和流出地本地老年人作为流动老人社会融合的参照群体是更为合理的方式。流动老人通过与这两个参照群体的感性和理性的比较，会形成一个对自身生活状况的比较综合的看法。当然，还需要注意参照群体本身的变化，进而关注到流动老人社会融合的动态性。

（4）促进流动老人社会融合更多依靠社会支持。作为一个社会行动者，流动老人在遇到社会融合障碍时，会发挥自身能动性，采取自我应对策略。然而，衰老是一个不可逆转的过程，必然伴随着健康、能力、资源等多方面的下降。相比青壮年流动人口，流动老人拥有的应对排斥的资源是不同的。老年人一旦遭受社会排斥，很少有人完全

---

① Atkinson, A. B., "Social Exclusion, Povert and Unemployment", in A. B. Atkinson and J. Hills, eds., *Exclusion*, *Employment and Opportunity*. CASEPaper 4, Centre for Analysis of Social Exclusion, London: London School of Economics, 1998, p. 7f.

依靠自身能力摆脱这种处境。① 因此，要帮助流动老人从排斥处境中解脱出来，需要更加重视家庭、社区、社会、政府等外部主体提供的社会支持。

综上所述，本书认为，流动老人社会融合是指流动老人在流入地通过自我应对，尤其是社会支持等途径，削减遭受社会排斥的风险，建立起与其生活空间的良好互动关系，从而满足各种老年生活需要，并最终实现其生活质量提高的状态。这是从个体层面来界定流动老人社会融合概念，具体涉及哪些空间层面，则关系到维度问题。

（二）维度辨识

1. 社会融合、社会排斥维度的他者镜鉴

在国外移民文献中，研究者们提出多种融合维度观点。比如，帕克和伯吉斯（Park and Burgess，1921；1928）提出四个维度，包括经济竞争、政治冲突、社会调节、文化融合。②③ 戈德拉斯特和里士满（Goldlust and Richmond，1974）提出七个维度，涵盖客观和主观两个层面，其中客观层面主要包括经济、文化、社会和政治四类，主观层面是指社会心理层面，包括认同、主观内化和满意度三类。④ 戈登（1964）也提出七个维度，即文化融合、结构融合、婚姻融合、认同性融合、态度接受、行为接受和公共事务融合。⑤ 阿尔巴和尼（Alba and Nee，1997）在戈登研究的基础上增加了社会经济融合这一维度。⑥ 荣格—塔什（Junger－Tas，2001）提出三个维度，即结构性融

① Office of the Deputy Prime，M.，*A Sure Start to Later Life：Ending Inequalities for Older People：A Social Exclusion Unit Final Report*，Office of the Deputy Prime Minister，2006.

② Park，R. E. and Burgess，E. W.，*Introduction to the Science of Society*. Chicago：University of Chicago Press，1921，p. 735.

③ Park，R. E.，"Human Migration and the Marginal Man American". *Journal of Sociology*，Vol. 33，No. 6，1928，pp. 881－893.

④ Goldlust，J. and Richmond，A. H.，"A Multivariate Model of Immigrant Adaptation". *International Migration Review*，Vol. 8，No. 2，1974，pp. 193－225.

⑤ Gordon，M. M.，*Assimilation in American Life：The Role of Race，Religion，and National Origins*. New York：Oxford University Press，1964.

⑥ Alba，R. and Nee，V.，"Rethinking Assimilation Theory for a New Era of Immigration". *International Migration Review*，Vol. 31，No. 4，1997，pp. 826－874.

合、社会文化性融合、政治合法性融合。[①] 恩特辛格等（Entzinger et al.，2003）在荣格—塔什研究基础上提出四个维度，即社会经济融合、政治融合、文化融合、主体社会对移民的接纳或排斥。[②] 欧盟为促进各成员国实施移民融合，2004 年制定欧洲公民资格和融合指数，2007 年修改为移民整合指数，贯穿劳动力市场融合、家庭团聚、长期居住、政治参与、入籍和反歧视六个领域[③]。

国内社会融合测量主要以劳动力流动人口、农民工为研究对象，维度指标体系呈现多样化。悦中山等对融合维度进行分类，根据维度性质不同分为主观和客观维度，根据关注对象不同分为个体微观和整体宏观维度。[④] 黄匡时从城市和个体两个层面提出流动人口社会融合的政策指数、总体指数和个体指数。[⑤] 陆自荣提出了农民工城市融入的阶层（制度—政策）指标和个体（行为—态度）指标。[⑥] 同时，还有一些基于个人层次的融合维度观点。如田凯[⑦]和朱力[⑧]分别提出了经济层面、社会层面、心理和文化层面三个维度。悦中山等提出了文化融合、社会经济融合和心理融合三个维度。[⑨] 杨菊华提出了经济整合、行为适应、文化接纳和身份认同四个维度[⑩]；张文宏等提出了心

① Junger - Tas, J., "Ethnic Minorities, Social Integration and Crime". *European Journal on criminal policy and research*, Vol. 9, No. 1, 2001, pp. 5 - 29.

② Entzinger, H. and Biezeveld, R., "Benchmarking in Immigrant Integration", a Report for the European Commission, Rotterdam: Erasmus University, 2003.

③ 陆自荣：《社会融合理论的层次性与融合测量指标的层次性》，《社会科学战线》2014 年第 11 期。

④ 悦中山、杜海峰、李树茁等：《当代西方社会融合研究的概念、理论及应用》，《公共管理学报》2009 年第 2 期。

⑤ 黄匡时：《流动人口社会融合指数：欧盟实践和中国建构》，《南京人口管理干部学院学报》2011 年第 1 期。

⑥ 陆自荣：《社会融合理论的层次性与融合测量指标的层次性》，《社会科学战线》2014 年第 11 期。

⑦ 田凯：《关于农民工的城市适应性的调查分析与思考》，《社会科学研究》1995 年第 5 期。

⑧ 朱力：《论农民工阶层的城市适应》，《江海学刊》2002 年第 6 期。

⑨ 悦中山、李树茁、［美］费尔德曼：《农民工的社会融合研究：现状、影响因素与后果》，社会科学文献出版社 2012 年版，第 69 页。

⑩ 杨菊华：《流动人口在流入地社会融入的指标体系——基于社会融入理论的进一步研究》，《人口与经济》2010 年第 2 期。

理融合、文化融合、身份融合和经济融合四个维度。[1] 周皓提出了经济融合、文化适应、社会适应、结构融合和身份认同五个维度。[2] 宋国恺提出了经济融合、社会关系融合、制度融合、心理融合和社区融合五个维度[3]。

国外关于老年人社会排斥维度的代表性观点有：萨夫等（2001，2005）相继提出的"三维度说"（社会参与、空间隔离和制度脱离）[4]和"五维度说"（物质资源、社会关系、公民活动、基本服务和邻居关系）[5]；英国副首相办公室（ODPM）的报告中提出的"七维度说"（社会关系、文化活动、公民活动、获得基本服务、社区排斥、金融产品和物质消费）。[6]

上述关于移民或劳动力流动人口社会融合维度的研究带有明显的结构—功能分析的特征，侧重于从社会结构视角出发，界定和分析他们在特定的经济、社会、文化、政治等各个领域多方面的结构状况，在劳动力市场安排中的地位和作用，以及在社会互动和建构中的作用。而老年人社会排斥的维度明显与老年生活相关。总之，这些研究对学术界在经验研究和理论探索上做出了有益的贡献，在实践领域提供了很多有价值的决策建议，为本书辨识流动老人社会融合的维度提供了非常宝贵的借鉴和启示。

2. 流动老人社会融合维度辨析的依据

流动老人兼具老年和流动双重特征，其社会融合的内涵较之移

① 张文宏、雷开春：《城市新移民社会融合的结构、现状与影响因素分析》，《社会学研究》2008 年第 5 期。

② 周皓：《流动人口社会融合的测量及理论思考》，《人口研究》2012 年第 3 期。

③ 宋国恺：《农民工分化视角下的城市社会融合阶段划分研究》，《福建论坛》（人文社会科学版）2016 年第 1 期。

④ Scharf, T., Phillipson, C., Kingston, P. and Smith, A. E., "Social Exclusion and Older People: Exploring the Connections". *Education and Ageing*, Vol. 16, No. 3, 2001, pp. 303 – 320.

⑤ Scharf, T., Phillipson, C. and Smith, A. E., "Social Exclusion of Older People in Deprived Urban Communities of England". *European Journal of Ageing*, Vol. 2, No. 2, 2005, pp. 76 – 87.

⑥ Office of the Deputy Prime, M., "A Sure Start to Later Life: Ending Inequalities for Older People: A Social Exclusion Unit Final Report", Office of the Deputy Prime Minister, 2006.

民、劳动力流动人口、一般老年人具有显著差异。基于此，流动老人社会融合维度的探讨，需要借鉴多种理论资源，以建构更综合的分析框架。

（1）借鉴差序格局理论。这一理论是费孝通先生在《乡土中国》一书中提出来的。他指出，在中国传统乡村社会网络中，任何一个人与他人结成的社会关系网，就像石子投入水中所形成的一圈圈的水波纹，以他自己为中心，由里向外推出去，越推越远，也越推越薄。水波纹的厚薄近远可以类比于个体的亲疏近远的社会关系。① 这一理论对我国乡村社会中以人际关系为主的社会结构进行了非常经典的理论抽象。对于流动老人社会融合维度的分析有两点启示：一是以个体为中心的分析形式。通过对个人关系网络的分析，对其关系网络和规则进行解读。二是由内往外的层次性。这种层次性可以体现为个人网络的亲疏近远，也可以延伸为一种空间分布。当然，这一理论不能完全适用于研究流动老人社会融合的维度。因为现实中大多数的流动老人处于复杂的、动态的城市网络关系中，而且社会融合的内容不仅仅包括个人关系网络。

（2）借鉴社会结构转型理论。这一理论是李培林教授基于中国和苏联东欧国家经济社会转型的时代背景下，创新和发展西方古典结构—功能理论，而提出的"中国版"新古典理论。他指出，社会中的家庭、企业组织、社会网络、价值观念、利益格局等在发生结构性变动时，会形成一种巨大的潜在力量，即社会结构转型的力量。这是除国家干预和市场调节之外的影响资源配置和经济发展的第三种力量，是"另一只看不见的手"。②③④ 流动老人身处在社会结构转型之中，且经历不连续的生命历程的挑战，在其社会融合过程中必然深受社会结构

---

① 费孝通：《乡土中国》，北京大学出版社1998年版，第24—30页。

② 李培林：《再论"另一只看不见的手"》，《社会学研究》1994年第1期。

③ 李培林：《中国社会结构转型对资源配置方式的影响》，《中国社会科学》1995年第1期。

④ 张继焦：《人类学民族学研究范式的转变：从"差序格局"到"社会结构转型"》，《西北师大学报》（社会科学版）2016年第3期。

转型的影响。社会结构转型理论为分析流动老人社会融合维度提供了一种大社会结构观，站在整体和宏观的层面，来审视流动老人在政治、经济、文化、社会等多个方面的融合状态。

（3）考虑空间分布的因素。在欧美文献中，空间分布是社会排斥研究的一个重要因素。格莱纳斯特等（Glennerster et al.，1999）指出："英国的区域研究已经证明了社会排斥是怎样生成的，距离成为一个个人或地区问题有多远，区域因素在此过程中有多么重要。"[1] Perri 6（1997）指出：社会排斥概念表达出某些服务的获得和机会的地理分化，以致通常非常小的区域，如居住小区、市区的里面或外面，就可以把人们与周围的生活切断。[2] 曼德尼波等（1998）指出："空间在城市社会的融合或隔离中发挥重要的作用。它是社会关系的一种表现形式，而且影响和塑造了这些社会关系的空间分布。这使得研究社会排斥不得不考虑空间隔离和排斥。因此，社会融合或排斥确实是一种社会空间现象。"[3] 萨夫等（2001）的研究还把空间隔离作为老年人社会排斥的一个关键维度。[4]

3. 流动老人社会融合的维度

在差序格局、社会结构转型、空间分布等相关理论的指导下，借鉴移民、流动人口、老年人社会排斥或融合维度的多种观点，结合流动老人社会融合的独特内涵，我们认为，应当从流动老人所处生活空间的角度来阐述流动老人社会融合的维度。以流动老人为中心，由内往外推出去，可以将生活空间分为心理、家庭、社区、区域、省及全国五个层次，相应地，流动老人社会融合涵盖心理认同、家庭融洽、

---

① Glennerster, H., Lupton, R., Noden, P. and Power, A., "Poverty, Social Exclusion and Neighbourhood: Studying the Area Bases", CASE Paper 22, Centre for Analysis of Social Exclusion, London School of Economics, London, 1999, p. 7.

② Perri 6, "Social Exclusion: Time to be Optimistic", *Demos Collection*, 12, January 1997, pp. 3 –9.

③ Madanipour, A., Cars, G. and Allen, J. eds., *Social Exclusion in European Cities: Processes, Experiences, and Responses.* London: Jessica Kingsley, 1998, p. 81.

④ Scharf, T., Phillipson, C., Kingston, P. and Smith, A. E., "Social Exclusion and Older People: Exploring the Connections". *Education and Ageing*, Vol. 16, No. 3, 2001, pp. 303 –320.

社区融合、区域适应和制度包容五个维度。各维度的具体内涵将在下文的指标体系分析中予以阐述。

需要指出的是，本书流动老人社会融合的五个维度体现出空间层次上的远近关系，不具有必然的逻辑递进关系；各维度间相互联系、相互影响、相互牵制；进程上未必同步，各维度融合的进程在现实中体现出多样性。

（三）测量指标

测量指标用于对社会融合状况本身的评价。指标的设置不仅应具有理论基础，而且应符合排他性原则和简约原则。在前文含义和维度论述基础上，借鉴现有研究成果，本书构建了流动老人社会融合个体层次的测量指标体系，如图 7 - 1 所示。

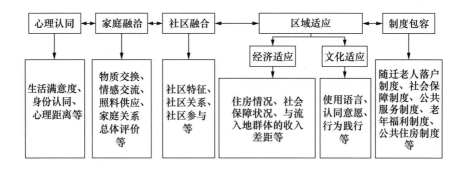

图 7 - 1　流动老人社会融合个体层次的测量指标体系

1. 心理认同

国外老年移民研究探讨了老年迁移对心理健康的影响。研究结论指出，老年阶段的迁移往往由退休、丧偶、收入下降、健康下降等生活事件触发，而不是工作机会。不同性质的事件会对心理健康产生不同影响。因负面事件（如丧偶、健康下降）而导致的被迫迁移会产生消极影响。相反，因积极事件（如退休、寻求生活舒适）而导致的主动迁移会产生积极影响。此外，迁移对老年移民的心理健康产生直接影响。一方面，这种影响会随着居住时间的推移而逐渐消减。另一方面，这种影响也具有两面性。迁移对于大多数老年移民会产生消极的心理影响，但是，在一定的条件下，老年移民也可能在目的地体验增强的心理幸福感。[①] 这些研究提醒我们，要关心和重视流动老人的心理健康和幸福感。心理认同是流动老人社会融合必要的重要维度。

流动老人心理认同是指流动老人在心理和情感上对流入地生活质量、心理距离、身份归属等的感知和认同上发生变化的状况。一般来说，年龄越大，越难实现心理认同。因而，流动老人比劳动力流动人口、流动儿童更难，实现心理认同也比其他维度的融合更难。心理认同与其他维度的融合相互作用，但是，其他维度的融合不一定导致心理认同。

测量流动老人心理认同的代表性指标包括：①生活满意度，通过流动老人对流入地生活的住房、家庭关系、精神生活等多个方面或整体的满意度等变量来测量。②心理距离，通过流动老人与本地人、外地人进行聊天、参加活动、成为好朋友等行为的意愿程度等变量来测量，也可参考博加德斯（Bogardus）的社会距离量表。③身份认同，通过流动老人自认为是哪里人（本地人、外地人或兼而有之）的判断来测量。

2. 家庭融洽

与他人产生有意义关系的社交互动是社会融合的一个重要维度。按照是否具有血缘、姻缘关系，社交关系可以分为家庭关系和社会关系。虽然家庭关系对于各个年龄段群体都是重要的，但是对于老年人来说具有特殊意义。年龄的增长、脆弱性的增加、独立性的丧失等，使得老年人需要得到家庭成员更多的关怀和照顾。因此，家庭被赋予很多责任和义务，来帮助老年人减少社会排斥的风险。家庭既是社会支持的提供者，也是个体融入更广泛支持系统的中介，提供帮助、建议以及获得外部资源的机会，促进老年人的社会融合。相比其他社交关系，家庭是一种更持久的支持来源。

---

① Bradley, D. E. and Willigen, M. V., "Migration and Psychological Well - Being Among Older Adults: A Growth Curve Analysis Based on Panel Data From the Health and Retirement Study 1996 - 2006", *Journal of Aging and Health*, Vol. 22, No. 7, 2010, pp. 882 - 913.

对于流动老人来说，家庭关系更显得重要。家庭团聚是现实中老年人流动的最主要原因，大多数老年人由"自家"进入到子女的"他家"，他们与家庭成员（包括居住距离近和距离远的家庭成员）的关系质量成为影响他们在流入地生活质量的重要因素。家庭是流动老人获得物质、精神、照料等多种资源的空间场域，因此，本书把家庭融洽作为流动老人社会融合的重要维度。

流动老人家庭融洽是指流动老人与其配偶、子女等直系家庭成员之间物质、照料、情感等互给和交换的状况。家庭融洽与其他维度的融合相互作用。家庭融洽程度高，可以大大提高流动老人的生活幸福感，一定程度上可以减轻其他维度融合欠缺的不利影响。

测量流动老人家庭融洽的代表性指标包括：①物质交换，通过流动老人与子女、孙辈之间双向物质交换的净值、流动老人本身的经济状况等变量来测量。②情感交流，通过子女、孙辈和流动老人的联系频次、看望频次、居住距离等变量来测量。③照料供应，通过流动老人需要生活照料、看病陪护时是否能够得到子女和孙辈照料、由哪些人照料等变量来测量。④家庭关系总体评价，通过流动老人对不同家庭成员的主观评价等变量来测量。

3. 社区融合

社区对于老年人具有特殊意义：第一，退休之后有更多的时间待在家里和当地社区；第二，晚年时期日益增加对邻里关系支持的依赖；第三，老年人流动性下降，一般居住在同一社区的时间很长；第四，社区内的情感纽带和地方依恋更深。[①] 因此，居住社区环境是影响老年人社会融合的一个直接、重要的因素。

流动老人面临着重新了解和适应流入地社区、重建社会关系网的任务。如果重建过程不顺利，流动老人有可能处于一个邻里关系疏远、相互支持缺乏、防范与隔离严重的居住环境中。这是流动老人在

---

① Buffel, T., Phillipson, C., and Scharf, T., "Experiences of Neighbourhood Exclusion and Inclusion among Older People Living in Deprived Inner – city Areas in Belgium and England", *Ageing and Society*, Vol. 33, No. 1, 2013, pp. 89 – 109.

社区层面遭受社会排斥的重要原因，会直接影响他们的生活质量。因此，社区融合是流动老人社会融合的重要维度。

流动老人社区融合是指流动老人在流入地社区建立社交网络、参与社区活动的状态，以及与社会融合密切相关的社区内在特征。这里的"社区"不同于行政意义上的社区，是指老年人主要活动的居住地、社区及邻近地方的嵌套。这种把社区置于更宽广背景的方式，可以更好地理解社会融合和排斥中居住环境如何发挥作用。

测量社区融合的代表性指标包括：①社区特征，通过地理位置是否偏僻，交通、医疗等基础设施是否齐全，房屋布局和周边设计是否优良，社区经济状况等变量来测量。②社区关系，通过社交网的差异性和规模等变量来测量。③社区参与，通过参与正式和非正式社区活动的类型、数量等变量来测量。

4. 区域适应

区域适应是指流动老人对居住社区之外较广范围的区域经济文化等方面的认知和适应状况，主要包括经济适应和文化适应两个方面。

（1）经济适应反映了流动老人对流入地消费水平、生活成本、住房等的认知状况和接受能力。流动老人在流入地居住和生活必须要有一定的经济实力。这份实力既来源于他们自己的收入、配偶的收入，他们子代、孙辈的经济支持，还来源于政府的经济帮扶。因此，家庭融洽、制度包容方面的改善可以提高流动老人经济适应的程度，同时，经济适应的提高也会对其他维度的融合起促进作用。

区别于劳动力流动人口，绝大部分流动老人退出了劳动力市场。因此，就业市场、工作收入、职业地位等常见的经济融合测量指标不适合应用于流动老人。测量流动老人经济适应的代表性指标包括：①住房情况，通过居住房屋人均居住面积、流入地自有产权住房情况等变量来测量。②社会保障状况，通过是否参与养老医疗保险、养老医疗保险的类型、年自负医疗费用等变量来测量。③与流入地群体的收入差距，把流动老人收入与流入地人均可支配收入、最低退休工资标准、最低生活保障标准进行比较来测量。

（2）文化适应反映了流动老人对流入地语言、饮食服饰习惯、风俗习惯、价值观念等区域性文化的了解、认可及接受状况。流动老人的世界观、人生观、价值观早在青壮年时期就已形成，并根深蒂固，他们在流入地面临一个艰难的再社会化（即文化适应）过程。社区融合、经济适应、家庭融洽等维度的改善会促进文化适应，文化适应的改善会促进心理适应、社区融合等维度的融合。

测量流动老人文化适应的代表性指标包括：①使用语言，通过在家使用的语言、在外面使用的语言、是否存在交流障碍等变量来测量。②认同意愿，通过流动老人对流入地的饮食、服饰、风俗、价值观念的认同意愿等变量来测量。③行为践行，通过流动老人对流入地认可的行为规范的践行状况等变量来测量。

5. 制度包容

有些研究指出，我国整个流动人口问题的根本原因在于户籍制度及依附其上的公共管理服务制度的不合理①，户籍制度是制约城市流动人口社会融合的主要基础性制度。② 本书进一步指出，社会制度排斥也是阻碍流动老人社会融合的重要因素。流动老人不具有流入地的户籍。户籍制度作为一种社会屏蔽制度，它把流动老人屏蔽在分享流入地的社会保障、公共服务、老年福利等多种社会资源之外，使得流动老人成为制度上的弱势群体。因此，制度包容是流动老人社会融合的重要维度。

流动老人制度包容反映了与流动老人相关的省市及国家层面的社会制度、政策对流动老人的覆盖状况。这一维度关注社会公平和正义，关注流动老人和参照群体获取资源的机会和能力的差距，通过相关社会制度、政策的调整和完善，提高流动老人获得共享资源的机会和能力，为其社会融合过程提供制度支持。

值得注意的是，促进流动老人的制度包容，要从流入地整体层面来考量，而不是专门制定一个针对流动老人特殊群体的制度，一方面

---

① 关信平：《中国流动人口问题的实质及相关政策分析》，《国家行政学院学报》2014年第5期。

② 李涛、任远：《城市户籍制度改革与流动人口社会融合》，《南方人口》2011年第3期。

要考虑与本地老人社会制度、政策的对接问题，另一方面要考虑流入地经济发展水平和财政承受能力，做到有计划、分阶段、踏踏实实逐步推进。

与流动老人具有切身利益关系的社会制度主要包括随迁老人落户制度、社会保障制度、公共服务制度、老年福利制度、公共住房制度等。这些都可以作为测量流动老人制度包容的指标，可以通过流动老人能否申请上述政策福利、申请条件是否烦琐、有什么限制条件等变量测量流动老人制度包容的程度。

这里建构的流动老人社会融合的概念及测量指标体系，适合于指导未来相关研究中的问卷设计、数据收集和数据分析，也期待在今后的实证研究中得到检验，进一步完善和发展。

三　全球金融危机背景下关注老年人的社会排斥与融合

2008 年全球性金融危机及其造成世界经济衰退的后果从根本上改变了与老年人相关的社会和政策问题。在全球背景下，多国政府降低了对弱势群体的支持水平，催生了排斥弱势群体的新形式，其中老年人是受排斥非常严重的群体。具体到我国的情况，全球金融危机带给我国全面、深刻的影响，导致经济新常态的长时期出现，也影响正在进行中的新型城镇化发展和我国深度融入全球化的进程。经济新常态、新型城镇化、全球化与人口老龄化等几股社会变革力量交织在一起，构成新时期的社会背景力量，在一定程度上加剧了老年人的社会排斥程度，对于老年人的生活质量产生深刻影响。

（一）　金融危机、全球化、城镇化与老年人社会排斥

1. 金融危机加剧老年人社会排斥

2008 年的金融危机起源于美国，欧洲受到严重波及。有些欧洲老年社会学研究者注意到金融危机对于老年人生活的影响。菲利普森（2012）指出，2008 年的金融危机有可能成为应对贫困和排斥问题的

转折点。一方面，全球机构把人口结构改变定位为 21 世纪的社会与经济危机；另一方面，强大的亲市场和反福利国家的思潮回归公众舆论议程。在此背景下，当前许多欧洲政府认为国家和公共领域的收缩、私人和所谓"第三部门"服务的扩大是不可避免的过程。① 哈维（Harvey，2010）用"剥夺式积累"描述这一过程，是指协会、组织、身份和创造力的形式被强行进入私人领域，以致价值可以被抽走或重新提取。② 布莱克本（Blackburn，2006）把这一过程概括为个人和机构从公共财政断奶，以及如何成为"负责任的风险承担者"的过程。这一过程还伴随着国家在公共支出方面的削减。③ 所有这些变化都可能增加老年人遭受排斥的程度，从兴起的排斥话语、排斥服务、政策趋向等变革中得以窥探到。

（1）当前公共舆论强调老年人社会支持的成本和问题。利斯（Leys，2010）指出，当前关于国家健康保健的公共话语没有明确有力地表达"贫穷""住房""工业污染""中心城市的贫穷"等主题，而是充斥"成本""税收""官僚主义""福利""保姆式国家"等话题。④ 同样，直接使老年人受益的服务的合法性和价值也受到质疑。而且，上述观念在人口结构变化带来的成本增加的各种"恐慌"中被强化。这样的公共舆论倾向很可能会导致社会公众对老年人群体的不友善意向，产生排斥老年人的情绪体验。

（2）被排斥于常有的照料资源是全球性金融危机的另一个后果。全球性金融危机造成了全球至今的经济衰退和多国政府的公共支出削减，所有的家庭都在这一过程中遭受了损失，尤其是老年人。那些低收入的、最依赖公共服务的人；在家庭和社区中需要照料服务的人；

① Phillipson, C., "Globalisation, Economic Recession and Social Exclusion: Policy Challenges and Responses", in T. scharf and N. Keating, eds., *From Exclusion to Inclusion in Old Age*. Bristol: The Policy Press, 2012, pp. 18 – 19.

② Harvey, D., *The Enigma of Capital*. London: Profile Books, 2010, pp. 48 – 49.

③ Blackburn, R., *Age Shock: How Finance is Failing Us*. London: Verso, 2006, p. 4.

④ Leys, C., "Health, Health Care and Capitalism", in L. Panitch and C. Leys, eds., *Morbid symptoms: Health under Capitalism. The Socialist Register* 2010, London: Merlin Press, 2010, p. 15.

那些不具备获得养老金及相关支持权利的人，如第一代移民；和那些被视为负担的人，尤其是贫穷的、非常脆弱的老年人。社会排斥已经成为这些老年人的主要问题。

因为老年人家庭往往比其他类型的家庭收入较低，因为公共支出的削减造成的损失在家庭总收入中占相当大的比例。如果老年人必须通过使用自己的收入购买服务来取代失去的服务，那么很明显，福利缩减的影响是非常严重的。[1] 福德和弗南德斯（Forder and Fernandez，2010）的研究也指出：公共支出的削减将导致更多的人自己掏钱购买照料服务或者寻找非正式照料服务。然而，用私人花费来代替公共支出是有限制的，因为个人的经济资源是有限的，老年人很难支付得起昂贵的照料成本。所以，当公共资助水平削减时，包括国家和私人的总支出相对来说就更少了。同时还会产生另一个不公平的结果，富人应对公共支出削减的能力更好，而穷人是最大的损失者。[2]

（3）延长工作年限成为工作和退休制度改革的主流取向，这可能成为一种新的排斥形式。当前，人们的预期寿命普遍提高，政策制定者把长寿与退休年龄联系起来，延长工作年限被视为可以接受，也被视为降低养老金成本的必要手段。但是，这一政策导致了新的以阶层和性别为基础的排斥形式。第一，这一政策对于那些预期寿命短的工人阶层群体特别不公平。这意味着，相对于那些预期寿命比较长的、专业的、管理阶层的群体，工人阶层群体领取退休金的时长要明显短一些。第二，这一政策有可能促使越来越多的工人不顾健康状况下降，而被迫延长工作年限，许多工人还可能经历阶层流动的下降，以及低工资、兼职工作经历的上升。第三，这一政策尤其对于妇女不公平。比如在英国，在过去十多年中，女性的退休年龄提高了六年，相比来说，男性只提高了一年。

---

① Horton, T. and Reed, H. *How the Government's Planned Cuts Will Affect Older People.* London: Age UK, 2010, p. 1.

② Forder, J. and Fernandez, J. - L., "The Impact of a Tightening Fiscal Situation on Social Care for Older People", PSSRU Discussion Paper 2723. 2010, p. 8. Available at: www. pssru. ac. uk/pdf/dp2723. pdf.

众所周知，始于 2008 年的全球金融危机通过国际收支、国际市场价格及市场信心等渠道，对我国的经济增长产生显著的影响，经济增速放缓，结构性矛盾突出，产能过剩，整个国民经济运行的复杂性和不确定性仍在增加。基于对国内外经济新形势的判断，习近平总书记提出了"经济新常态"的概念，这既是对当前我国经济社会发展的阶段性特征的高度凝练，也是对眼下发展战略与未来趋势的一种精准研判。经济新常态的主要特点包括：经济增长速度的放缓；经济结构优化升级，产业结构由中低端向中高端转换；经济增长动力由要素驱动、投资驱动向创新驱动转换；市场在资源配置中占据主导位置。

总体来说，老年人属于社会上的弱势群体，其生活质量与其所属国家的社会保障水平密切相关。经济新常态下的经济基本面，会通过社会保障体系运转的可持续性来影响老年人的生活质量，并进而加剧老年人遭受社会排斥的可能性。这里通过社会保障基金的收支平衡问题来阐述。

客观地说，在我国人口老龄化和经济新常态交织的社会背景下，维持社会保险基金的收支平衡的困难越来越大。一方面从社保基金的支出来看，我国社会保险经费的支出呈刚性地持续上涨。这与我国的人口国情紧密相关。人口老龄化是我国贯穿 21 世纪的人口国情，老年人口的规模将持续快速增大，截至 2015 年年底，60 岁以上的老年人口达 2.22 亿，占总人口的 16.1%。预计 2050 年中国 60 岁及以上人口将达到 4.83 亿，老龄化水平达到 34.1%。老年人口规模的增大必然带动社会保险经费支出的持续上涨。比如养老金是退休老年人的主要收入来源。在人口快速老龄化背景下，养老金支出预计将以年均 20% 左右的速度持续快速增长。据中国社会科学院《中国养老金发展报告 2015》指出，截至 2014 年年底，城镇职工基本养老保险的个人账户仍然会有接近 1 万亿元的空账。此外，31 个省份中，只有 8 个省份 2014 年的征缴收入大于支出，比上一年少了 4 个。另外 23 个省份都出现了当期扣除财政补贴养老金收不抵支的情况。① 同时，老年人因年岁已高，或大或小的疾病缠身难以避免，其医疗消费开支也快速增长。有关数据显示，2013 年，全国 225 个统筹地区的职工医疗保险基金出现收不抵支，其中，有 22 个地区将历年来累计的结余基金花完。另外，全国有 108 个统筹地区的居民医疗保险基金出现收不抵支，医保资金不堪重负。

另一方面从社保基金的收入来看，我国社会保险经费的收入在近年来都呈快速增长，但是其增长速度赶不上支出的增长速度。社保基金收入主要包括征缴收入、财政拨款、养老金累计结余资金投资收益三个方面。在当前经济新常态背景下，这三方面的收入增长都缺乏持久的动力。

第一，社保基金征缴收入的增长空间不大。提高缴费比例和增加参保人数是增加社保基金征缴收入的两条途径。从个人养老金缴费比例国际比较情况来看，目前，我国养老金个人缴费比例为 8%，美国为 7.7%，法国为 9.9%，韩国为 7.8%，瑞典只有 7%，俄罗斯个人零缴费，巴西为 8%，我国个人缴费比例处于偏高水平。如果在此基础上继续提高个人缴费率，无疑将大幅降低社会消费总需求，并由此进一步抑制本就疲弱的经济增长，由此可见，养老金个人缴费率几无提升空间。从增加参保人数方面来看，经济结构的深度调整，影响民众的就业能力。就业是民生之本，只有民众充分就业，才能赚得收入维持自身及家人的生存和发展，才能有能力缴纳基本的社会保障费用。就当前的企业发展而言，经济"新常态"下，我国经济结构深度调整，势必对那些困难企业的职工参保缴费能力造成影响，如一些中小微企业在经济新常态下由于资金不足、技术改进滞后等原因可能导致生产经营困难，到时失业人数增加，从而影响到失业人员社会保障缴费的持续性和稳定性。总之，在经济新常态和新增就业人口增速放缓的现实条件下，社保基金征缴收入将可能放缓增长速度。

---

① 搜狐财经：《社科院：养老金个人账户累计已超 4 万亿　缺口近万亿》，2015 年 12 月 27 日，http://business.sohu.com/20151227/n432695040.shtml，2016 年 7 月 20 日。

第二，经济新常态背景下，政府对社保资金投入的增长难以为继。社会保障的发展离不开国家财政资金的扶持。社会保障体系的各项事业，如城乡居民的基本养老保险、基本医疗保险、最低生活保障等，都需要财政资金的扶助或补贴。近年来，随着社会主义市场经济的快速发展，国家财力增强，政府在城乡居民基本社会保障方面的投入力度不断加强。城乡居民医疗保险的报销比例也持续提高，国家政策范围内的城镇职工医保、新农合、城镇居民医保等住院费用报销比例已分别高达75%、70%、70%；中央财政对城乡低保的补助资金也日益增长，截至2015年11月底，中央财政全年安排了城乡低保资金1171.48亿元，比2014年增长6.36%。随着我国经济步入"新常态"以后，经济增长速度明显放缓，各级财政收入的增速也在下降。根据国家权威数据统计，"2015年全国一般公共预算收入152217亿元，同口径增长5.8%，比上年回落2.8个百分点，低于年初预算目标"，创1998年以来的新低。这势必给各级政府造成巨大的社保资金支出压力。

第三，在经济新常态背景下，社保基金累计结余资金投资收益的增长也面临更多困难。在经济下行压力较大的时期，社保基金累计结余资金的投资渠道、收益率都存在很大的不稳定性，投资收益的增长面临更多困难。

综上所述，始于2008年的世界金融危机给欧美、我国乃至全世界的经济发展带来深重的冲击。当前世界经济仍处于缓慢复苏过程中，经济增速放缓、增长动力不足成为多国经济发展的现状。这种经济状况及发展趋势有可能使各国政府减少公共支出，压缩社会保障和社会福利项目，从而加剧老年人遭受社会排斥的可能性。

2. 全球化加剧老年人社会排斥

中国于2001年加入世界贸易组织，意味着中国全面进入了经济全球化，中国开始了以社会主义市场经济为基础的真正参与全球贸易和全球竞争的新时期。经济全球化的主导力量在于发达资本主义国家，因而总体上是资本主义市场经济的全球化，是新自由主义经济思想和意识形态的全球化，它所强调的是市场在资源配置等方面的基础性作用，政府尽可能减少对自由市场的干预。经济全球化所导致的全球市场竞争不仅会增加市场本身的制度性社会排斥力量，而且通过削弱政府控制经济的力量，还会增加政府建立起对老年人这样的社会脆弱群体提供有效保护的社会保障体系的难度。① 具体可以从文化和制度两个维度来看。

（1）新自由主义冲击福利共识。新自由主义主要以哈耶克、艾哈德、弗里德曼、布坎南等的经济自由主义思想和理论为代表，实质是在继承资产阶级古典自由主义经济理论的基础上，以反对和抵制凯恩斯主义为主要特征，适应国家垄断资本主义向国际垄断资本主义转变要求的理论思潮、思想体系和政策主张。其基本主张就是自由化、私有化和市场化，而对福利国家的否定与批判，则是新自由主义的核心理念和显著特征。

新自由主义思潮对国家的集体供应怀有质疑，认为私人部门的供应本质上优越于公共部门的供应。② 这种思潮主张福利个人化，强调保障的责任由国家向个人转移，反对福利国家。新自由主义认为，基于高税收政策的"福利国家"导致经济上的低效率，弱化了人们工作、储蓄和投资的动机。充分就业政策减少了私营部门的劳动力供应，使经济发展缺乏弹性；以养老、就业和医疗等为主要内容的全民福利，摧毁了个人自我照顾的能力，增加了个人依赖国家的惰性。

福利共识作为国家范围内的社会价值认同，是国家内各种利益集团经过长期的相互影响达成的一种社会价值认同和社会主流意识。在经济全球化进程中，由于国家政治共同体地位的下降，也由于全球经济竞争的需要和资本剩余价值最大化的本性需求，这些共同的价值标准被无情破坏了，由此导致了传统社会意识、社会心理和社会价值取向的极大改变。经济全球化和科技革命带来的就业危机使人们越来越

---

① 程胜利：《经济全球化背景下的当代中国城市贫困问题研究》，博士学位论文，南开大学，2001年。

② Walker, A. and Deacon, B., "Economic Globalization and Policies on Aging". *Journal of Societal and Social Policy*, Vol. 2, No. 2, 2003, pp. 1 – 18.

多地把"社会福利投资"当作"单纯的成本因素"而加以拒绝。老年人受益的社会服务的合法性和价值，不可避免地受到质疑。

在经济全球化背景下，跨国公司的力量将增强，它不仅将对中国的经济产生极大的影响，而且会带动在文化和政治方面的影响，从而引导民众的观念和政府的政策都朝向新自由主义方向发展。在这种力量的影响下，整个社会可能会更加推崇强者，忽略弱者；崇尚效率，忽略公平；强调个人责任，忽略社会集体关照，从而使社会福利发展的意识形态基础进一步被削弱。

（2）全球化挑战社会福利制度模式。

第一，在经济全球化背景下，受全球贸易、全球生产和资本全球自由流动所引发的全球市场竞争的影响，中国的产业结构正发生着持续的变化与调整。同时全球化进程中大量科技革命的应用，在提高企业生产效率的同时也为企业的大规模裁员提供了理由。在这个过程中必然引起大量的在岗职工失业或下岗。大量的失业一方面显然会减少国家的财政收入，另一方面失业人口也意味着要有更多的社会福利支出，这就陷入一个两难境地。这会使整个家庭的经济水平下降，并使家庭中的老人受到的子女的经济支持也会下降。

第二，全球化使各国之间的经济紧密联系，独立性下降，各民族国家的经济只有当它们通过供方导向的政策使资本获得利润的条件最优化并使劳动成本和税率尽量降低时，才能在全球性竞争中保持竞争力，各民族国家的社会为了向本国吸引投资，在为投资者提供税收优惠方面力图用更好的条件压倒对方，由此造成对税率的压力导致国家持续的而且随着时间的推移还不断加重的财政危机。这种情况迫使各国不得不推行财政紧缩政策，以图减少公共开支。①

第三，国家对经济和社会的干预和大规模转移支付政策，要求国家必须掌握巨额社会财富，拥有充裕的税收来源。这是福利国家存在和发展的物质基础。但是，在经济全球化进程中，各国之间存在明显

---

① ［德］托马斯·迈尔：《社会民主主义的转型》，殷叙彝译，北京大学出版社2001年版，第49—50页。

的税收差异，资本和其他生产要素可以在全球范围自由流动，使跨国企业逃避税负和摆脱社会职能成为可能。这些企业利用了各国税收体制之间的差别，通过转移价格法、双重租金标准、转移生产基地等形式，使自己的税负达到最低。经济全球化进程中企业的逃税行为，大大减少了福利国家的税收总量，动摇了福利国家的物质基础和弱化了福利国家社会政策的能力。一边是由于失业加剧、老龄化等因素造成的社会公共支出居高不下和持续增长，另一边是税收收入的不断减少，福利国家社会政策的物质基础被严重削弱了，由此导致的后果是老年人等社会弱势群体所享受的社会福利逐渐缩减。

第四，受经济全球化所造成的国际竞争压力和新自由主义思想的影响，出现不确定就业形态。所谓不确定就业指的是介于长期失业与就业间，不稳定并且缺乏保障的就业形式。不确定性就业主要集中在劳动密集的服务业，这类工作所需要的技术水平较低，可替代性很高，不仅工资水平低，而且缺乏稳定性，容易因经济波动的冲击而受到伤害。还有国家采用延迟退休年龄的方式（因为预期寿命的增加）来减少养老金成本，实际上提高国家退休年龄，是有保障的退休福利和不稳定的就业之间不公平的交换。

综上所述，全球化过程中广泛的社会和经济改变与社会排斥之间有着紧密的联系。全球化发展产生了排斥的新形式，威胁了老年人的生活质量。

3. 城镇化加剧老年人社会排斥

城镇化是我国经济社会发展转型的重大事件，自改革开放以来，我国城镇化进程明显加快，城镇化率从 1999 年的 30.89% 提升到 2014 年的 54.8%，年均增长约 1.59%。城镇化给我国经济社会带来广泛而深远的影响。一方面，投资、产业在城镇的集中、城镇化基础设施的发展等，直接带动了中国经济的高速增长。另一方面，也带动了人类历史上罕见的大规模人口流动。《中国流动人口发展报告 2016》指出，2015 年年末，我国流动人口规模达 2.47 亿人，占总人口的 18%，相当于每六个人中有一个是流动人口。

城镇化对我国各个年龄群体包括老年人生活的影响都是深刻、全面且持久的。城镇化带动的中国经济的高速增长必然会整体上提高老年人的经济生活水平，改善老年人的生活质量，同时也在一定程度上导致老年人遭受社会排斥的加剧。原因主要有以下三个方面：

第一，城镇化加速了人口老龄化，导致老年人口大增。人口老龄化的直接原因是人口出生率和死亡率的下降。一方面，城镇化的发展，会增加养育子女的成本，提高妇女的社会地位并改变生育意愿，总体上降低人口出生率。另一方面，城镇化意味着医疗水平、生活质量和社会保障的提高，这就使人口死亡率降低。两者作用叠加使人口老龄化进一步加速，老年人数量增加，相应地会导致家庭和社会的养老负担增加。

第二，城镇化改变了人口老龄化的城乡布局和区域布局。一方面，由于人口城镇化的年龄选择性，使大量农村劳动年龄人口，尤其是青壮年劳动力迁往城市，在缓解了城镇人口老龄化的同时，却严重加剧了农村的人口老龄化，使农村人口老龄化程度在21世纪始终高于城镇。另一方面，由于城镇化发展的非均衡性，大量经济欠发达地区的劳动力人口向经济发达的沿江、沿海、沿主要交通线地区聚集，整体上缓解了经济发达地区的人口老龄化，而加剧了经济欠发达地区的人口老龄化。因此，我国人口老龄化问题的重点在农村，在中西部经济欠发达地区。

第三，城镇化催生了流动老人、留守老人等特殊老年人群体的产生。比如流动老人，2015年国家卫生计生委流动老人健康服务专题调查显示，流动老人占流动人口总量的7.2%，年龄中位数为64岁，其中，60—64岁的占54%，65—69岁的占24%，70—79岁的占18%，80岁及以上的高龄流动老人不到5%。流动老人不具有流入地的户籍。户籍制度作为一种社会屏蔽制度，把流动老人屏蔽在分享流入地的社会保障、公共服务、老年福利等多种社会资源之外，形成城市社会的"二元"结构，使流动老人在流入地生活面临制度、经济、文化、社会交往等多方面的生活困难。再如留守老人，城镇化导致人量农村青壮年劳动力流入城市，使"留守儿童""留守妇女""留守老人""空心村"等突出现象，这三类群体的生活权益保障，农村、农业的可持续发展等问题引起各级政府和学者们的广泛关注。实证调查的结果表明：农村留守老人的物质生活水平偏低，生活质量差，劳动强度大，精神缺乏慰藉，情感生活匮乏，身体健康状况不佳，生活无人照料。① 这些问题的存在导致留守老人遭受社会排斥的风险增大。

老年群体在城镇化影响下产生的生活方式的变化，使老年群体受到的社会排斥加剧，主要表现在四个方面。

（1）家庭代际关系排斥。家庭代际关系排斥主要表现在：首先，城镇化带来的大量人口流动，子女外出务工之后增加了见识，原先家庭中的领导——老人，他们在农业生活中积攒的经验不再能够指导子女，使老人在代际关系中的角色发生了转变，从在家庭中原先的强势地位变成了弱势的一方。其次，外出务工的子女在城市生活后，人生观、价值观及生活方式都会发生改变，从而和留守老人之间产生代沟，父辈的权威日益减弱，子女的独立性不断增强，彼此之间的交流会减少，这进一步加剧了老年人在大家庭中遭受社会排斥。最后，子女的外出务工加剧了留守老人的生活照料问题。子女作为老年人的最主要的照料主体，其外出务工的行为势必会加重自身的劳动负担，加上其与留守老人的空间距离，会减弱其对父辈照料的能力和动力，使老年人能获得的生活照料资源减少。还有，部分跟随子女流动进城的老年人，从自家到他家，老人们的生活场域发生了变化。农村老人进入城市后脱离了土地，也就失去了一项重要的经济收入来源，老人的对子女的经济依赖性大大增加，这就使老年人在家庭和代际关系中的自由和独立性下降。老人通常要通过照顾孙辈或者承担家务来作为获得代际支持的条件。

城镇化导致的代际关系的变化，对于老人来说很难适应这种角色的转变。老人对于家庭和子女生活的意见不再受到重视，只是被动地接受子女的规划安排，成为家庭中的边缘成员。尤其是一些流动老人在城市中的再社会化过程，会不断地接受子女的纠正甚至是抱怨，这

---

① 杜鹏、丁志宏、李全棉等：《农村子女外出务工对留守老人的影响》，《人口研究》2004年第6期。

会损害老人的自尊。另外，子女在平时承担较重的工作和生活的压力，使得他们和老人的情感交流较少且效果不佳，缺乏精神慰藉的老人会产生孤寂感，处于情感关怀方面被排斥的状态。

（2）经济排斥。经济排斥主要体现为现阶段我国老年人经济收入普遍偏低。这里主要从农村留守老人方面来分析，由于农村留守老人的积蓄和养老金较为微薄，所以，农村留守老人有大部分是通过个人从事农业或其他副业来进行自我供养，这方面的收入是留守家庭的一个重要来源途径。除去农业生产，有些留守老人的自我供养的渠道还有其他副业，诸如做一些手工艺品、打短工、捡废品等，但是，随着老年人年龄的增加和身体的衰老，这方面的收入也会有一定程度的下降。这使子女的经济支持成为老年人经济的重要来源。

在城镇化的影响下，子女对老人的经济支持也发生了变化。大部分外出务工的子女，在城市由于户籍制度等因素的限制，加上农民工自身教育水平偏低，农民工的就业形势并不乐观。同时在城市也意味着更重的生活负担。总的来说，外出务工子女会给老年父母一定的经济资助，但是，经济支持额度有限，留守老年人的经济条件并未得到显著改善。部分留守老人承担了照顾孙辈的责任，生活开支增大。留守老人从外出子女处获得的经济支持，只是弥补了留守老人正常生活所需和自身收入之间的缺口，填平了这部分开支。

再从支出方面来看，留守老人的主要支出就是医疗费用、生产性投入、日常开销及人情往来花费、孙辈的生活教育开支。占比最多的是医疗费用及人情花费。人情花费占据大头则和子女的外出有一定关系。农村的留守老人身处的乡村，乡土文化人情浓厚，人情往来是维持社会支持网络的重要环节。一般农村老人随着年事渐高，人情往来的职责会自动转移到已婚成家的子女身上。可是子女外出务工后，留守老人又不得不承担起这人情往来的责任，在没有子女补偿人情开支的条件下，人情开销显然加重了老人的经济负担。

（3）福利排斥。如上文所述，城镇化的发展加速了我国的人口老龄化，这使我国的老年人口基数不断增加。而随着老年人数量的增加，其社会福利的需求也不断增加，在老年人社会福利方面，可能会导致供给难以跟上需求的增长速度。

城镇化意味着医疗水平的提高，这使得老年人的健康水平也有了一定的提高。在基本的生理健康得到保证的情况下，老年人的福利需求也不再局限于生理需要，而是呈现出多元化发展的趋势。老年人群体对于服务照料、精神慰藉、娱乐文化、权益维护的需求上升，在家庭养老日趋弱化的今天，老年群体势必向社会去寻求所需的资源。面对迅速增长的老年人数量和日益多样化的福利需求，目前我国的老年人福利事业资金不足，福利机构较少、服务水平较低、功能单一，老年人福利需求与供给的矛盾十分突出，整体社会养老服务体系存在不足。

对于在城镇化背景下产生的流动老人群体，他们面临着与户籍制度相关的服务福利的屏蔽。我国的户籍制度不仅设置了城乡二元结构的壁垒，而且不同省市之间的养老金和医保标准也不尽不同，各地区信息难以共享。因此，当老人选择迁移时就意味着，一方面有可能损失全部或部分的流出地的老年福利，比如，不能享受流出地的医疗保险，或者需要支付额外的成本才能享受。另一方面在流入地也遭受制度屏蔽。比如，流动老人几乎没有纳入流入地的社会保障、老年福利、公共服务等制度覆盖的范围内。除老年人优待在很多省市面向流动老人外，其他基本公共服务、公办社区养老和机构养老服务等都只面向本地户籍的老年人，流动老人要自费享有甚至没有机会享有。这些制度屏蔽使得流动老人在诸多方面遭受福利排斥。

（4）社会关系网络排斥。老年人的社会关系网是老年人通过互动形成的相对稳定的联系，它的组成包括亲属、近邻、同事、同学等。流动老人因为离开了原居住地，空间的距离使老人基本很难再和原先社会关系网络中的亲属朋友频繁往来，在城市社区中重建社会关系时，流动老人相对固化的思维方式使他们在城市生活时仍然保留着在原居住地生活时的生活方式和生活习惯，在和城市文化的碰撞中，流动老人会感觉到文化震惊的不适感。这种文化异质性使流动老人和本地老人在社会交往时会存在严重的隔阂，城里人会歧视流动老人，流动老人也会有畏惧和警惕之心，只对老乡有认同感。

另外，老人在需要寻求帮助或者精神慰藉的时候，流动老人爱面子和市场经济功利化思维的原因，使邻近的社区居民并不能成为流动老人的选择，多数流动老人依然会去寻找直系亲属和原有的社会关系来获得支持和精神慰藉。流动老人作为外来人口，与城里老人相比，经济地位和社会地位存在差距，加之流动老人的身份标签，很难建立社区人际关系网络。长此以往，老人无法形成对流入地的认同，越发觉得孤独，并不断内化自己圈外人的身份，在流入地缺乏归属感致使得流动老人的社会交际封闭化，受到社会的排斥。①

综上所述，全球性金融危机造成的经济衰退和公共支出削减对老年人的生活质量产生了新挑战，产生了排斥老年人的一些新形式。确实有必要营造全球参与老年社会建设的氛围，通过政策设计应对人口老龄化挑战。

（二）促进社会融合是老年社会政策的重要目标

全球化以及金融危机下的经济衰退和公共支出缩减加剧了一些群体遭到社会排斥的程度，妇女、流迁人口、老年人等弱势群体更是受损害更严重的群体。在这种背景下，老年社会学和社会政策研究应当致力于提出一个消除社会排斥、促进社会融合的长期战略，为包括流动老人在内的各类型老年人赢得一个安全的晚年。具体提出以下对策建议。

1. 加强国家对老年人支持的主要责任

老年人处于生命历程的最后阶段，衰老必然伴随着各项能力和身心健康的下降。因此，老年时期应当被认为既是公共部门在提供照料服务方面发挥主导作用的阶段，也是中央和地方政府对保障弱势群体的安全和生活质量负有主要责任的阶段。但是，金融危机以来，老年时期呈现出一种新的"道德叙述"。Tony Judt（2010）将之描述为一种转变：从国家到市场的转变，从公共空间应对老龄化到私人空间应

---

① 宁玉梅：《进城老人的社会排斥与整合社工介入探讨》，《学理论》2013 年第 27 期。

对老龄化的转变。[①] 这个新阶段更加开放，也更加不平等，既可能带来促进社会融合的新机会，也可能产生各种社会排斥。[②] 为防止更多的弱势老人陷入排斥的境地，国家应当切实承担起对老年人的支持责任，促进老年人融入主流社会机构中。

2. 提高家庭对老年人的支持力

老年人从家庭成员那里获得物质、精神和照料等全面的支持资源，同时，老年人也可能通过照顾、抚养和教育孙子女，承担家务活等方面的贡献来回报家庭成员。如此形成代际关系的良性互动，维持着老年人在家庭生活中的融合。但是，现实社会中也存在这样的状况，有些老年人的家庭联系很脆弱，家庭资源也很缺乏，这类老年人很可能面临被社会孤立和排外的风险。家庭关系脆弱的原因是多样化的，但多数是源于家庭和工作中各种不利因素和干扰的长期积累。要提高家庭对老年人的支持力，必须通过投资家庭建设而增强家庭养老能力。当前，我国政府和社会各界对家庭养老进行政策支持的共识已基本形成。《中国老龄事业发展"十二五"规划》已将"老年家庭建设"列为主要任务之一，明确提出了完善家庭养老支持政策，发挥家庭养老的基础作用等具体要求。新修订的《老年人权益保障法》规定，国家建立健全家庭养老支持政策，鼓励家庭成员与老年人共同生活或者就近居住，为老年人随配偶或者赡养人迁徙提供条件，政府和社会组织应当为家庭成员照料老年人提供帮助。

3. 切实保障老年人的各项法定权利

西方福利国家的初衷是促进所有公民的福祉。德普（Deppe，2010）曾提出"保护社会空间"的重要性，他认为，社会必须尊重和保持一些非商业化的交流和合作领域，在这些领域，服务没有商品的特点。这样的弱势群体受保护的领域体现了团结、公平等社会目

---

① Judt, T., *Ill Fares the Land：A Treatise on Our Present Discontents*, London：Allen Lane, 2010.

② Cann, P. and Dean, M., *Unequal Ageing：The Untold Story of Exclusion in Old Age*, Bristol：Policy Press, 2009.

标，实际上也形成了人道主义社会模式的基础。[①] 考虑到当前照料机构的跨国运作，公共服务私有化的趋势，《欧洲人权公约》和《世界人权宣言》提出的消减老年人结构性依赖的主张显得非常重要。汤森（2007）认为依赖问题是持续影响老年人的主要问题，《欧洲人权公约》和《世界人权宣言》提倡的人权，不仅是对弱势群体给予一种道德的、准合法的救助，而且为21世纪提供了一个促进社会朝着新鲜的、更有希望的方向发展的思想和计划的框架。[②] 我国制定的《老年人权益保障法》，为在人口老龄化背景下切实保障老年人权益做出了更为妥善的制度安排，必将对老年人切实享有法定权利产生巨大的促进和保障作用。

① Deppe, H. - U., "The Nature of Health Care: Commodification Versus Solidarity", in L. Panitch and C. Leys eds., *Morbid Symptoms: Health under Capitalism. The Socialist Register* 2010, London: Merlin Press, 2010, pp. 29 - 38.

② Townsend, P., "Using Human Rights to Defeat Ageism: Dealing with Policy - induced 'structured Dependency'", in M. Bernard and T. Scharf eds., *Critical Perspectives on Ageing Societies.* Bristol: Policy Press, 2007, pp. 27 - 44.

参考文献

[1] 邓伟志、徐榕：《家庭社会学》，中国社会科学出版社 2001 年版。

[2] 费孝通：《乡土中国》，北京大学出版社 1998 年版。

[3] 辜胜阻、简新华：《当代中国人口流动与城镇化》，武汉大学出版社 1994 年版。

[4] 卡尔·马克思：《资本论》第一卷，人民出版社 1975 年版。

[5] ［美］林南：《社会资本：关于社会结构与行动的理论》，上海人民出版社 2005 年版。

[6] 李珊：《移居与适应——我国老年人的养老问题》，知识产权出版社 2014 年版。

[7] 穆光宗：《当前家庭养老面临的困境及应对》，《人民日报》2014 年 6 月 16 日第 15 版。

[8] 牛凤瑞：《中国城市发展三十年》，社会科学文献出版社 2009 年版。

[9] ［法］皮埃尔·布迪厄：《实践理性：关于行为理论》，谭立德译，生活·读书·新知三联书店 2007 年版。

[10] 祁峰：《中国养老方式研究》，大连海事大学出版社 2014 年版。

[11] 齐明珠：《老年人口迁移、保障的理论与实证分析》，中国人口出版社 2004 年版。

[12] 吴柏钧、潘春阳：《中国城镇化的经验与理论研究》，上海人民出版社 2015 年版。

[13] 王克忠：《论中国特色城镇化道路》，复旦大学出版社 2009 年版。

［14］许学强、周一星、宁越敏：《城市地理学》，高等教育出版社 2009 年版。

［15］叶敬忠、贺聪智：《静寞夕阳：中国农村留守老人》，社会科学文献出版社 2008 年版。

［16］杨云彦：《中国人口迁移与发展的长期战略》，武汉出版社 1994 年版。

［17］张纯元：《中国老年人口研究》，北京大学出版社 1991 年版。

［18］中国老龄问题全国委员会：《老龄问题研究——老龄问题世界大会资料辑录》，中国对外翻译出版公司 1983 年版。

［19］《〈中华人民共和国老年人权益保障法〉读本》，华龄出版社 2013 年版。

［20］邹兰春：《北京的流动人口》，中国人口出版社 1996 年版。

［21］巴力：《以家庭养老为主完善农民养老保险体系》，《经济经纬》 1999 年第 3 期。

［22］蔡蒙：《劳务经济引致下的农村留守老人生存状态研究——基于四川省金堂县竹篙镇的实证分析》，《农村经济》2006 年第 4 期。

［23］程胜利：《经济全球化背景下的当代中国城市贫困问题研究》，博士学位论文，南开大学，2001 年。

［24］陈赛权：《中国养老模式研究综述》，《人口学刊》2000 年第 3 期。

［25］宋健：《农村养老问题研究综述》，《人口研究》2001 年第 6 期。

［26］陈谊、黄慧：《老年人的异地养老需求及对策思考——以北京市为例》，《人口研究》2006 年第 7 期。

［27］崔燕改：《农村养老状况与方式选择的实证分析——以河北省藁城市为例》，《南京人口管理干部学院学报》2006 年第 3 期。

［28］段成荣等：《改革开放以来我国流动人口变动的九大趋势》，《人口研究》2008 年第 6 期。

［29］段成荣：《当前我国流动人口面临的主要问题和对策——基于

2010 年第六次全国人口普查数据的分析》，《人口研究》2013
年第 2 期。

［30］杜旻：《我国流动人口的变化趋势、社会融合及其管理体制创
新》，《改革》2013 年第 8 期。

［31］杜鹏、丁志宏：《农村子女外出务工对留守老人的影响》，《人
口研究》2004 年第 6 期。

［32］杜鹏、李一男、王澎湖：《流动人口外出对其家庭的影响》，
《人口学刊》2007 年第 1 期。

［33］董彭滔：《建立健全中国家庭养老支持政策探析》，《老龄科学
研究》2014 年第 2 期。

［34］杜云素、钟涨宝、李偲：《集中居住背景下农村空巢老人居家
养老模式探析》，《理论导刊》2013 年第 5 期。

［35］段志刚、熊萍：《农民工留城意愿影响因素分析——基于我国七
省市的实证研究》，《西部论坛》2010 年第 5 期。

［36］丁志宏：《人口流动对农村留守老人的影响》，《人口研究》
2004 年第 4 期。

［37］风笑天：《从"依赖养老"到"独立养老"——独生子女家庭
养老观念的重要转变》，《河北学刊》2006 年第 3 期。

［38］高娜：《中国农村留守老人问题研究综述》，《农村经济与科技》
2011 年第 5 期。

［39］郭星华、王嘉思：《新生代农民工：生活在城市的推拉之间》，
《中国农业大学学报》2011 年第 3 期。

［40］关信平：《中国流动人口问题的实质及相关政策分析》，《国家
行政学院学报》2014 年第 5 期。

［41］辜胜阻：《马克思恩格斯人口迁移与流动理论及其实践意义》，
《经济评论》1992 年第 6 期。

［42］辜胜阻：《列宁的人口迁移理论及其实践意义》，《经济评论》
1993 年第 2 期。

［43］郭志刚、张恺悌：《对子女数在老年人家庭供养中作用的再检
验》，《人口研究》1996 年第 2 期。

［44］胡陈冲等：《流动人口的户籍迁移意愿及其影响因素分析——基于一项在福建省的问卷调查》，《人口与发展》2011 年第 3 期。

［45］贺聪志、叶敬忠：《农村劳动力外出务工对留守老人生活照料的影响研究》，《农业经济问题》2010 年第 3 期。

［46］黄璜：《老年人口迁移研究述评》，《人文地理》2013 年第 4 期。

［47］黄匡时：《流动人口社会融合指数：欧盟实践和中国建构》，《南京人口管理干部学院学报》2011 年第 1 期。

［48］纪韶、朱志胜：《中国人口流动与城镇化格局变动趋势研究——基于"四普"、"五普"、"六普"长表数据的比较分析》，《经济与管理研究》2013 年第 12 期。

［49］姜向群等：《中国老年人口流迁状况及城乡人口老龄化比较》，第五次全国人口普查科学讨论会论文集，2003 年。

［50］姜向群：《社会化养老：问题与挑战》，《北京观察》2006 年第 10 期。

［51］姜向群：《养老转变论：建立以个人为责任主体的政府帮助的社会化养老方式》，《人口研究》2007 年第 4 期。

［52］靳小怡、崔烨、郭秋菊：《城镇化背景下农村随迁父母的代际关系》，《人口学刊》2015 年第 1 期。

［53］江娅：《老年社会工作的理论基础》，《中国青年政治学院学报》1998 年第 2 期。

［54］孔祥智、涂圣伟：《我国现阶段农民养老意愿探讨——基于福建省永安、邵武、光泽三县（市）抽样调查的实证研究》，《中国人民大学学报》2007 年第 3 期。

［55］李兵：《整合的社会服务：理论阐释和战略抉择》，《社科纵横》2014 年第 4 期。

［56］李兵、张航空、陈谊：《基本养老服务制度建设的理论阐释和政策框架》，《人口研究》2015 年第 2 期。

［57］刘炳福：《留守老人的问题不容忽视——老年特殊群体调查之一》，《上海大学学报》（社会科学版）1996 年第 4 期。

［58］李春艳：《农村留守老人的政府支持研究》，《中国农业大学学报》（社会科学版）2010 年第 1 期。

［59］刘华、沈蕾：《农村老年人养老意愿及影响因素的分析——基于苏南苏北的调查》，《甘肃农业》2010 年第 10 期。

［60］李芬：《异地养老者的特征：异地养老模式的机遇与挑战》，《人口与发展》2012 年第 4 期。

［61］李芳、李志宏：《人口老龄化对城乡统筹发展的影响与对策探析》，《西北人口》2014 年第 2 期。

［62］李芳、李志宏：《新型城镇化进程中农村空巢老年人权益的保障策略》，《人口与经济》2014 年第 5 期。

［63］卢海元：《土地换保障：妥善安置失地农民的基本设想》，《中国农村观察》2003 年第 6 期。

［64］卢海阳：《子女外出务工对农村留守老人生活的影响研究》，《农业经济问题》2014 年第 6 期。

［65］罗佳丽：《中国农村留守老人研究》，《改革与开放》2014 年第 6 期。

［66］李建新、于学军、王广州、刘鸿雁：《中国农村养老意愿和养老方式的研究》，《人口与经济》2004 年第 5 期。

［67］李克强：《关于调整经济结构促进持续发展的几个问题》，《求是》2010 年第 11 期。

［68］李敏芳：《随迁老人社会适应研究述评》，《老龄科学研究》2014 年第 6 期。

［69］刘美平：《马克思主义人口城市化理论》，《人口学刊》2002 年第 3 期。

［70］李培林：《再论"另一只看不见的手"》，《社会学研究》1994 年第 1 期。

［71］李培林：《中国社会结构转型对资源配置方式的影响》，《中国社会科学》1995 年第 1 期。

［72］李强：《影响中国城乡流动人口的推力与拉力因素分析》，《中国社会科学》2003 年第 1 期。

［73］刘庆：《"老漂族"的城市社会适应问题研究——社会工作介入的策略》，《西北人口》2012 年第 4 期。

［74］刘庆、陈世海：《随迁老人精神健康状况及影响因素分析》，《中州学刊》2015 年第 11 期。

［75］李珊：《城市化进程中移居老年人的问题研究》，《济南大学学报》（社会科学版）2010 年第 6 期。

［76］李珊：《我国移居老年人的居住意识研究》，《西北人口》2011 年第 5 期。

［77］李珊：《影响移居老年人社会适应因素的研究》，《中国老年学杂志》2011 年第 12 期。

［78］李涛、任远：《城市户籍制度改革与流动人口社会融合》，《南方人口》2011 年第 3 期。

［79］刘颖：《中国老年人口迁移特征与影响的实证研究》，硕士学位论文，首都经济贸易大学，2014 年。

［80］李永宠：《对中国流动人口制度的探究》，《经济问题》1995 年第 12 期。

［81］李志明：《中国养老服务"供给侧"改革思路——构建"立足社区、服务居家"的综合养老服务体系》，《学术研究》2016 年第 7 期。

［82］陆自荣：《社会融合理论的层次性与融合测量指标的层次性》，《社会科学战线》2014 年第 11 期。

［83］李振堂：《农村社区解决留守老人问题方略探析》，《山东社会科学》2012 年第 4 期。

［84］毛才高：《从传统的家庭养老谈我国农村养老模式的发展与对策》，《江苏社会科学》1998 年第 1 期。

［85］穆光宗：《家庭养老面临的挑战以及社会对策问题》，《中州学刊》1999 年第 1 期。

［86］穆光宗：《老龄人口的精神赡养问题》，《中国人民大学学报》2004 年第 4 期。

［87］穆光宗：《如何构建中国式养老服务体系》，《中国房地产》

2015 年第 3 期。

[88] 马小红、段成荣、郭静：《四类流动人口的比较研究》，《中国人口科学》2014 年第 5 期。

[89] 孟向京：《北京市流动老年人口特征及成因分析》，《人口研究》2004 年第 6 期。

[90] 牟新渝：《农村留守老人关爱服务路径》，《中国民政》2016 年第 12 期。

[91] 孟兆敏、吴瑞君：《城市流动人口居留意愿研究——基于上海、苏州等地的调查分析》，《人口与发展》2011 年第 3 期。

[92] 宁玉梅：《进城老人的社会排斥与整合社工介入探讨》，《学理论》2013 年第 27 期。

[93] 彭希哲、胡湛：《当代中国家庭变迁与家庭政策重构》，《中国社会科学》2015 年第 12 期。

[94] 青连斌：《补齐农村养老服务体系建设短板》，《中国党政干部论坛》2016 年第 9 期。

[95] 齐明珠：《中国老年人口省际迁移特征及动因研究》，博士学位论文，北京大学，2002 年。

[96] 任远、戴星翼：《外来人口长期居留倾向的 Logit 模型分析》，《南方人口》2003 年第 4 期。

[97] 任远：《谁在城市逐步沉淀下来？——对城市流动人口个人特征及居留模式的分析》，《东北师范大学》（哲学社会科学版）2008 年第 4 期。

[98] 宋国恺：《农民工分化视角下的城市社会融合阶段划分研究》，《福建论坛》（人文社会科学版）2016 年第 1 期。

[99] 石宏伟、朱研：《我国农村家庭养老面临的问题及对策》，《农业经济》2008 年第 7 期。

[100] 申秋红、肖红波：《农村留守老人的社会支持研究》，《南方农业》2010 年第 3 期。

[101] 申秋红：《流动人口居留意愿影响因素分析——基于全国六城市的调查》，《经济研究导刊》2012 年第 2 期。

[102] 孙霞：《北京市流动老年人口社会融入问题研究》，博士学位论文，中国人民大学，2010 年。

[103] 孙祥栋、王涵：《2000 年以来中国流动人口分布特征演变》，《人口与发展》2016 年第 1 期。

[104] 唐钧：《"护联网"织就老年服务大网》，《中国人力资源社会保障》2015 年第 8 期。

[105] 唐钧：《社区养老究竟是怎么一回事》，《就业与保障》2016 年第 9 期。

[106] 田凯：《关于农民工的城市适应性的调查分析与思考》，《社会科学研究》1995 年第 5 期。

[107] 王春兰、丁金宏：《流动人口城市居留意愿的影响因素分析》，《南方人口》2007 年第 1 期。

[108] 吴翠萍、罗丹：《农村留守老年人的养老资源探析》，《老龄科学研究》2015 年第 8 期。

[109] 王冬雪、马梅：《基于人口老龄化的中国农村养老资源供给评价》，《老龄科学研究》2015 年第 8 期。

[110] 王二红、冯长春：《外来务工人员留城意愿影响因素研究——基于重庆市的实证分析》，《城市发展研究》2013 年第 1 期。

[111] 王桂新：《改革开放以来中国人口迁移发展的几个特征》，《人口与经济》2004 年第 4 期。

[112] 伍海霞：《农村留守与非留守老人的生存现状：来自七省区调查数据的分析》，《财经论丛》2015 年第 5 期。

[113] 武力：《1978—2000 年中国城市化进程研究》，《中国经济史研究》2002 年第 3 期。

[114] 王乐军：《济宁市农村留守老人生存质量及影响因素研究》，硕士学位论文，山东大学，2007 年。

[115] 王世斌、申群喜、连茜平：《广州流动老年人口的社会支持与融入》，《探求》2013 年第 3 期。

[116] 王世斌：《广州市流动老年人养老问题的调查与分析》，《温州职业技术学院学报》2014 年第 2 期。

［117］ 吴晓林：《农村留守老人的"公共性"问题与"自养化"生存研究》，《天府新论》2012 年第 4 期。

［118］ 王雪峤：《农村留守老人情感与精神需求困境破解》，《人民论坛》2015 年第 20 期。

［119］ 王晓亚：《农村留守老人的生活照料问题探讨》，《郑州大学学报》（哲学社会科学版）2014 年第 3 期。

［120］ 王跃生：《当代中国家庭结构变动分析》，《中国社会科学》2006 年第 1 期。

［121］ 夏海勇：《太仓农村老人养老状况及意愿的调查分析》，《市场与人口分析》2003 年第 1 期。

［122］ 肖洁：《城市居民养老方式选择的代际比较——基于认知、情感、行为倾向角度的分析》，《市场与人口分析》2007 年第 1 期。

［123］ 徐连明：《精神养老研究取向及其实践逻辑分析》，《中州学刊》2016 年第 12 期。

［124］ 肖昕如、丁金宏：《基于 Logit 模型的上海市流动人口居返意愿研究》，《南京人口管理干部学院学报》2009 年第 3 期。

［125］ 徐渊：《中国老年流动人口状况——基于"六普"的数据分析》，博士学位论文，中国社会科学院研究生院，2014 年。

［126］ 杨芳：《"老漂族"面临的政策"瓶颈"与突破路径——基于广州 H 社区的实证分析》，《社会保障研究》2015 年第 2 期。

［127］ 殷江滨、李郇：《中国人口流动与城镇化进程的回顾与展望》，《城市问题》2012 年第 12 期。

［128］ 杨菊华：《从隔离、选择融入到融合：流动人口社会融入问题的理论思考》，《人口研究》2009 年第 1 期。

［129］ 杨菊华：《流动人口在流入地社会融入的指标体系——基于社会融入理论的进一步研究》，《人口与经济》2010 年第 2 期。

［130］ 袁缉辉：《别忘了留守老人》，《社会》1996 年第 5 期。

［131］ 余晓敏、潘毅：《消费社会与"新生代打工妹"主体性再造》，《社会学研究》2008 年第 3 期。

［132］虞洋波：《我国现行社会养老服务体系下家庭养老支持政策探析》，《嘉兴学院学报》2015 年第 4 期。

［133］姚引妹：《经济较发达地区农村空巢老人的养老问题——以浙江农村为例》，《人口研究》2006 年第 6 期。

［134］杨燕绥：《四方面做好养老规划》，《大众理财顾问》2013 年第 1 期。

［135］袁真：《当前我国农村留守老人关爱服务问题研究》，硕士学位论文，信阳师范学院，2015 年。

［136］悦中山、杜海峰、李树茁等：《当代西方社会融合研究的概念、理论及应用》，《公共管理学报》2009 年第 2 期。

［137］杨政怡：《替代或互补：群体分异视角下新农保与农村家庭养老的互动机制——来自全国五省的农村调查数据》，《公共管理学报》2016 年第 1 期。

［138］总报告起草组：《国家应对人口老龄化战略研究总报告》，《老龄科学研究》2015 年第 3 期。

［139］周福林：《我国留守老人状况研究》，《西北人口》2006 年第 2 期。

［140］曾富生、朱启臻、徐莉莉：《农村老年人养老应对能力的现状及其提升路径——基于行动应对视角的调查》，《湖北社会科学》2010 年第 11 期。

［141］郑功成：《加入 WTO 与中国的社会保障改革》，《管理世界》2002 年第 4 期。

［142］郑功成：《中国社会福利的现状与发展取向》，《中国人民大学学报》2013 年第 2 期。

［143］周皓：《流动人口社会融合的测量及理论思考》，《人口研究》2012 年第 3 期。

［144］周皓：《省际人口迁移中的老年人口》，《中国人口科学》2002 年第 5 期。

［145］郑杭生、李迎生：《关注社会弱势群体的必要性和重要性》，云南师范大学思想政治工作网中心，2005 年 4 月。

［146］张继焦：《人类学民族学研究范式的转变：从"差序格局"到"社会结构转型"》，《西北师大学报》（社会科学版）2016 年第 3 期。

［147］朱力：《论农民工阶层的城市适应》，《江海学刊》2002 年第 6 期。

［148］朱守银：《中国农村城镇化进程中的改革问题研究》，《中国农村观察》2000 年第 6 期。

［149］张文宏、雷开春：《城市新移民社会融合的结构、现状与影响因素分析》，《社会学研究》2008 年第 5 期。

［150］张晓娟：《广州市老龄化空间分布与老年人口迁移研究》，博士学位论文，中山大学，2007 年。

［151］邹香江、吴丹：《人口流动对农村人口老龄化的影响研究——基于"五普"和"六普"的数据分析》，《人口学刊》2013 年第 4 期。

［152］张艳斌、李文静：《农村"留守老人"问题研究》，《中共郑州市委党校学报》2007 年第 6 期。

［153］朱宇：《户籍制度改革与流动人口在流入地的居留意愿及其制约机制》，《南方人口》2004 年第 3 期。

［154］张玉林：《儿女们能否"离土不离乡"》，《小康生活》2006 年第 3 期。

［155］周怡倩：《城市独居老人的社会排斥问题研究》，硕士学位论文，复旦大学，2010 年。

［156］周祝平：《城市化加速和体制转轨背景下的代际关系研究》，《中国老龄研究》2004 年第 3 期。

［157］周祝平：《农村留守老人收入状况研究》，《人口学刊》2009 年第 5 期。

［158］Agulnik, P., *Understanding Social Exclusion*. U. K.: Oxford University Press, 2002.

［159］Albert Chevan, Holding on and Letting Go：Residential Mobility During Widowhood. *Research on Aging*, Vol. 17, No. 3, 1995.

[160] Angel, J. L. and Angel, R. J. , "Age at Migration, Social Con-
nections, and Well – being Among Elderly Hispanics". *Journal of
Aging and Health*, Vol. 4, No. 4, 1992.

[161] Angel, J. L. , "Devolution and the Social Welfare of Elderly Immi-
grants: Who Will Bear the Burden?". *Public Administration Re-
view*, Vol. 63, No. 1, 2003.

[162] Arber, S. , "Gender, Marital Status, and Ageing: Liking Mate-
rial, Health, and Social Resources". *Journal of Aging Studies*,
Vol. 18, No. 1, 2004.

[163] Atkinson, A. B. , "Social Exclusion, Povert and Unemploy-
ment", in A. B. Atkinson and J. Hills eds. , *Exclusion, Employ-
ment and Opportunity*. CASE paper 4, Centre for Analysis of Social
Exclusion, London: London School of Economics, 1998.

[164] Baars, J. , Dannefer, D. , Phillipson, C. and Walker, A. eds. ,
Aging, Globalization and Inequality: the New Critical Gerontology,
Amitywille, New York: Baywood Press, 2006.

[165] Baldassar, L. , "Transnational Families and Aged Care: The
Mobility of Care and the Migrancy of Ageing". *Journal of Ethnic
and Migration Studies*, Vol. 33, No. 2, 2007.

[166] Barnes, M. , Blom, A. , Cox, K. , Lessof, C. and Walker,
A. , *The Social Exclusion of Older People: Evidence From The First
Wave of the English Longitudinal Study of Ageing* (ELSA). Final
Report. London: Office of the Deputy Prime Minister, 2006.

[167] Bauman, Z. , *Work, Consumerism and the New Poor*. Bucking-
ham: Open University Press, 1998.

[168] Berghman, J. , "The Resurgence of Poverty and the Struggle A-
gainst Exclusion: A New Challenge for Social Security?". *Interna-
tional Social Security Review*, Vol. 50, No. 1, 1997.

[169] Berry, J. W. , "Acculturation as Varieties of Adaptation", in
A. M. Padilla ed. , *Acculturation: Theory, Models and Some New*

Findings. Colorado: Westview Press, 1980.

[170] Bhalla, A. and Lapeyre, F. , "Social Exclusion: Towards an An-alytical and Operational Framework" . *Development and Change* , Vol. 28, No. 3, 1997.

[171] Biggar, J. C. , Who Moved Among the Elderly, 1965 – 1970: A Comparison of Types of Olders Mores. *Research on Aging* , Vol. 2, No. 1, 1980.

[172] Binstock, R. H. and Jean – Baptiste, R. , "Elderly Immigrants and the Sage of Welfare Reform" . *Journal of Immigrant Health* , Vol. 1, No. 1, 1999.

[173] Blackburn, R. , *Age Shock: How Finance is Failing Us.* London: Verso, 2006.

[174] Boardman, J. , Currie, A. , Killaspy, H. and Mezey, G. , *Social Inclusion and Mental Health.* Royal College of Psychiatrists, June 2009.

[175] Bowring, F. , "Social Exclusion: Limitations of the Debate" . *Critical Social Policy* , Vol. 20, No. 3, 2000.

[176] Bradley, D. E. and Willigen, M. V. , "Migration and Psychological Well – Being Among Older Adults: A Growth Curve Analysis Based on Panel Data From the Health and Retirement Study 1996 – 2006" . *Journal of Aging and Health* , Vol. 22, No. 7, 2010.

[177] Buffel, T. , Phillipson, C. and Scharf, T. , "Experiences of Neighbourhood Exclusion and Inclusion Among Older People Living in Deprived Inner – city Areas in Belgium and England" . *Ageing and Society* , Vol. 33, No. 1, 2013.

[178] Burchardt, T. , Le Grand, J. and Piachaud, D. , "Social Exclusion in Britain 1991 – 1995" . *Social Policy and Administration* , Vol. 33, No. 3, 1999.

[179] Castles, S. and Miller, M. J. , *The age of Migration: International Population Movements in the Modern World.* London: McMillan, 1998.

[180] Cattell, V. and Evans, M. , *Neighbourhood Images in East London: Social Capital and Social Networks on two East London Estates.* New York: Joseph Rowntree Foundation, 1999.

[181] Chow, W. N. , "Moving Into New Towns: The Costs of Social Adaptation" . *The Asian Journal of Public Administration*, Vol. 9, No. 2, 1987.

[182] Coleman, J. S. , "Social Capital in the Creation of Human Capital" . *American Journal of Sociology*, Vol. 94, 1988.

[183] Craig, G. , "Citizenship, Exclusion and Older People" . *Journal of Social Policy*, Vol. 33, No. 1, 2004.

[184] Cutchin, M. P. , Deweyan integration: Moving Beyond Place Attachment in Elderly Migration Theory. *International Journal of Aging and Human Development*, Vol. 52, No. 1, 2001.

[185] Daly, M. and Silver, H. , "Social Exclusion and Social Capital: A Comparison and Critique" . *Theory and Society*, Vol. 37, No. 6, 2008.

[186] Deppe, H. – U. , "The Nature of Health Care: Commodification Versus Solidarity", in L. Panitch and C. Leys eds. , *Morbid Symptoms: Health Under Capitalism. The Socialist Register* 2010, London: Merlin Press, 2010.

[187] Dwyer, P. , "Movements to some Purpose? An Exploration of International Retirement Migration in the European Union" . *Education and Ageing*, Vol. 15, No. 3, 2000.

[188] Dwyer, P. , "Retired EU Migrants, Healthcare Rights and European Social Citizenship" . *Journal of Social Welfare and Family Law*, Vol. 2, No. 3, 2001.

[189] Dwyer, P. and Papadimitriou, D. , "The Social Security Rights of Older International Migrants in the European Union" . *Journal of Ethnic and Migration Studies*, Vol. 32, No. 8, 2006.

[190] Entzinger, H. and Biezeveld, R. , "Benchmarking in Immigrant In-

tegration", A Report for the European Commission, Rotterdam:
Erasmus University, 2003.

[191] European Commission, *Community Involvement in Urban Regenera-
tion: Added Value and Changing Values. Luxembourg:* Office for Of-
ficial Publications of the European Communities, 1997.

[192] European Commission, *Joint Report on Social Protection and Social
Inclusion* 2008: *Social Inclusion, Pensions, Healthcare and Long -
term Care.* Brussels: European Commission, 2008.

[193] Evandrou, M., "Social Inequalities in Later Life: The Socio - eco-
nomic Position of Older People from Ethnic Minority Groups in Brit-
ain". *Population Trends*, Vol. 101, 2000.

[194] Evans, T., "Introduction: Migration and Health". *International
Migration Review*, Vol. 21, No. 3, 1987.

[195] Forder, J. and Fernandez, J. - L., "The Impact of a Tightening
Fiscal Situation on Social Care for Older People", PSSRU discussion
Paper.

[196] Glasgow, Nina L. and Richard J. Reeder, "Economic and Fiscal Im-
plications of Nonmetropolitan Retirement Migration". *Journal of Ap-
plied Gerontology* Vol. 9, No. 4, 1990, pp. 433 - 451.

[197] Glennerster, H., Lupton, R., Noden, P. and Power, A., 1999,
"Poverty, Social Exclusion and Neighbourhood: Studying the Area
Bases", CASE Paper 22, Centre for Analysis of Social Exclusion,
London School of Economics, London.

[198] Golant, Stephen, "Deciding Where to Live: The Emerging Residen-
tial Settlement Patterns of Retired Americans". *Generations*,
Vol. 26, No. 2, 2002.

[199] Goldlust, J. and Richmond, A. H., "A Multivariate Model of Immigrant
Adaptation". *International Migration Review*, Vol. 8, No. 2, 1974.

[200] Gordon, D., Adelman, L., Ashworth, K. et al., *Poverty and So-
cial Exclusion in Britain.* York: Joseph Rowntree Foundation, 2000.

［201］ Gordon, M. M. , *Assimilation in American Life: The Role of Race, Religion, and National Origins.* New York: Oxford University Press, 1964.

［202］ Granovetter, M. S. , "The Strength of Weak Ties" . *Theory Sociology*, Vol. 1, 1973, pp. 201 – 233.

［203］ Harvey, D. , *The Enigma of Capital.* London: Profile Books, 2010.

［204］ Hazelrigg, L. E. and Hardy, M. A. , "Older Adult Migration to the Sunbelt: Assessing Income and Related Characteristics of Recent Migrants" . *Research on Aging*, Vol. 17, No. 2, 1995.

［205］ Horton, T. and Reed, H. , *How the Government's Planned Cuts Will Affect Older People.* London: Age UK, 2010.

［206］ Howarth, C. , Kenway, P. , Palmer, G. and Miorelli, R. , *Monitoring Poverty and Social Exclusion* 1999. York: Joseph Rowntree Foundation, 1999.

［207］ Hunt, M. E. , Feldt, A. G. and Marans, R. W. etc. , *Retirement Communities: A American Original.* London: Routledge, 1984.

［208］ Hu, W. – Y. , "Eldery Immigrants in Welfare" . *Journal of Human Resources*, Vol. 33, No. 3, 1998.

［209］ Junger – Tas, J. , "Ethnic Minorities, Social Integration and Crime" . *European Journal on Criminal Policy and Research*, Vol. 9, No. 1, 2001.

［210］ Lee Everett, S. , "A Theory of Migration" . *Demography*, Vol. 3, No. 1, 1966.

［211］ Levitas, R. , Pantazis, C. , Fahmy, E. , Gordon, D. , Lloyd, E. and Patsios, D. , The Multi – dimensional Analysis of Social Exclusion. London: Social Exclusion Unit, Cabinet Office, 2007.

［212］ Leys, C. , "Health, Health Care and Capitalism", in L. Panitch and C. Leys eds. , *Morbid Symptoms: Health Under Capitalism. The Socialist Register* 2010, London: Merlin Press, 2010.

［213］ Lin, N. , *Social Capital.* Cambridge University Press, 2001.

[214] Litwar, K. E., LogiNo, C. F., Migration Patterns Among the Elderly: A Development Perspective. *The Gerontologist*, 1987.

[215] Litwak, E., *Helping the Elderly: The Complementary Roles of Informal Networks and Formal Systems.* New York: The Guilford Press, 1985.

[216] Li, Y., "Social Capital, Social Exclusion and Wellbeing", *Public Health: Social Context and Action.* London: Sage, 2007.

[217] Li, Y., "Social Capital in Sociological Research: Conceptual Rigour and Empirical Application", in Li, Y. ed., *The Handbook of Research Methods and Applications on Social Capital.* Cheltenham: Edward Elgar Publishing, 2015.

[218] LogiNo., C. F., Smith, K L., Black Retirement Migration in the US. *Journal of Gerontology*, 1991.

[219] Loury, G. C., "Social Exclusion and the Ethnic Groups: The Challenge to Economics", Annual World Bank Conference on Development Economics, Washington, 1999.

[220] Madanipour, A., Cars, G. and Allen, J. eds., *Social Exclusion in European Cities: Processes, Experiences, and Responses.* London: Jessica Kingsley, 1998.

[221] Marcuse, P., "Space and Race in the Post – Fordist City", in E Mingione, ed., *Urban Poverty and the Underclass: A Reader.* Oxford: Blackwell, 1996.

[222] Moffatt, S. and Glasgow, N., "How Useful is the Concept of Social Exclusion When Applied to Rural Older People in the United Kingdom and the United States?". *Regional Studies*, Vol. 43, No. 10, 2009.

[223] Muus, P., "International Migration and the European Union: Trends and Consequences". *European Journal of Criminal Policy and Research*, Vol. 9, No. 1, 2001.

[224] Newbold K. Bruce, "Determinants of Elderly Interstate Migration in the United States, 1985 – 1990". *Research on Aging*, Vol. 18,

No. 4, 1996.

[225] O'Brien, M. and Penna, S., "Social Exclusion in Europe: Some Conceptual Issues". *International Journal of Social Welfare*, Vol. 17, No. 1, 2008.

[226] Office, T. S., Opportunity for all: Tackling Poverty and Social Exclusion, Stationery Office, 1999.

[227] Ogg, J., "Social Exclusion and Insecurity Among Older Europeans: the Influence of Welfare Regimes". *Ageing & Society*, Vol. 25, No. 25, 2005.

[228] Park, R. E. and Burgess, E. W., *Introduction to the Science of Society*. University of Chicago Press, 1921.

[229] Park, R. E., "Human Migration and the Marginal ManAmerican". *Journal of Sociology*, Vol. 33, No. 6, 1928.

[230] Perri 6, "Social Exclusion: Time to be Optimistic". *Demos Collection*, 12, January 1997.

[231] Phillipson, C., Bernard, M., Phillips, J. and Ogg, J., *Family and Community Life of Older People*. London: Routledge, 2000.

[232] Phillipson, C., Bernard, M., Phillips, J. and Ogg, J., *Family and Community Life of Older People*. London: Routledge, 2001.

[233] Phillipson, C. R., "Transnational Communities, Migration and Changing Identities in Later Life", Paper to 34th European Behaviour and Social Science Research Section, Symposium on Ageing and Diversity, Bergen, Norway, 29 – 32 August, 2002.

[234] Phillipson, C., "Globalisation, Economic Recession and Social Exclusion: Policy Challenges and Responses", in T. Scharf and N. Keating, eds., *From Exclusion to Inclusion in Old Age*. Bristol: The Policy Press, 2012.

[235] Reed, J. et al., "A Literature Review to Explore Integrated Care for Older People". *International Journal of Integrated Care*, Vol. 14, No. 5, 2005.

[236] Rick S. Zimmerman, David J. Jackson, Charles F. Longino, Jr. and Julia E. Bradsher, Interpersonal and Economic Resources as Mediators of the Effects of Health Decline on the Geographic Mobility of the Elderly. *Journal of Aging and Health*, Vol. 5, No. 1, 1993.

[237] Rogers, A., Woodward, J., The Sources of Regional Elderly Population Growth: Migration and Aging – in – place. The Professional Geographer, Vol. 40, No. 4, 1988.

[238] Rogers, A., Introduction: in *Elderly Migration and Population Redistribution a Comparative Study*. London: Belhaven Press, 1992,

[239] Room, G. etc., *Beyond the Threshold: The Measurement and Analysis of Social Exclusion*. Bristol: Policy Press. 1995.

[240] Scharf, T., Phillipson, C., Kingston, P. and Smith, A. E., "Social Exclusion and Ageing". *Education and Ageing*, Vol. 16, No. 3, 2000.

[241] Scharf, T., Phillipson, C., Kingston, P. and Smith, A. E., "Social Exclusion and Older People: Exploring the Connections". *Education and Ageing*, Vol. 16, No. 3, 2001.

[242] Scharf, T., Phillipson, C. and Smith, A. E., "Social Exclusion of Older People in Deprived Urban Communities of England". *European Journal of Ageing*, Vol. 2, No. 2, 2005.

[242] Scharf, T., Bratlam, B., Hislop, J., Bernard, M., Dunning, A. and Sim, J., Necessities of Life: *Older People's Experiences of Poverty*. London: Help the Aged, 2006.

[243] Sennett, R., *The Corrosion of Character: The Personal Consequences of Work in the new Capitalism*. New York: Norton, 1999.

[244] Silver, H., "Social Exclusion and Social Solidarit: Three Paradigms". *International Labour Review*, Vol. 133, nos 5 – 6, 1994.

[245] Silver, H., "The Process of Social Exclusion: The Dynamics of an Evolving Concept", Chronic Poverty Research Centre, *Working Paper* 95, October 2007.

[246] Social Exclusion Unit, *Preventing Social Exclusion.* London: Stationery Office, 2001.

[247] Stewart, M. , Reutter, L. , Makwarimba, E. , Veenstra, G. , Love, R. and Raphael, D. , "Left Out: Perspectives on Social Exclusion and Inclusion Across Income Groups", *Health Sociology Review*, Vol. 17, No. 1, 2008.

[248] Scharf, T. , Phillipson, C. , Smith, A. E. and Kingston, P. , *Growing Older in Sociall Deprived Areas: Social Exclusion in Later Life.* London: Help the Aged, 2002.

[249] Torres, S. , "Making Sense of the Construct of Successful Aging: the Migrant Experience", in S. – O. Daatland and S. Biggs eds. , *Aging and Diversity: Multiple Pathways and Cultural Migrations.* Bristol: Policy Press, 2004.

[250] Townsend, P. , *Poverty in the United Kingdom.* Harmondsworth: Penguin, 1979.

[251] Townsend, P. , "The Structured Dependency of the Elderly: the Creation of Policy in the Twentieth Century" . *Ageing and Society*, Vol. 1, No. 1, 1981.

[252] Townsend, P. , "Using Uuman Rights to Defeat Ageism: Dealing with Policy – induced ' Structured Dependency ' ", in M. Bernard and T. Scharf eds. , *Critical Perspectives on Ageing Societies.* Bristol: Policy Press, 2007.

[253] Valtonen, K. , "Immigration Integration in the Welfare State: Social Work's Growing Arena" . *European Journal of Social Work*, Vol. 4, No. 3, 2001.

[254] Walker, A. and Walker, C. eds. , *Britain Divided: the Growth of Social Exclusion in the 1980s and 1990s.* London: Child Poverty Action Group, 1997.

[255] Warners, M. , Residential Mobility Through the Life Course and Proximity of Family Members to Elderly People, New York: United

Nations, 1994.

[256] Warnes, A. M., King, R., Williams, A. M. and Patterson, G., "The Well – being of British Expatriate Retirees in Southern Europe". *Aging and Society*, Vol. 19, No. 6, 1999.

[257] Warnes, A. M., Friedrich, K., Dellaher, L. and Torres, S., "The Diversit and Welfare of Older Migrants in Europe". *Ageing and Society*, Vol. 24, No. 3, 2004.

[258] Yoo, G., "Shaping Public Perceptions of Immigrants on Welfare: the Role of Editorial Pages of Major US Newspapers". *International Journal of Sociology and Social Policy*, Vol. 21, No. 7, 2001.

后　记

　　若干年前，我想要拓展研究领域的愿望很强烈。恰在此时，我获得了一个绝佳机会。2011年年底，我来到北京师范大学中国社会管理研究院，拜入美名远扬的魏门求学，实乃"三生有幸"。师从于魏礼群导师，我在细雨无声、潜移默化中感悟了人生道德的教化，达成了学术思想的提升。参与四川德阳、河北肃宁社会管理创新实践的调研，我收获了实证调研的经验；参与导师的课题研究，我进入到老龄社会治理这个"朝阳"研究领域；参与社会治理论坛、社会管理大家谈等形式多样的学术活动，我丰富了学术活动的经验。同时，导师那高屋建瓴、洞察局势的敏锐思维，勤于求实、勇于创新的进取精神，兢兢业业、忘我奉献的工作作风，率先垂范、平易和蔼的人格魅力，是他创造的另一种宝贵精神财富，时时刻刻在熏陶和鼓励着我。导师还亲自为本书作序，批准本书入选他主编的《中国社会治理智库丛书》。先生之学问，博大精深；先生之品格，高山仰止，是我辈终生学习的楷模！先生之提携，恩情浩荡，亦使我终身难忘！

　　博士后学习期间，也承蒙多位师长同门的支持和帮助。赵秋雁教授在生活和学习上给予了细致入微的关怀和鼓励。龚维斌教授对我请教的研究问题常提出真知灼见，适时指点和鼓励，提携后学。吕晓莉、吴长军、陈鹏等同门经常给予鼓励和支持。对师长同门的感佩情谊，难以忘怀！

　　2013年暑假，在全国老龄办政策研究部吕晓莉主任、李志宏副主任的支持和安排下，我带领一支大学生社会实践队奔赴杭州、金华、衢州、宁波进行入户问卷调查和访谈，获得了数百份样本的农村留守空巢老人数据和城市流动老人数据，以及几十个留守老人和流动老人的访谈资料。农村留守空巢老人的资料融入我的博士后出站报告中。城市流动老人的资料成为我主持的国家社会科学基金项目"流动老年人口的社会融合及社会治理创新研究"（14BRK008）的研究资料，也是本书第三篇的实证研究资料。在调查过程中，我们得到了全国老龄办、浙江省老龄办以及四个调查市老龄办有关领导的热情指导和周到安排。在入户问卷调查和访谈过程中，样本街道、社区老龄系统的有关领导和工作人员给予了我们大力支持。在此谨表深深的谢意！

2014 年，我获得了公派到曼彻斯特大学访学一年的机会。在访学期间，李姚军教授几乎一周安排一小时给我学术指导，从基础开始教我做统计分析。他广阔的学术视野、坚实的理论功底、精湛的统计水平、严谨的治学态度、不倦的育人精神深刻地感染着我，启迪着我。海外访学能邂逅如此良师，内心满是感动！感恩！访学期间，我旁听了"data analysis""logistic regression""Longitudinal Data Analysis""multilevel modelling""structure's equational modelling""social capital and social change"等硕士生课程，打下了一定的理论和方法基础。一年的访学生活忙碌而充实，给我的收获是终生的。

2016 年晚秋时节，本书写作接近尾声，计划年底交付出版。却在此时，我得知国家卫计委有一份"2016 年流出地监测调查数据"，包括农村留守和非留守老人的样本信息。我幸运地申请到了这份数据，随后紧张地进行着数据分析和写作，几乎重写了第二篇的内容。在此，诚挚感谢流动人口司领导的大力支持！诚挚感谢黄燕妮、王志理、郎易、田雨等人对具体问题的耐心解答！

诚挚感谢邢乐勤院长和同事们多年来的指导、关心和支持！硕士生金科在我的指导下写作了第一章和第二章的部分内容，参与整理了注释格式和参考文献。感谢他的辛勤劳动！此外，感谢浙江工业大学人文社会科学后期资助项目对本书出版的资助。

由于本人研究水平有限，时间也比较紧张，书中存在诸多不足。恳请方家、师友不吝赐教！在未来的日子里，我将心无旁骛，以对学术的敬畏之情和不懈的努力继续前行。

李　芳

2017 年 5 月